财税法译丛　熊　伟　主编

刑事正义与税收

〔英〕彼得·奥尔德里奇　著
刘　荣　译

商务印书馆
The Commercial Press

Peter Alldridge
CRIMINAL JUSTICE AND TAXATION

Criminal Justice and Taxation was originally published in English in 2017. This translation is published by arrangement with Oxford University Press. The Commercial Press is solely responsible for this translation from the original work and Oxford University Press shall have no liability for any errors, omissions or inaccuracies or ambiguities in such translation or for any losses caused by reliance thereon.

© P. Alldridge 2017

本书根据牛津大学出版社2017年版译出

作者简介

彼得·奥尔德里奇（Peter Alldridge），现任"德雷珀首席法学教授"（2003年至今），曾任伦敦玛丽女王大学法律系主任（2008—2012年）、英国法律学者协会副主席、《2003年反腐败法草案》和《2009年反贿赂法草案》联合议会委员会专家顾问，2014年被授予英国社会科学院院士，2017年在印度尼西亚出任联合国公司刑事责任专家。

译者简介

刘荣，法学博士，海南大学法学院教授，博士生导师，美国密歇根大学法学院访问学者，从事刑法学、税法学研究。

总　序

　　译书是个苦差事,翻译法律书籍更是苦上加苦。不同国家有不同的法制传统,有的属于大陆法系,有的属于英美法系,同一个法系内部也是异彩纷呈。要想将不同背景的法学论著翻译成中文,使之准确对应中国法的名词术语,的确不是一件容易的事情,词不达意在所难免。因此,对于语言能力强的人来说,直接阅读论著原文,深入特定国度的具体场景,当然是最为理想的选择。

　　然而,对于中国财税法学来说,这个目标还显得比较遥远。目前学科还处在成长阶段,年龄较长的学者很少用外语,中青年学者出国交流学习的机会多,其中不乏外语能力很强的人,但大部分人还只是掌握英语,阅读一般的外文读物没有问题,能熟练查阅专业文献的并不多见。在财税实务部门中,这方面的人才更加欠缺。总体来说,我们对境外财税法的研究并不全面和深入。

　　另一方面,随着推进建立现代财政制度,近年来我国财税改革的实践如火如荼。不管是中央与地方的财政分权,还是预算管理制度的强化;不管是地方债的规制,还是政府与社会资本合作;不管是税收法定原则的落实,还是税收征收程序的完善,结合国情的制度创新都是核心内容,迫切需要财税法学界提供理论支持,包括有关外国学说和制度的借鉴。

尽管财税法发展离不开本土经验的总结，但这个领域总体来说是舶来品。基于市场经济的愿景，各国在观念、制度、规则和应用等方面有共通之处。外国学者的成果，不管是基础理论提炼方面的，还是历史梳理及制度比较的，抑或是规则阐释及应用方面的，只要考据翔实、言之成理，对提升我国立法、执法、司法以及研究的水平，应该都会有所裨益。

二十年来，我国财税法学经历了"摇旗呐喊""跑马圈地"，现在需要进入"精耕细作"的阶段。译介外国的论文著作、法律文本，有的放矢地学习国外先进的治学方法和法治经验，方便财税法学者从事比较研究，方便政策制定者了解国际动态，这是学科精耕细作的必然要求，民法学、行政法学、宪法学、刑法学都经历了这个过程，新兴的财税法学也不可逾越。

鉴于此，笔者不揣冒昧，积极从各个方面争取资源，策划组织"财税法译丛"，并得益于金莹莹编辑的帮助，在商务印书馆成功立项。作为总主编，我深知此事之艰难，除了需要不时亲自示范，直接参与翻译工作，更为重要的是，要认真筛选待译文献，物色合适的翻译人员，为译稿质量最终把关，为出版筹集足够经费，等等。但兹事体大，不敢犹豫，只有迎难而上。

这套丛书的顺利出版，要感谢商务印书馆的支持，感谢中国财税法学研究会会长、北京大学刘剑文教授的鼓励。约克大学奥斯古德霍尔（Osgoode Hall）法学院的李金艳教授、不列颠哥伦比亚大学法学院的崔威教授、悉尼大学商学院的Antony Ting教授、香港中文大学法学院的许炎教授、南开大学法学院杨广平教授积极推荐优秀著作，国内不少中青年学者和实务专家纷纷表示愿意加入翻译团队，这份热情让我感动，借此机会一并表示感谢。

译丛的选题覆盖财政法和税法，既可以是理论性的思想探索，也可以是制度方面的比较研究，还可以是行政或司法案例的分析整理，作者的国别不限，书稿的语言不限，只要是优秀的作品，版权方面不存在争议，都可以列入选题范围。恳请各位师友不吝荐稿，并帮助联系作者和出版社，也欢迎有志之士加入翻译团队。如有慷慨者愿意资助出版，更是功德无限。

随着"财税法译丛"项目的推进，一本又一本优质图书将被引入国内，与学术研究者、政策制定者、法律执行者见面，成为中外思想交流的又一平台，成为推动我国税法学进步的新动力。这一幕情景虽然需要付出非常努力，却无比令人向往，值得我和学界同仁一起去实现。笔者相信，所有投身于这项事业的人，其收获的快乐将远超预期。

此为序，与诸君共勉！

熊 伟

2017年9月8日

译者序

本书作者彼得·奥尔德里奇，现任"德雷珀首席法学教授"（2003年至今），曾任伦敦玛丽女王大学法律系主任（2008—2012年）、英国法律学者协会副主席、《2003年反腐败法草案》和《2009年反贿赂法草案》联合议会委员会专家顾问，2014年被授予英国社会科学院院士，2017年在印度尼西亚出任联合国公司刑事责任专家。他学术视野宽广，学术成果涉及法学诸多领域及其他相关学科，著述颇丰。税收犯罪是一个多学科交叉的领域，正是由于作者在刑法、税收、金融等方面的长期积累，才能精准地发现实践中的问题及其背后的原因和利益冲突。

译者多年来也一直关注税收犯罪，但在某些问题上仍然百思莫解，比如，税收犯罪与洗钱犯罪的关系。一方面，国外文献普遍显示二者具有高度伴随性；另一方面，我国司法实践却鲜将二者关联起来。直至读到本书作者的观点（哪里有逃税，哪里就有洗钱）和探本溯源，译者的思路才走出我国刑法罪名体系的藩篱，回归行为的本质和经济本源。这也是译者翻译本书的原因和动力，拓展国内读者认识税收犯罪、洗钱犯罪和相关制度的维度。

本书从多维度探讨了逃税犯罪的实体与程序问题，不仅在事实层面上详细梳理了英国逃税犯罪的发展及其相关证据规则、起诉结构和决策过程之间的关系，而且从价值层面上分析了不同时期对逃税行为司法偏好背后的利益冲突和现实考量，如果说前者是本书之表，后者则是其本。故本书书名中的"Criminal Justice"既可以从事实层面上理解为"刑事司法"，又可以从价值层面理解为"刑事正义"。译者选择了后者，以凸显原著从价值本源探究税与刑关系的初衷。

中英两国在税收立法与刑事司法体系方面存在较大差异，了解这些差异更有助于中国读者理解本书的内容。首先，本书中逃税犯罪的范围不同于我国《刑法》第201条的逃税罪。一方面，本书的逃税犯罪并非一个具体罪名，而是一类犯罪，就税种而言，这里的"税"涉及所有税种，既包含国内税，又包含对进口货物征收的关税和消费税。而我国《刑法》逃税罪中的"税"仅指国内税，逃避缴纳进口环节的关税、增值税和消费税的行为则被认定为《刑法》第153条、第154条的走私普通货物、物品罪。另一方面，因为英国的税收犯罪立法采取附属刑法模式，因此同样是逃税行为，因逃避的税种不同，则适用的法律和起诉的罪名各异。而我国的税收犯罪立法采取的是统一刑法模式，《刑法》第201条逃税罪中的"税"指所有国内税，故逃税行为不会因为其逃避缴纳的税种不同而适用不同罪名。其次，随着英国税收犯罪调查、指控机构职能的变迁，逃税犯罪的调查和指控机构也变动频繁，本书中逃税犯罪的指控机构，不能想当然地被认为是英国皇家检察署（CPS）或隶属于英国皇家检察署的机构,这与我国税收犯罪一直以来由公安机关侦查、检察机关起诉的稳定职能划分大相径庭。再次,本书对逃税犯罪和洗钱犯罪的一体化研究,是基于在英国逃税犯罪是洗钱犯罪的上游犯罪,而依据我国刑法,目前逃税罪并非洗钱罪的上游犯罪,二者看似并无必然关联。但是从各国立法趋势和国际金融行动特别工作组(FATF)的建议来看,对本书"洗钱"的理解应当对应我国广义洗钱概念的范畴,即不仅指我国《刑法》第191条的洗钱罪,而且包括第312条的掩饰、隐瞒犯罪所得、犯罪所得收益罪和第349条窝藏、转移、隐瞒毒赃罪,由此,在广义洗钱的概念下,我国洗钱犯罪中的上游犯罪可以不排斥逃税罪和其他税收犯罪。在FATF的持续推动下,这可能成为未来的立法趋势。加之逃税罪与走私普通货物、物品罪的同质性,逃税、走私和洗钱犯罪的一体化研究,可能正是我国学者未来值得借鉴的研究路径。最后,对逃税行为刑事起诉的策略、职能分配及其价值权衡是贯穿本书的核心问题,该问题以往并未引起我国学者的关注。而最近一段时期,多起不予追究刑事责任的明星、"网红"巨额逃税案引发了我国社会的广泛关注,巨额逃税案是否需要刑事起诉备受争议,这也引发了我国学者对"刑事正义与税收"的反思和探讨。

　　本书虽然篇幅不长,但包含了众多注释和专业名词,且时间跨度大,需要进行大量细致的检索和查证工作,特别感谢商务印书馆金莹莹编辑的付出和包容,感谢熊伟教授的信任和托付,感谢傅崐成教授的耐心讲解,感谢李佳男、骆宇、李雨泽、周佳玉、仝东平、王泊钛、韩凤艺同学的协助。

由于译者水平有限,疏漏和缺陷在所难免,恳请读者不吝赐教,万分感谢!

刘 荣

2021年12月27日

献给安，弗雷德里克和海伦

目 录

编辑说明 ··· 1
前言与致谢 ··· 2
缩略语表 ··· 4

第一章 导言 ··· 7

第二章 逃税罪的历史与原理 ··························· 13
 一、简史 ·· 13
 二、英国海关 ·· 14
  （一）关税 ······································ 15
  （二）消费税 ···································· 17
  （三）逃避关税的走私 ···························· 18
  （四）关税、消费税与其他税的关系 ················ 23
  （五）所得税的前身 ······························ 24
 三、所得税 ·· 25
 四、逃税何错之有？ ·································· 28
  （一）不法之本质 ································ 30
  （二）谨慎的拒绝者和税收抵制者 ·················· 33

（三）顾问和客户 34
　　（四）公司的共谋 38

第三章　避税与逃税 39
　一、避税 40
　二、反避税的法律体系与成文法解释 44
　　（一）避税的解决措施 49
　　（二）逃税的解决措施 53
　三、逃税与避税的模糊界限 54
　　（一）瑞士汇丰银行案（2015年）和莫萨克·冯塞卡（巴拿马文件案，2016年）丑闻 58

第四章　逃避关税和其他税收的犯罪 62
　一、犯罪类型及其关系 62
　　（一）普通法与制定法的犯罪 62
　　（二）特殊罪还是一般罪？ 65
　　（三）模糊还是精确的定义？ 67
　　（四）税收犯罪是否为特殊罪？与一般罪是相互排斥还是竞合？ 68
　二、刑事起诉现状 70
　三、走私犯罪 71
　　（一）税收伪证罪 71
　　（二）主要的走私犯罪 72
　四、逃避所得税 75

（一）早期制定法的犯罪 ……………………………… 77
　　（二）税收欺诈 …………………………………………… 79
　　（三）制定法的欺诈逃税罪 ……………………………… 84
　　（四）海外逃税罪 ………………………………………… 85
　　（五）增值税 ……………………………………………… 85
　　（六）遗产税和公司税 …………………………………… 88
　　（七）印花税和土地印花税 ……………………………… 88
　　（八）逃税的附属犯罪 …………………………………… 89
　　（九）税收抵免欺诈 ……………………………………… 92
　　（十）市政税欺诈与市政税福利欺诈 …………………… 94
　　（十一）裁定、指导、滥用程序、证据排除 …………… 94
　五、量刑 ……………………………………………………… 97
　六、结论——犯罪定义和改革方向 ………………………… 101

第五章　调查和起诉机制 ………………………………… 103
　一、刑事诉讼模式 …………………………………………… 103
　二、菲利普与英国皇家检察署 ……………………………… 105
　三、调查和报告 ……………………………………………… 108
　　（一）格莱德威尔 ………………………………………… 108
　　（二）高尔－哈蒙德 ……………………………………… 109
　　（三）巴特菲尔德 ………………………………………… 111
　　（四）奥唐纳 ……………………………………………… 112
　　（五）组织起诉 …………………………………………… 117
　四、结论 ……………………………………………………… 118

第六章　调查权······119
一、税务海关总署的调查职能和权力······119
（一）凌晨突袭与罗思敏斯特案遗产······119
（二）基斯委员会······121
二、税务调查······123
三、民事调查······124
（一）海关搜查······126
四、税务海关总署的刑事调查······127
（一）从纳税人处获取信息······127
（二）机密和特权信息······130
（三）税法中的禁止自证其罪特权······130
（四）法律意见特权——律师和其他税务顾问······139
（五）诉讼特权······142
（六）"不公正例外"······151
（七）法律职业特权机制（i）：争端的解决······156
（八）法律职业特权机制（ii）：税务欺诈调查的执行······157
（九）从纳税人以外获得信息······160
（十）纳税人保密······162
五、结论······164

第七章　起诉及其替代方案······165
一、起诉决定······165
（一）公示但不起诉？······169
（二）对起诉决定的司法审查······169
二、交易······172

（一）《汉萨德英国议会议事录》程序 ……………… 175
　　（二）《执业守则9》 ……………………………… 180
　　（三）协议披露机制 ……………………………… 181
　　（四）离岸披露机制 ……………………………… 182
　　（五）瑞士 ………………………………………… 184
　　（六）暂缓起诉协议 ……………………………… 185
三、民事处罚制度 ……………………………………… 187
　　（一）现行处罚条款 ……………………………… 189
　　（二）程序、举证责任和证明标准 ……………… 191
　　（三）民事处罚的人权问题 ……………………… 192
　　（四）民事诉讼 …………………………………… 197

第八章　国际因素 …………………………………… 199
一、国际逃税问题 ……………………………………… 199
　　（一）离岸 ………………………………………… 203
　　（二）对丑闻的国际回应 ………………………… 207
　　（三）离岸逃税所涉之罪 ………………………… 211
　　（四）未阻止犯罪 ………………………………… 214
　　（五）逃税的引渡 ………………………………… 216
　　（六）证据收集 …………………………………… 217
二、结论 ………………………………………………… 217

第九章　税收和刑法的交叉问题 ……………………… 219
一、对犯罪所得课税 …………………………………… 219
　　（一）所得税 ……………………………………… 219

（二）非法支出的扣除？ ……223
　二、没收逃税犯罪收益 ……225
　　（一）没收令中的扣除 ……230
　　（二）没收令影响纳税义务（反之亦然）？ ……233
　　（三）没收令还是赔偿令？ ……234
　三、谁得到钱？被激励的刑事执法部门 ……234
　四、对逃税所得进行洗钱 ……237
　　（一）税收犯罪及其收益识别 ……243
　　（二）洗钱罪的实行犯 ……244
　五、《犯罪收益法》的税收管辖权 ……249
　　（一）重复计算 ……254
　六、没收及其他扣押 ……255
　　（一）没收 ……255
　　（二）现金没收 ……256
　　（三）不明来源财产令 ……260
　七、结论 ……261

第十章　是否应该起诉更多涉嫌逃税者？ ……262

法规表 ……267
法律文书表 ……274
欧盟指令表 ……276
国际公约表 ……277
案例表 ……279
参考文献 ……300
索引 ……332

编辑说明

　　本书探讨了刑事律师们提出的关于刑事法应然与实然界限的一些重要假设。刑法应该用于对税收不遵从者的惩罚吗？这一简单的问题可以进一步分解为更详细复杂的子问题——是否应该将税收不遵从的行为犯罪化？如果答案是肯定的，那么哪些行为应当被犯罪化？是应将这些犯罪作为对特定不遵从者的有力制裁手段，还是应将刑事手段作为各种民事和其他机制之后的补充？彼得·奥尔德里奇通过细致分析避税与逃税之间的区别，有力地批评了英国刑法（普通法和成文法）的混乱状态并深入评估起诉机制，来对这些问题抽丝剥茧。他证明了程序研究的重要性，提出了与调查税收不遵从者有关的搜查权、免于自证其罪特权和法律职业特权等特殊权力问题。因此，本书的核心不仅仅是刑事实体和程序问题，而且体现于实践和规范层面的相互作用，由此本书闪耀着学术光芒。

安德鲁·阿什沃思

前言与致谢

本书是对逃税刑事犯罪的研究。这些犯罪案件中仅有一小部分被起诉的现状引起了当局的注意。2007—2008年的金融危机引发了关于金融犯罪的极度担忧,本书正是探讨了此背景下的逃税问题。这种担忧导致了对金融犯罪采取更多、更有力、更具惩罚性回应的要求,而瑞士汇丰银行案(*HSBC Suisse*)和巴拿马文件(*Panama Papers*)的公之于众又进一步放大了这种需求。在围绕2015年大选和2016年欧盟公投的热议中,人们对大型跨国公司和富人们表达了极大的愤慨,这引发了人们对在该领域提起诉讼的障碍、风险、成本,以及传统刑事诉讼和刑罚是不是应对金融犯罪的最佳手段的思考。

无论是法律还是实践,逃税从来都不简单,而四个紧密相关的方面更增加了其复杂程度。首先,在传统意义上的逃税与避税之间介入了"激进避税"这一中间概念,引发了对税收不遵从行为重新类型化的压力。其次,在国际层面上,废除"税收规则"所带来的影响日益重大,已经将人们的注意力转向一些阴暗的角落,这包括那些在丑闻中被发现的隐情。再次,职业角色的变化直接关系到追究其刑事责任可能性以及特权界限的审查。最后,反洗钱行业的兴起及其向逃税领域的转移,意味着税收犯罪成为扼制犯罪收益的前沿阵地,因为税收犯罪所涉及的金额可能是唯一与反洗钱行业最初承诺追回金额最接近的领域。

多年来，税收犯罪的起诉机构一直在变化。历史上，海关与税务局管辖的犯罪行为都各自不同，但进入21世纪，这两个部门相互同化。诸多变化反映了税收犯罪调查与起诉职能之间的紧张关系，以及部门职责的边界是如何在现实灵活多变的组织中寻求持续稳定的。最令人失望的是，逃税行为的起诉由其他方面的一些优先事项所主导，而应当考量的有效因素的作用却微乎其微。

本书收集的素材止于2016年6月1日，恰逢《2017年金融犯罪法》提交欧盟全民公决之后、公决结果公布之前。尽管当时法律文本的最终形态还不得而知，但本书后半部分还是提及了该法的一些内容。无论如何，国际层面上解决逃税问题的努力将继续，而主要参与者做出承诺的高度比举行合作论坛对于问题的解决更具有现实意义。

本书的写作凝聚了很多人的帮助。我的同事理查德·沃尔特斯（Richard Walters）和鲍勃·弗格森（Bob Ferguson）阅读了拙作初稿后提出了大量有益的建议。高级法律研究学院的图书馆员所给予我的帮助远超预期，税务海关总署对我几近有问必答。安·芒福德（Ann Mumford）是最早激起我对这个主题兴趣的人，他阅读了本书，并在整个过程中给予我极大的支持。

书中仍有疏漏，笔者责无旁贷。

伦敦，2016年6月30日

缩略语表

《第一议定书》第一条	A1P1	First Protocol to Article 1 of the ECHR
反洗钱	AML	Anti-money laundering
资产追索局	ARA	Assets Recovery Agency
资产追回激励计划	ARIS	Asset Recovery Incentivization Scheme
税基侵蚀和利润转移	BEPS	Base erosion and profit shifting
英国属地披露机制	CDDF	Crown Dependencies Disclosure Facilities
协议披露机制	CDF	Contractual Disclosure Facility
《1979年关税与消费税管理法》	CEMA	Customs and Excise Management Act 1979
海关起诉办公室	CEPO	Customs and Excise Prosecutions Office
中央反欺诈犯罪组	CFG	Central Fraud Group
反资助恐怖主义融资	CFT	Countering the financing of terrorism

资本利得税	CGT	Capital gains tax
英国皇家检察署	CPS	Crown Prosecution Service
资本转移税	CTT	Capital transfer tax
暂缓起诉协议	DPA	Deferred Prosecution Agreements
皇家检察署署长	DPP	Director of Public Prosecutions
英国就业及养老金事务部	DWP	Department for Work and Pensions
《欧盟逮捕令》	EAW	European Arrest Warrant
《欧洲人权公约》	ECHR	European Convention on Human Rights
欧洲法院	ECJ	European Court of Justice
欧洲人权法院	ECtHR	European Court of Human Rights
信息交换	EOI	Exchange of information
财政法	FA	Finance Act
《外国账户税收遵从法案》	FATCA	Foreign Account Tax Compliance Act
国际金融行动特别工作组	FATF	Financial Action Task Force
金融行为监管局	FCA	Financial Conduct Authority
初级裁判所	FTT	First-tier Tribunal
一般反滥用规则	GAAR	General Anti-abuse Rule
英国皇家海关总署（英国海关）	HMC&E	HM Customs and Excise
国际货币基金组织	IMF	International Monetary Fund
联邦税务局	IRS	Internal Revenue Service
法律意见特权	LAP	Legal advice privilege

列支敦士登披露机制	LDF	Liechtenstein Disclosure Facility
法律职业特权	LPP	Legal professional privilege
卖家消失	MTIC	Missing trader intra-community
国家犯罪调查局	NCA	National Crime Agency
国家刑事情报局	NCIS	National Criminal Intelligence Service
国民保险应缴款	NICs	National Insurance contributions
经济合作与发展组织	OECD	Organisation for Economic Co-operation and Development
离岸金融中心	OFC	Offshore financial centre
《1984年警察与刑事证据法》	PACE	Police and Criminal Evidence Act 1984
《2002年犯罪收益法》	POCA	Proceeds of Crime Act 2002
普华永道	PwC	PricewaterhouseCoopers
税务海关司	RCD	Revenue and Customs Division
税务海关起诉办公室	RCPO	Revenue and Customs Prosecution Office
反重大欺诈办公室	SFO	Serious Fraud Office
严重有组织犯罪局	SOCA	Serious Organised Crime Agency
《1970年税收管理法》	TMA	Taxes Management Act 1970
英国边境局	UKBA	UK Border Agency
不明来源财产令	UWO	Unexplained wealth order
增值税	VAT	Value added tax
《1994年增值税法》	VATA	Value Added Tax Act 1994

第一章　导言

五十多年前，刑法与税收本是毫无瓜葛且独立门户的领域。之后，二者显现出相互渗透之势。逃税给刑法研习者提出了重要的问题，即刑法作为一种促使公民遵从纳税义务的手段，与其他手段相较是否具有独特价值？逃税作为一种犯罪，与其他犯罪相较是否蕴含特殊？

传统刑法学者素来重视那些最严重的犯罪，由此便形成了刑事依赖的窠臼，在能够获得充分犯罪证据的情况下，对可责行为除了刑事起诉以外，似乎并无其他看似更合理的回应。其实，就绝大多数罪名而言，对于涉嫌这些犯罪的个案，除定罪以外还有其他处置方式，而现实中大部分这类案件却被习惯性地刑事追诉，逃税亦如此。逃税案件本可设计出各种处置方案，可以通过设置一个或若干优先选项，或者用反向推定的方式，实现从起诉到不起诉的或多或少的自动关联。逃税案件可能（或者已然）根本不属刑事管辖，或者即便属于刑事管辖也仅限于较轻的犯罪。

刑事起诉从来都不是直接税欺诈案的首选执法手段。英国皇家税务海关总署（Her Majesty's Revenue & Customs', HMRC's, 以下简称"税务海关总署"）关于刑事调查权和保障措施的政策是"仅应对税务海关总署需要借之发出强烈威慑信号或者只适合适用刑事制裁的案件保留刑事调查权"。[1]税收征管部门倾向于反对起诉的通常理由是，如果在起诉上耗费太多司法资源会偏离征税的首要目标，现有的强大征税机制以及无需诉诸刑事法庭的惩罚措施为这一理由提供了强有力的支撑。

较之其他犯罪，逃税一直备受争议。该行为的危害性，是由于受害者为国家（换言之是所有人）而比其他欺诈犯罪更强，还是由于受害者无察而有所下降？是因为税务机关能通过包括行政处罚在内的其他一系列机制追缴税款，起诉就退居二线，还是因为其所涉及的税款总额巨大、需要以儆效尤，或者因其侵害到每个公民的利益，而应当优先选择起诉？即便我们对相关具体政策的效果有了更深入了解，这些问题仍然难解。事实上，几乎没有可靠资料能证明这些回应对具体纳税人或纳税公众的行为所产生的影响。

本书将研究与税收有关的犯罪，主要是逃税。刑事司法体系越来越多地触探税收问题，这其中不仅涉及逃税及其起诉，还涉及对逃税收益进行洗钱的指控，以及对逃税收益的没收或民事赔偿等下游环节。本书涉及逃避所有英国国内税和关税的犯罪，具体税种主要包括所得税、关税、消费税、增值税、资本利得税以及公司税。但因某些税种起源的时间点无法明确，[2]故在此不能提供一份详尽的税种

---

[1] https:// www.gov.uk/ government/ publications/ criminal-investigation/ hmrc-criminalinvestigation-policy。

[2] 例如，就《1689年权利法案》第4条中的"不经国会批准，以特权名义为国王或为国王使用而征税"的目的而言，可参见海关专员诉TNS公司案（*Customs and Excise Commissioners v Total Network SL* [2008] UKHL 19; [2008] 1 AC 1174）；伍尔维奇公平建筑协会回应者诉英国税务局专员案（*Woolwich Equitable Building Society Respondents v IRC* [1993] AC 70）。举个例子，在某些情况下，偿还的学生贷款或收取的路桥通行费都是税收。

清单。

　　税收实体刑法包含了庞杂的具体罪名，这为检察官提供了一个巨大的法律武器库，但其中大部分条款却很少启用。虽然这个罪群不存在真正的法律空白，但仍需进一步合理化。如果一名纳税人以少缴税款为目的而撒谎或不披露信息，当事实全部败露时，该纳税人将承担一种或多种刑事责任，遂可以通过公权力获取、形成证据并可以由其选择适用重刑。但与此同时，关于惩罚措施的优先顺位、正当程序及刑事司法系统中存在的"过度惩罚"危险等问题也由此而生。

　　本书将研究税收案件刑事起诉的应然和实然范围，及其与其他刑事起诉案件的相似与相异之处，并试图解决以下一系列问题。

　　分析问题　逃税本质上是哪种犯罪？相对于其他犯罪如何评估其严重程度？判定其刑事责任的标准应该是什么？对其应如何惩罚以及还应该考虑采取哪些其他处置措施？

　　程序与证据问题　设定国家获取纳税人财务隐私、纳税人与其法律顾问的通信，以及以起诉为目的从他人处获取纳税人纳税事务相关信息的权限。

　　机构问题　由谁来决定发起何种程序（起诉、起诉替代程序、协商）？决策机构作出决定的诱因、依据以及资源是什么？该机构与案件调查人员之间是什么关系？案件处理结果与哪个机构的经济利益相关？什么机构负责作出决定和发起程序？该机构应纳入检察系统、税务系统还是独立？发起程序或从案件获利的机构在刑事程序中应优先参与还是应回避？执法结构的变化被增加财政收入以外的因素主导，这包括便利性考量、执法的核心与边界不明，当然，还有执法资源。而这些变化映射了调查人员与检控人员、民事执法与刑事司法之间关系的潜在理论问题。

目的论问题 程序的目的是什么？是有效的征税，报应，谴责，威慑（一般威慑或特殊威慑），或是其他？如果威慑是目的之一，那么公开的意义何在？根据什么标准对纳税人选择优先适用刑事起诉？税收法律关系的违约方是否始终是纳税人，或者（有时）是其顾问或为其提供服务的金融机构？优先选择备受瞩目的公众人物进行起诉合法吗？纳税人应该为了减少税务机关公开对其行为采取的措施而向税务海关总署支付更多款项吗？是否有最佳的逃税检控标准？如果有，该标准只能是在逃税与其他金融犯罪之间进行评估，还是考虑选择性起诉（逃税案件可能成本昂贵）也具有合法性？假如舆情对这类起诉有影响，其扮演着什么角色？

组织文化问题 税务检控人员的办公地点是税务局还是通常的检察官办公室至关重要，这隐含着不同的职业成就标准。什么能给他们带来职业嘉奖？评估个人工作表现的标准是什么？

这一系列问题的核心是税收犯罪处置体系与其他犯罪处置体系之间的关系，该体系包含从警察及其他调查机构到检控机关及法院对犯罪的定义。对于税收犯罪而言，在刑事司法程序的每个阶段，都有可能构建一个完全独立或自成一体的系统，其各阶段之间大都彼此衔接。

21世纪的结构变化始于2005年海关（Customs and Excise）与税务局（Inland Revenue）合并。作为独立于税务海关总署的税务海关起诉办公室（RCPO）于2009年被撤销。[3] 取而代之的是税务海关检控机构隶属于英国皇家检察署（CPS），或许这意味着主要由检察官而非一般税官为英国皇家税务海关总署执行检控职能。由此形成一种压力，检察官的所有决定要更多地考虑对财政收入的影响。特

---

3 参见第七章标题为"民事处罚制度"的部分。

别值得一提的是资产追回激励计划（ARIS）[4]的引入，根据该计划，检控机关将从所没收的财产中获得一定比例的提成，这使皇家检察署更像是一个征税机关。也就是说，21世纪前十年制度变迁的重大意义，莫过于检察官和税官工作路径趋同，检察官行动后果的经济价值增大，而民事和刑事制裁之间的差异缩小。

与其他机构的关系　任何调查、起诉税收犯罪的机关，都会面临与其他金融犯罪起诉机关之间的关系问题，例如金融行为监管局［FCA，原金融服务局（the Financial Services Authority）］，英国国家犯罪调查局［NCA，最早是国家刑事情报局（NCIS），之后是严重有组织犯罪局（SOCA）］，以及反重大欺诈办公室（SFO）。如果说在英国曾经有一个包罗万象的反经济犯罪机构的话，那非反重大欺诈办公室莫属。由此便产生了这些机构之间的权限划分、信息交换，以及偶尔利益冲突的问题。

国际维度　税和刑法是"威斯特伐利亚"模式中国家主权的最后残余。在"税收规则"占统治地位的时代，毫无疑问逃税会产生国际问题。一个司法管辖区不会帮助另一个管辖区征税或执行任何相关法律。[5]目前尚无收集逃税证据方面的相互协助，而引渡税收犯罪更不可想象，[6]国际税收方面的问题日益突出。"隐蔽税收管辖"[7]和其

4　参见第九章标题为"没收逃税犯罪收益"的部分。

5　最基本的一点是，一个外国政府既不能来，其他国家的法院也不会允许我们的政府去，起诉一个在其司法管辖区被发现的人，因为他对他的所属国宣布负有纳税义务。希腊国王诉布拉斯托姆案（*King of the Hellenes v Brostrom* [1923] 16 Ll L Rep 167 [Rowlatt J]）。

6　参见第八章。

7　玛丽·艾利丝·杨（Young, Mary Alice），《银行保密和离岸金融中心：洗钱和离岸银行业务》（*Banking Secrecy and Offshore Financial Centres: Money Laundering and Offshore Banking*）（London: Routledge, 2012）。

他避税港为纳税人提供了避税机会,跨国公司将其收入转移至负税最轻的税收管辖区,跨国公司或富人们还频繁利用匿名离岸账户获益。[8]因此,信息交换(EOI)成为当前最受青睐的"税收公正"补救措施,这也挑战了纳税人隐私的固有理念。

本书大部分内容与刑事责任相关,而民事处罚也是税务机关可采取的备选措施之一。与刑事起诉相比,英国税务海关总署采取民事处罚程序的优势在于,优势证据规则(负担、证据标准、可采性)可以使程序更简单、更经济、更快捷,且更具可预测性(因为可以避免兴师动众地动用陪审团)。作为一种较为温和的选择,在2009年之前,[9]民事处罚还是一种可以避免曝光的手段。

自1980年以来,没收制度的重要性日益显著,并又重新受到重视。然而,因为没收犯罪所得的重点领域是毒品贸易,又因有其他追回机制可挽回逃税造成的税收损失,没收制度几乎未在税收领域对犯罪所得予以适用。由于来源于毒品和其他犯罪的收益数额不能具体化,加之人们重新关注烟草走私以及卖家消失欺诈(MTIC),致使在税收领域,犯罪收益法已经被越来越多地援用。

综上,税收犯罪是否与其他犯罪不同?如果有所不同,那么在哪些方面以及在何种程度上有所不同?这些是需要我们反思的问题。

---

8 理查德·墨菲(Murphy, Richard),《税收的喜悦》(*The Joy of Tax*)(London: Bantam, 2015)。

9 《2009年财政法》第94条。

第二章 逃税罪的历史与原理

一、简史

历史上,对违反税法的行为动用刑事手段主要源于两个根本相异的理论基础。一方面,政府以铁腕征收关税、消费税以及后来的增值税;另一方面,英国税务局却以相对柔和的手段征收所得税和其他大部分国内税。海关法的理念是建立一个由现代海关缉私和刑事追诉构成的阻隔走私的半墙。边境法对过境人员的监管可谓严厉而不严密,而其对边境的控制程度直接与征税相关。那些违反边境管制走私货物和货币的人,是最早的经济犯罪者,他们都会受到相当严厉的处罚。从理查二世(Richard Ⅱ)统治时期,[1]严厉的刑事处罚及没收财产条款在反走私领域开始实施。尤其是翻开18世纪海关法的实施历史,处以绞刑的走私者遗骸在上面留下了醒目的印记。[2]

虽然国内税的征收中也经常采取严厉的措施,但这些措施旨在保障国家获得财政收入,而非对不纳税者追究刑事责任,这种趋势在

---

[1] 参见《1381年宪章确认书;黄金、白银等出口、离境法》。
[2] 西蒙·韦伯(Webb, Simon),《行刑:英国死刑的历史》(*Execution: A History of Capital Punishment in Britain*)(Stroud: The History Press, 2011),第27页。

维多利亚时期的所得税征收中愈发明显。[3] 因为国内税法实施的主要目标是取财,因此给予了纳税人充分的缴纳税收的机会(甚至通过谈判减轻纳税义务),并且会尽量避免采用刑事司法手段。即使进入21世纪,仍鲜有因逃避缴纳所得税或其他国内税[4]而锒铛入狱者。海关与税务局合并的结局,有违于二者各自独立的历史根基、内部文化和权力配置的背景,[5]这被《金融时报》形象地比喻为"㹴犬和寻回犬的杂交",而逃避增值税之所以比逃避所得税面临更不利的后果,似乎也与这段历史不无关系。[6]

二、英国海关

税收与犯罪产生联系始于关税和消费税。英国皇家海关总署

---

3 参见本章标题为"所得税"的部分。

4 在这方面并不一致。至少有传闻称,逃避消费税和增值税比逃避所得税的处罚重得多。

5 本书将使用"合并"一词。此前这一词被使用过,例如,在2004年预算公告中宣布,这两个机构将被合并(HC Debates, 17 March 2004 Col 331),以及在同期讨论中也使用过,例如财政委员会(Treasury Committee)主席约翰·麦克福尔(McFall, John),"海关与英国税务局的合并"(*The Merger of Customs & Excise and the Inland Revenue*, Ninth Report of Session 2003–04, HC 556)。参见王室法律顾问、总检察长戈德史密斯勋爵(Lord Goldsmith)(HL Debates, 7 February 2005 Col 587):"当我们谈论组建英国皇家税务海关总署时,我们谈论的是'整合'。整合与合并不同:整合是一种更根本的改变,其将公共服务事业整合在一起以产生新的更好的解决方案。但是目标并不是为了整合而整合。在共享客户或功能的部分业务中进行整合(例如海关的增值税工作和税务局的直接税工作)可以带来真正的好处,在这方面我们将全力以赴。"

6 "㹴犬和寻回犬杂交的乐趣"(The Joys of Crossing a Terrier with a Retriever),载《金融时报》2004年7月9日。

（以下简称"英国海关"，HMC&E）[7]从起初的独立设立到通过合并统一了税收征管机构，[8]现在的海关部门主要承担着三部分功能，即税收征收、刑事执法、边境管制。对于海关而言，行使这些职能的优先顺位因时而异。

（一）关税

因为关税由国王设立，所以走私被视为冒犯国王并侵犯国王财产的行为。[9]早在1203年，约翰国王通过特权建立了具有海关职能的机构，该机构在国家范围内行使职权，直接对王权负责。[10]国王派专人到所有港口，这些人直接向国王汇报关税收入。国王还将税收预算、征收和记账分立并由其直接控制，以预防勾结和腐败。[11]为了

7　参见H.阿通（Atton, H）、H.霍兰德（Holland, H），《国王的海关》（*The King's Customs*）（London: Frank Cass & Co Ltd, 1967）；爱德华·卡森（Carson, Edward），《古老而合法的海关：英国海关服务的历史》（*The Ancient and Rightful Customs: A History of the English Customs Service*）（London: Faber and Faber, 1972）；格雷厄姆·史密斯（Smith, Graham），《声明：1000年的海关》（*Something to Declare: 1000 Years of Customs and Excise*）（London: Chambers Harrap, 1980）。

8　《2005年英国海关专员法》。

9　参见威廉·J.阿什沃思（Ashworth, William J），《英国海关的贸易、生产和消费：1640—1845年》（*Customs and Excise Trade, Production, and Consumption in England 1640-1845*）（Oxford: Oxford University Press, 2003）。

10　《1203—1204年温彻斯特法令》；卡森，同注7，第16页；巴特菲尔德，《名誉法官巴特菲尔德对英国海关刑事调查和检控工作的评论》（*Review of criminal investigations and prosecutions conducted by HM Customs and Excise by the Hon Mr Justice Butterfield*）（HM Treasury, 2003），第1.4段。

11　卡森，同注7，第16页。

便于监管,商品只能在官方认可的码头卸货、装船。[12]当时的税率簿（Book of Rates）是今天关税税率表的前身,不仅记载了最初的应税货物（酒和羊毛）,还记载了许多其他应当征收关税的货物。[13]国王经常不经议会批准擅自决定税率。当詹姆斯一世（James I）希望增加财政收入,但又无法获得议会同意时,他果断决定修改已公布的应税货物估值,这一举动遭到商人们的坚决反对,他们认为未经议会批准不应增加税负。最终,法庭判定国王的这一行为仍然是在他特权范围之内。[14]复辟时代,议会的税收决定权被肯定,并在之后通过的《权利法案》中得以体现。[15]转包征税取代了国王派代理人直接为自己征税的方式,即国王将收税的权力出售给海关,这本质上与农民雇人为自己收割无异。但这种征税体系容易滋生滥用、贿赂、敲诈,从而使财政遭受损失。

---

12 关于伊丽莎白一世（Elizabeth I）于1565年委托进行的"南安普敦港口调查",以制止英国港口的非法贸易,参见利安娜·T.帕克（Parker, Leanna T）,"南安普敦16世纪非法贸易:1565年港口调查的审查"（Southampton's Sixteenth-century Illicit Trade: An Examination of the 1565 Port Survey）,载《国际海事史杂志》（*International Journal of Maritime History*）(2015年)第27卷,第268—284页。

13 诺曼·斯科特·布里恩·格拉斯（Gras, NSB）,"都铎王朝的《利率手册》:英国海关史上的一章"（The Tudor "Books of Rates": A Chapter in the History of the English Customs）,载《经济学季刊》（*Quarterly Journal of Economics*）(1912年)第26卷,第766—775页;卡森,同注7,第26页及以下。

14 参见德尔罗伊税案（*Impositions del Roy* [1606] 12 Co Rep 64; [1607] EWHC KB J23;77 ER 1342）。另请参见造舰费案（*Ship Money*, Case of [1637] 3 State Trials 826）,一个"被纳塞比战役逆转"的案子:莱昂（所有人）诉海军上议院委员案（*Crown of Leon [Owners] v Lords Commissioners of the Admiralty* [1921] 1 KB 595 at 607-08）,引自里丁伯爵（Earl of Reading）(通过1640年《造舰费法》进行了更全面的修改）。

15 《1689年权利法案》第4条。

(二)消费税

"关税"并非唯一针对货物课征的税种。消费税被称为"一种可恶的税",[16]不同于关税源于国王,消费税纯粹由议会发起征收,在1643年被长期议会*首次征收,[17]并为议会武装反对王权提供了经费。消费税是针对国内消费的税种,初期如同关税采取直接由专员委员会(Board of Commissioners)征收。消费税在国内战争期间,覆盖了许多不同种商品,而10年之后,其征收范围缩减至巧克力、咖啡、茶叶、啤酒和高度酒。显然,征收消费税是增加财政收入的有效方法,因而被政府在各种商品中陆续开征、废止、再开征,这些商品包括像盐、皮革和肥皂一类的生活必需品。[18]

王政复辟时代,宪法对消费税收入的分配方案是:税收收入总额的一半用于查理二世(Charles Ⅱ)有生之年的开销,而另一半给他或他的继承者(弥补他们因失去王权造成的封建捐税的损失)。[19]因此,消费税收入全部落入国王的口袋。1671年,查理二世成立了一个专门征收关税的官方机构,关税委员会(the Board of

---

16 "消费税,是一种针对商品征收的可恶的税,其不是由通常的财产法官裁决,而是由那些征收者雇用的会计计算出来的。"参见塞缪尔·约翰逊(Johnson, Samuel),《英语词典》(*A Dictionary of the English Language*)(1755)。

* 长期议会指1640年11月由查理一世召集,至1653年4月被克伦威尔解散,而后又于1659年复会,并一直持续到1660年3月的一届议会,由于存续时间长而得名。——译者

17 关于通过对几种商品收费或征税来迅速筹集和征收钱款的条例,《1643年消费税条例》。

18 帕特里克·K.奥布莱恩(O'Brien, Patrick K)和菲利普·亨特(Philip Hunt),"光荣革命前英国财政制度中消费税的产生和巩固"(The Emergence and Consolidation of Excises in the English Fiscal System before the Glorious Revolution),载《英国税务评论》(*British Tax Review*)(1997年),第35—58页。

19 《1660年消费税法》和《1660年权属废除法案》。卡森,同注7,第41页。

Customs）。[20] 1787年，专款专用的王室年俸成为王室的经济来源，消费税被废除，从此所有的税收同归国库。[21]

消费税之所以未被广泛适用，部分原因是征收消费税相比征收关税要更频繁地检查货仓和商品，这种"进入权"[22]令人民厌恶。不履行消费税义务的处罚十分严厉。1849年，消费税委员会与印花税委员会合并成立国内税务委员会（Board of Inland Revenue）。随即，将关税委员会与国内税务委员会合二为一，统一征管国家税收的呼声高涨，但这一提议并未实现。相反，在国内税务委员会成立6年后，消费税征收和管理的职责转而归于海关专员（Commissioners of Customs）。[23]一旨枢密令，消费税的征收管理职能并入了关税委员会，并且被重新命名为海关委员会（Board of Customs and Excise）。[24] 该机构一直保持到21世纪。

（三）逃避关税的走私

起初，具有海关职能的机构只是被动地在码头征收关税，并不

20　参见巴特菲尔德，同注10，第1.5段；莱夫特威奇（Leftwich），"英国关税征管及其后期历史（1671—1814）"（The Later History and Administration of the Customs Revenue in England [1671-1814]），载《皇家历史学会学报（第4辑）》（*Transactions of the Royal Historical Society* [*Fourth Series*]）（1930年）第13卷，第187—203页。

21　《1787年海关法》。

22　海关的"进入权"原本是特权。在《1723年消费税法》颁布之前，即《关税与消费税管理法》（CEMA）第161条的前身，消费税是按照法定职权征收的税种。2014年的一次审查发现，税务海关总署拥有39项法定"进入权"，其中30项被审查，发现5项有问题。税务海关总署，《关于我们的进入权的报告》（*Report on Our Powers of Entry*）（London: HMRC, 2014）。

23　《1908年财政法》第4条。

24　参见巴特菲尔德，同注10，并参考第五章标题为"巴特菲尔德"的部分。

阻止走私，也不对走私者采取措施。[25]但是，随着反走私和经济保护主义意识渐强，政府在该领域的职权逐渐扩张。19世纪中期的王政复辟时代，英国贸易保护主义达到最高潮。[26]残阙议会[*]通过了首个《航海条例》，[27]要求驾驶英国船只的英国船长和船员，应当将船只开抵英国卸货。[28]重新通过的《1660年航海法》，[29]赋予海关更多职权，要求海关强制对英国船只运输的商品进行货物认证。[30]1614年，出口羊毛被彻底非法化。[31]1661年，实施这种行为的人甚至被处以死刑。后来，出现了武装走私，继而，走私受到英国军队的防范。1697年，8名走私者（非法出口贸易商）受到指控，随之通过坦白并支付

25　参见卡森，同注7，第55页及以下。
26　拉尔夫·戴维斯（Davis, Ralph），"英国保护主义的兴起，1689—1786年"（The Rise of Protection in England, 1689–1786），载《经济史评论》（Economic History Review）（1966年）第19卷，第306—317页。
*　残阙议会（Rump Parliament）是由长期议会（Long Parliament）的残留议员所召开的议会，指从1648年的普莱德清洗（Pride's Purge）至1653年，或1659年至1660年的议会。——译者
27　《1651年航海条例》。
28　早期规定始于理查二世5年法律第3章，限制了对国王统治的人员和船只的进出口。另请参见《1786年航运法》《1794年商船法》和《1833年关税消费税法》。在约瑟夫·奇蒂（Chitty, Joseph）的《温德姆·比厄斯商事法》（Wyndham Beawes's Lex Mercatoria）（London: Rivington, 6th edn, 1813）一书的第一卷中有关于这些法律的详细讲解，特别是在第83页及以后。感谢迈克尔·洛班（Michael Lobban）提醒我注意这一宝贵资源。另参见约翰·里夫斯（John Reeves），《航运和航海法史》（A History of the Law of Shipping and Navigation）（London: Brooke, 1792）。
29　Navigation Act 1660 (12 Ch 2 c 18).
30　参见卡森，同注7，第42页。
31　1614年之后，禁止从英格兰出口羊毛，并鼓励出口成衣。克里斯托弗·希尔（Hill, Christopher），《工业革命的改革》（Reformation to Industrial Revolution）（Harmondsworth: Penguin Books, 1969），第88页。

总共 2 万英镑罚金而避免了牢狱之灾。[32] 议会通过法令禁止任何在 15 英里海域以内居住的人收购羊毛,除非他们能提供文件证明这些羊毛是要从"禁区"销售至内陆的。[33]

17、18 世纪,非法贸易猖獗。[34] 而走私者总能赢得同情,从经济学考量,他们能为地方经济带来利益;从哲学考量,他们被浪漫地描述成了自由贸易的践行者。[35] 亚当·斯密[36] 和贝卡利亚[37] 都表达了对走私的肯定。亚当·斯密眼中的走私者是:

> 违反本国法律的人无疑具有高度可谴责性,但很多情况下这个

---

[32] 弗兰克·麦克林(McLynn, Frank),《十八世纪英国的犯罪与惩罚》(*Crime and Punishment in Eighteenth Century England*)(London: Routledge, 3rd edn, 2013),第 172 页及以下。

[33] 《1697 年出口法》。

[34] 参见麦克林,同注 32。

[35] 因此,"freetrader"一词是"走私者"的意思:"这是该词旧含义的有趣之处。'freetrader'过去是指走私者。那些戴着高顶礼帽、留着络腮胡子的男人把朗姆酒桶滚入一个浪漫山洞里的场景确实有趣。头戴红帽、腰扣手枪的约翰·布莱特,脚蹬海靴、口咬弯刀、大摇大摆的科布登,这些形象已经深入人心。"切斯特顿(Chesterton),"我们的笔记本",载《伦敦新闻画报》(*Illustrated London News*)1921 年 6 月 25 日。参见彼得·安德里亚斯(Andreas, Peter),"走私之战:变化世界中的法律执行与规避"(Smuggling Wars: Law Enforcement and Law Evasion in a Changing World),载《跨国有组织犯罪》(*Transnational Organized Crime*)(1998 年)第 4 卷,第 75—90 页。

[36] 就像乔叟(Chaucer),一个海关收税员。加里·M. 安德森(Anderson, Gary M)、威廉·F. 舒格哈特(William F Shughart)和罗伯特·D. 托利森(Robert D Tollison),"亚当·斯密在海关"(Adam Smith in the Customhouse),载《政治经济学杂志》(*Journal of Political Economy*)(1985 年)第 93 卷,第 740—759 页。

[37] 切萨雷·贝卡利亚(Beccaria, Cesare),《论犯罪与刑罚》(*Of Crimes and Punishments*)(1764)(ed Adolph Caso)(Boston: International Pocket Library, 2nd edn),第 33 章。另请参见汉弗莱·威廉·伍尔里奇(Woolrych, Humphry William),《英格兰当前死刑的历史和结果》(*The History and Results of the Present Capital Punishments in England*)(London: Saunders and Benning, 1832),第 2 章。

人并未违背自然正义。如果没有那些自然正义之下并非犯罪的法定犯，那么他们在任何情况下都应该是一名好公民。[38]

18世纪，随着进出口玫瑰被加征关税，走私愈演愈烈，国家采取强硬措施抑制走私势头。[39]在《1745年关税与消费税犯罪法》实施之初的7年里，违法行为被处以严刑峻法，[40]该法案被认为是当时的"血腥法案"之一。当时，对于组织、运输、买卖走私货物或包庇走私者可适用死刑，[41]尽管真正适用死刑的案件并不多见。[42]致缉私官员死亡的走私者将被宣判绞刑示众。而那些缉私不力的郡县将受到经济处罚。[43]当《伦敦宪报》将走私者名单公之于众，逐出法

---

38 亚当·斯密（Smith, Adam），《国富论》（*The Wealth of Nations*）（ed RH Campbell, AS Skinner, and WB Todd）（Oxford: Oxford University Press, 3rd edn, 1976），第5卷第2章。"走私者詹姆士·霍尔特表现得很后悔，但似乎并不确信他的判决是公正的，也不认为这是走私的罪行。他的遗言中有一句话'因走私而被处以绞刑是很难的'。"参见《伦敦杂志：或称为先生们的月情报员》（*London Magazine: or, Gentleman's Monthly Intelligencer*）（1752年）第21卷，第335页，转引自克莱夫·埃姆斯利（Emsley, Clive），《英国的犯罪与社会，1750—1900》（*Crime and Society in England, 1750-1900*）（London: Routledge, 3rd edn, 2010），第266页。十分类似的是，2015年4月罗德里戈·古拉特（Rodrigo Gularte）因在印度尼西亚走私毒品而被处决，载《卫报》（*The Guardian*）2015年4月30日，https://www.theguardian.com/world/2015/apr/30/brazilian-executed-by-indonesia-was-hearing-voices-all-the-time。

39 参见麦克林，同注32，第177页及以下。

40 《1745年关税与消费税犯罪法》。

41 参见加尔·温斯洛（Winslow, Cal），"苏塞克斯走私者"（Sussex Smugglers），载道格拉斯·海尔（Hay, Douglas）等编，《阿尔比恩的致命树》（*Albion's Fatal Tree*）（London: Penguin, 1975）；保罗·莫诺（Monod, Paul），"危险商品：走私，詹姆斯党和东南英格兰的商业文化，1690—1760"（Dangerous Merchandise: Smuggling, Jacobitism, and Commercial Culture in Southeast England, 1690-1760），载《英国研究杂志》（*British Studies*）（1991年）第30卷，第150—182页。

42 参见伍尔里奇，同注37。

43 第6条：走私者杀害缉私官员为100英镑，致缉私官员受伤为40英镑。

外制度[*]被引入反走私领域，走私者们在四十天内纷纷投案或被定罪。[44] 与此同时，在《宪报》上举报走私者的人可获得500英镑的奖金。[45]《1779年反走私法》[46] 对《1745年关税与消费税犯罪法》进行了修订，增加了对运送200吨以上货物人员的惩罚，[47] 四桨以上的船只被禁止，[48] 放纵走私的缉私人员被处罚。[49] 历史上的一些时期，尤其在美国革命期间，走私者能通过为部队和海军寻找服兵役的人来立功赎罪。提供一名为陆军或海军服役的人可以折抵500英镑罚金，二者都提供则可以折抵全部罚金，即使罚金数额巨大。[50]

尽管，对走私者适用死刑直到1867年才予以正式废除。[51] 但从1840年英国实施自由贸易，废除《航海法》，[52] 并且大幅度降低进口商品的关税开始，通过走私逃避消费税不再是暴利行业。此后，至20世纪50年代，走私不再是立法和执法的重点。20世纪60年代期间被禁止走私的货物（大部分是毒品）显现上升趋势，尤其是20世纪80年代以来，一些应税货物（烟草、酒精）应付的税额与欧盟显现出差异。随着对含酒精饮料和烟草进口管制的放松和进口便利化，

---

* 逐出法外又称剥夺法权，源于撒克逊时代的"utlagatus"，即剥夺法律资格与地位，不受法律的保护。14世纪中叶，合法拘捕和处死被逐出法外者的权力仅授予郡长，被逐出法外者还被剥夺民事资格，所拥有的全部财产充公没收，不得拥有财产，也不得接受转让财产，不享有诉权，但可代表享有民事资格的人提起诉讼。1938年该制度被废止。——译者

44　第10条。
45　第10条。
46　Smuggling, etc Act 1779 (19 Geo 3 c 69).
47　第2条。
48　第3条。
49　第15条。
50　《1778年招募法》（罪犯改造、分流和国家利益的早期组合）。
51　《1867年成文法修订法》，废除了1745年的法律文本。
52　《1849年航海法》。

这种消费税欺诈再次导致财政收入严重流失。财政部认为这是一笔巨大的财政收入损失,[53]于是,预防走私烟草和酒精再次引起英国政府的重视。[54]

(四)关税、消费税与其他税的关系

关税法通过阻止违禁物品入境保证了国家的完整性。进入国家司法管辖区范围内的货物,当且仅当合法申报,并支付关税才具有合法性。以逃避税来获利是走私的唯一原因,因此,海关查获的走私货物基本上覆盖了所有关税应税货物。阻止有害物品(武器、色情文学或毒品)进入国家体现了社会的防御功能。同时,禁止进出口也

---

53 马丁·泰勒(Taylor, Martin),《1999年烟草走私报告》(*Report on Tobacco Smuggling 1999*), https://www.govuk/government/publications/taylor-report-on-tobacco-smuggling。

54 内政事务委员会主席基斯·瓦兹(Vaz, Keith),《烟草走私》(*Tobacco Smuggling*), 2014—2015届会议的第一份报告;英国皇家警务督察署(HMIC),《犯罪收益:对税务海关总署在处理税收、逃税、利益欺诈中追缴犯罪收益情况的检查》(*Proceeds of Crime: An Inspection of HMRC's Performance in Addressing the Recovery of the Proceeds of Crime from Tax and Duty Evasion and Benefit Fraud*)(London: TSO, 2011)。参见彼得勒斯·范·达因(van Duyne, Petrus),"有组织走私香烟、政策制定和终结"(Organizing Cigarette Smuggling and Policy Making, Ending Up in Smoke),载《犯罪、法律和社会变革》(*Crime, Law and Social Change*)(2003年)第39卷,第285—317页;罗博·霍恩斯比(Hornsby, Rob)和迪克·霍布斯(Dick Hobbs),"歧义区:私造香烟的政治经济学"(A Zone of Ambiguity: The Political Economy of Cigarette Bootlegging),载《英国犯罪学杂志》(*British Journal of Criminology*)(2007年)第47卷,第551—571页;休·格里菲思(Griffiths, Hugh),"吸烟枪:1990年代的欧洲香烟走私"(Smoking Guns: European Cigarette Smuggling in the 1990s),载《全球犯罪》(*Global Crime*)(2004年)第6卷,第185—200页。在琳赛诉海关总署案(*Lindsay v Customs and Excise Commissioners* [2002] EWCA Civ 267 para 19)中,英国海关官员说,仅烟草一项,英国每年就损失38亿英镑。税务海关总署于2016年3月宣布,通过更严格的执法,它已将2014—2015年度的损失减少了一半,至21亿英镑。"税务海关总署宣告英国烟草欺诈大幅度削减",载《观察家报》(*The Observer*)2016年3月5日。

可能出于经济原因。通常，贸易保护主义并不是通过禁令，而是通过关税实施。限制只适用于特殊情况，包括进出口军事、准军事、军民两用物资和技术，艺术品、植物、动物、药品和化学品等，必须经过边检检查进出口许可证。[55] 某些地域的进出口也受到限制，尤其是受到贸易制裁和军事禁运的地域。

（五）所得税的前身

直至17世纪末，各种形式的消费税一直是英国财政收入的主要来源。在金雀花王朝、都铎王朝和斯图亚特王朝，消费税以外的各种其他税被不断尝试。从理查二世时期到17世纪末，为了筹集战争经费，人头税被间接征收（该税针对大多数人的动产征收）。从1275年第一次被征收，到17世纪，人头税一直以不同名义延续。在不动产被估值的基础上，不动产所有人依据一定比例负税。税率在不同年份、不同地区有所不同，征税的货物也存在城乡差异。然而，一如既往的是财政收入与预期收入的巨大落差，征收的低效性使政府在无奈之下不得不考虑放弃人头税，1698年此税终结。

1662年，英国开征壁炉税，[56] 家庭住所的每一个壁炉须缴纳2先令（这比人口更容易计算）。壁炉税比人头税更重、更持久、更具累退

---

55 2009—2013年这段时间的英国边境局（UK Borders Agency），目前该机构又通过边境部队再次归入内政部。

56 《1662年税收法》。参见W.R.沃德（Ward, WR），"窗户管理和税收评估，1696—1798年"（The Administration of the Window and Assessed Taxes, 1696-1798），载《英国历史评论》(*English Historical Review*)（1952年）第67卷，第522—542页；安德鲁·E.格兰茨（Glantz, Andrew E），"光和空气税：窗户税对税收管理和建筑的影响，1696—1851年"（A Tax on Light and Air: Impact of the Window Duty on Tax Administration and Architecture, 1696-1851），载《宾夕法尼亚大学历史评论》(*Penn History Review*)（2008年）第15卷，第1—23页。

性。但征收者进入到私人住宅数壁炉并不受欢迎,光荣革命后壁炉税被废除。[57] 1695年壁炉税被"窗户税"取代,窗户税便于征收,征收者在房屋外面数窗户即可,并不需要征得纳税人允许进入住宅。[58]

18世纪中叶以前,骗税一般并不被当作一种独立的犯罪形式,[59] 那时,税收主要依靠征收者主动征收,而非纳税人主动申报。假如政府已经查明窗户或壁炉或人的相关事实,那么原则上税收义务产生,即应当征税。故逃税不可能被作为一种单独的犯罪类型。而后来,这种情况随着所得税的征收发生了变化。

三、所得税

多年以来,在英国人的传统理念中,要求披露个人收入意味着政府权力侵入私人事务,个人自由因此受到威胁,[60] 这使得征收任何形式的所得税都会受到反对。但为战争买单最终还是超过了保护个人利益。[61]

英国征收所得税是大规模反法斗争的直接结果。只有我们深入当时的财政状况才能真正理解采取所得税的原因。与其他大部分国

---

57 《1688年壁炉税法》。
58 《1695年税收法》。
59 杰罗姆·霍尔(Hall, Jerome),《盗窃、法律与社会》(*Theft, Law and Society*)(Bloomington IN: Bobbs Merrill, 2nd edn, 1952),第二章。
60 约翰·斯图尔特·密尔(Mill, John Stuart),《政治经济学原理》(*Principles of Political Economy*)(1848),第5卷第3章第5节。
61 "亲王们在战争时开征的新税,在和平时期也不会减免。"多恩(Donne),《爱的成长》(*Love's Growth*),载罗宾(Robin)编,《约翰·多恩的诗:第一卷》(*The Poems of John Donne: Volume One*)(London: Routledge, 2014),第110页。

家一样，18世纪的英国财政收入体系几乎由关税和消费税组成。中世纪以来，建立在财产和商品上的税收体系已经收缩到一个很小的范围，那时的财产税长期以来实际上只有土地税，而没有其他税。[62]

起初，所得税是为了应付拿破仑战争的一时之需而临时征收的。[63] 1842年，首相皮尔重新在英国征收所得税，[64]当时征税所依据的阿丁顿税表（Addington's，1803）[65]是早期皮特税表（Pitt's，1798）的修订版。[66]评估和再评估收入[67]的法案陆续出

---

[62] 埃德温·塞利格曼（Seligman, ERA），《所得税：国内外所得税的历史、理论和实践研究》（The Income Tax: A Study of the History, Theory, and Practice of Income Taxation at Home and Abroad）（New York: Macmillan, 1911），前言。参见休伯特·门罗（Monroe, HH），《无法容忍的审判？关于税法的思考》（Intolerable Inquisition? Reflections on the Law of Tax）（London: Stevens, 1981），第1章。

[63] 亚瑟·霍普-琼斯（Hope-Jones, Arthur），《拿破仑战争中的所得税》（Income Tax in the Napoleonic Wars）（Cambridge: Cambridge University Press, 1939）；《1799年所得税法》《1803年所得税法》和《1806年所得税法》、《1798年税收法》《1802年出口法》等。参见贝弗利·萨宾（Sabine, BEV），《所得税历史》（History of Income Tax）（London: George Allen & Unwin, 1966），第4章；马丁·詹姆斯·达顿（Daunton, MJ），《信赖利维坦：英国的税收政治（1799—1914）》（Trusting Leviathan: The Politics of Taxation in Britain, 1799-1914）（Cambridge: Cambridge University Press, 2001）。

[64] 《1842年所得税法》。

[65] 《1803年所得税法》。并请参见A.法恩斯沃思（Farnsworth, A），"阿丁顿，现代所得税法的开创者"（Addington, Author of the Modern Income Tax），载《法律季刊》（Law Quarterly Review）（1950年）第66卷，第358页；约翰·艾弗里·琼斯（Avery Jones, John），"阿丁顿所得税的来源"（The Sources of Addington's Income Tax），载约翰·泰利（Tiley, John）编，《税法史研究：第一卷》（Studies in the History of Tax Law, Volume One）（Oxford: Hart, 2004），第1页。

[66] 约翰·杰弗里-库克（Jeffrey-Cook, John），"威廉·皮特及其税理"（William Pitt and His Taxes），载《英国税务评论》（2010年），第376页。

[67] 《1842年所得税法》《1918年所得税法》《1952年所得税法》《1970年所得税与公司税法》《1988年所得税与公司税法》。

台。[68]第二次世界大战期间,开始实施所得额扣减,[69]直到21世纪早期,所得税征收方案被重新修订,[70]但是从税源的基本结构来看,[71]新的征税方案并不是为了增加税收收入,而是为了维持原有的财政收入水平。

征收所得税的基础不是查定而是申报,这增加了不如实申报行为构成逃税的风险。财政部门明确对于逃避所得税行为的态度已是19世纪、20世纪的事,早期对逃避所得税的指控一直都是退而求其次的选择。[72]威廉姆斯认为之所以不轻易指控逃税罪是对证明其有

---

68 麦克米伦(Macmillan)主席,《所得税编纂委员会的报告》(*Report of the Income Tax Codification Committee*)(London: Cmd 5131, 1936);拉德克利夫勋爵(Radcliffe, Lord),《皇家利得税和所得税委员会最终报告》(*Royal Commission on the Taxation of Profits and Income, Final Report*)(London: Cmd 9474, 1956)。

69 《1943年所得税(雇用)法》。发薪时扣除制(PAYE)由丘吉尔的大臣金斯利·伍德爵士(Sir Kingsley Wood)于1940年至1941年进行试点。该法的全面实施将雇员的税收管理和征收交由雇主掌握,这意味着税务局可以提前收到这笔税款,并且降低了欺诈或未付款的可能性。约翰·布雷思韦特(Braithwaite, John),《德治市场中的副产品市场》(*Markets in Vice, Markets in Virtue*)(Oxford: Oxford University Press, 2005)第162页将源头扣除描述为"税收合规史上最重要的一项创新"。请注意与增值税欺诈的不同之处,通常情况下,收款人也是收税人。

70 诞生了以下法:《2003年所得税(收入和退休金)法》《2005年所得税(交易及其他收入)法》《2007年所得税法》《2009年公司税法》《2010年公司税法》和《2010年税收(国际及其他规定)法》。

71 受《犯罪收益法》第7部分管辖权约束,该管辖区不要求确定来源或评估年份。请参阅第九章标题为"《犯罪收益法》的税收管辖权"的部分。

72 参见罗伯特·科利(Colley, Robert),"阿拉伯鸟:维多利亚时代中期英国对所得税逃税的研究"(The Arabian Bird: A Study of Income Tax Evasion in Mid-Victorian Britain),载《英国税务评论》(2001年),第207—221页。罗伯特·科利,"维多利亚时代中期的雇员和征税者:1860年国家对信息收集的研究"(Mid Victorian Employees and the Taxman: A Study in Information Gathering by the State in 1860),载《牛津法律研究杂志》(*Oxford Journal of Legal Studies*)(2001年)第21卷,第593—608页;罗伯特·科利,"铁路与维多利亚时代中期的所得税"(Railways and the Mid-Victorian Income Tax),载《运输史杂志》(*Journal of Transport History*)(2004年)第24卷,第78—102页。

罪的困难性有所意识。

17　　　检察官弗朗西斯·戈尔爵士以其掌握的证据，明确表示公然逃税者里奇应当被以欺诈罪送上治安法庭（现代地方法庭的前身），而其检察官同事们的感受是，面临被起诉的恐惧，只会让所有被调查的纳税人拒绝回答问题或者心怀侥幸。甚至盖勒[73]也认为在刑事法庭证明这种欺诈的难度太大了。[74]

逃税与其他同样需要举证不诚实的犯罪到底有何不同？尚未明确。但至今根深蒂固的观念是刑事指控并非实现应收尽收所得税的最好方式。这可能正是政府为了征税而对纳税人作出某种让步的原因之一。[75]

四、逃税何错之有？

对于逃税的认知因时而异。[76]起初研究逃税罪是在萨瑟兰的

　　73　威廉·盖勒（William Gayler, 1846—1907年），印花税总督察（脚注后加）。
　　74　大卫·威廉姆斯（Williams, David），"税务调查，1900—1914年"（Surveying Taxes, 1900-14），载《英国税务评论》（2005年）第222卷，第240页。
　　75　在高所得税率被称为"附加税"的年代（1929—1973），税务局写给男性纳税人通知缴纳所得税的信件的称呼是"××纳税人先生"，而关于缴纳附加税的信件的称呼是"尊敬的××纳税人先生"。
　　76　斯图尔特·卡林斯基（Karlinsky, Stewart），休伦·伯顿（Hughlene Burton）和辛迪·布兰索恩（Cindy Blanthorne），"作为犯罪的逃税"（Perceptions of Tax Evasion as a Crime），载《税务研究电子期刊》（E-Journal of Tax Research）（2004年）第2卷，第226—240页。

著作出版之后，仅将逃税作为白领犯罪研究的一部分。[77] 即便当时已经提出白领犯罪，但将逃税作为一种犯罪来对待则是后来的事情。[78] 多年以来，为了达到申报所得税的特殊目的，逃税被作为无被害人犯罪或损害间接、无形的犯罪。一定意义上讲，社会中产阶级接受逃税是一种犯罪[79]的理由不同于20世纪70年代接受酒驾是犯罪。[80] 那些对逃税的表述方式与对逃税的低起诉率是相辅相成的，即因为逃税没有那么严重所以不被起诉，而因为逃税不被起诉所以没有那么严重。

77　埃德温·H.萨瑟兰（Sutherland, EH），"白领犯罪"（White-collar Criminality），载《美国社会评论》（American Sociological Review）（1940年）第5卷，第1—12页；埃德温·H.萨瑟兰，《白领犯罪》（White Collar Crime）（New York: Dryden Press, 1949）；埃德温·H.萨瑟兰，《白领犯罪：未删节版》（New Haven: Yale University Press, 1983）。

78　杰拉尔丁·佐特·穆尔（Moohr, Geraldine Szott），"作为白领欺诈的逃税行为"（Tax Evasion as White Collar Fraud），载《休斯敦商业与税法杂志》（Houston Business & Tax Law Journal）（2009年）第9卷，第207—445页。

79　门罗（注62）在其著作中（第69页）提到吉尔伯特和沙利文（Gilbert & Sullivan）的《鲁迪戈尔》（Ruddigore）（1887）第二幕中的一段话，其中主角每天都想犯罪，"承认"提交了虚假的纳税申报单，但是被告知这太微不足道了。对话如下：

罗宾·奥克佩（Robin Oakapple）：周二，我提交了虚假的所得税申报表。

全体：哈！哈！

第一个幽灵：没什么。

第二个幽灵：根本没事。

第三个幽灵：每个人都这样做。

第四个幽灵：不负众望。

80　迈克尔·哈特菲尔德（Hatfield, Michael），"税务律师，税务抗辩和非正式谈话的道德规范"（Tax Lawyers, Tax Defiance, and the Ethics of Casual Conversation），载《佛罗里达税务评论》（Florida Tax Review）（2011年）第10卷，第2010—2026页；唐纳德·莫里斯（Morris, Donald），《税收欺诈：不法——但不道德吗？》（Tax Cheating: Illegal—But Is It Immoral?）（Albany, NY: SUNY Press, 2012）。

(一)不法之本质

没有明确受害者的犯罪未必是无被害人犯罪。[81]税收欺诈所造成的损失,有时是全国[82]甚至全球性的。[83]假如逃税致使公共资金匮乏,那么政府要么将收入负担转嫁至其他方面,要么不能按预算正常支出。这是对没有逃税的纳税人的间接影响,最明显的反应是会群起效尤。

不法的本质应当符合犯罪的定义。从理论上分析,逃税之不法因原因不同而异。格林将逃税的不法本质概括为欺骗。[84]该判断在不申报逃税的情况下相当准确。但接下来,他并没有论述其他类型逃税的不法本质。逃税的不法本质可能表现为以下一方面或更多方面。

(1)减损公民资格:逃税的本质是一种"搭便车",不支付社会契约约定的税收之债却享受了公民的利益。这不仅能解释逃税的本质,同样适用于战争或其他特殊危机时期不履行义务的行为。

(2)一种伪证:该观点主张纳税人的申报或其他声明是一种提升其诚实义务的特别宣示。

---

81 另请参见第十章,2013年1月23日皇家检察署署长、王室法律顾问基尔·斯塔莫"起诉逃税罪"的讲话。

82 见英国皇家警务督察署,同注54。

83 理查德·J.赛布拉(Cebula, Richard J)和埃德加·L.费格(Edgar L Feige),"美国的未报告经济:美国所得税逃税的规模、增长和决定因素评估"(America's Unreported Economy: Measuring the Size, Growth and Determinants of Income Tax Evasion in the US),载《犯罪、法律和社会变革》(2012年)第57卷,第265—285页。

84 斯图尔特·格林(Green, Stuart),《谎言、作弊和盗窃》(*Lying, Cheating and Stealing*)(Oxford: Oxford University Press, 2005)。另参见斯图尔特·格林,"白领刑法中的道德歧义"(Moral Ambiguity in White Collar Criminal Law),载《圣母大学法律、伦理和公共政策杂志》(*Notre Dame Journal of Law, Ethics & Public Policy*)(2004年)第18卷,第501页;斯图尔特·格林,"逃税何错之有"(What Is Wrong with Tax Evasion),载《休斯敦商业与税法杂志》(2008年)第9卷,第221页。

（3）一种欺骗：纳税人以故意不履行其义务的方式实现财富增长，相当于通常意义的"不诚实""欺诈"。

（4）一种盗窃：逃税者是从国库窃取财产，这部分掌握在他手中的财产其实并不曾"真正"归其所有。

综观历史上各种对逃税的处罚和定义，无不体现了以上理念。在表达对逃税的强烈愤怒时，引用最多的是"搭便车"的理念。2015年，一名法国法官对通过逃税获利的行为发起了有力一击，判处在法国逃税的瑞士汇丰银行的逃税者有罪，这是在该种情况下作出有罪判决的第一案，判决将那位涉案女士的行为描述为"一种对公共秩序和共和国公约的威胁",[85] 这很容易让人联想到早期的走私者。[86] 而"伪证"的理念在美国占据主流，[87] 很明显，这是英美法国家的犯罪条款，[88] 但在英国已经很少使用了，[89] 这一定程度上源于对不诚实态度的改变，在英国诚实表达已经不再是具有特殊地位的义务。目前，在美国的文献中仍然区分"税务欺诈"（作为一方面）和"税收伪证"，二者依据不同的法律条款，之间存在些许差别。详言之，证据目的使然，起诉

---

85 "汇丰银行：将阿莱特·里奇关入监狱"（Affaire HSBC: prison ferme pour Arlette Ricci），载《法国世界报》2015年4月14日。www.lemonde.fr/economie/article/2015/04/13/affaire-hsbc-prison-ferme-pour-arlette-ricci_4615042_3234.html。

"共和国公约"一词的使用最有说服力，因为它在《法国宪法》（the French Constitution）讨论中具有重要意义。它意味着在《法国宪法》特别是第2条下，所有人的待遇平等。

86 请参见本章标题为"关税"的部分。

87 相关法律在罗根·布朗（Logan Brown）和奥拉什·贾马利（Aurash Jamali）的"税收违规行为"（Tax Violations）中阐述，载《美国刑法评论》（*American Criminal Law Review*）（2014年）第51卷，第1751页。

88 参见《关税与消费税管理法》第167、168条。如果有的话，也很少指控。请参阅第四章标题为"税收伪证罪"的部分。

89 参见《关税与消费税管理法》第167条。

伪证罪比起诉其他罪，更强调证据审查的严格标准，这包括补强证据的要求。此外，伪证和其他虚假陈述的危害性具有微妙差别。伪证是虚伪的誓言。误以真实申报为虚假而申报的被告人应该不会被认定为欺诈，但可能被认定为税收伪证。这种差异始于"购者自慎"(caveat emptor)理念的盛行和一个人可以为了自己的经济利益说任何话。当一个人在其经济利益受到威胁时，选择撒谎犯罪是别无选择的选择。[90]

逃税的一些表现形式很类似于保险诈骗，例如，D以未被实际支付为由而申请退税，这是许多卖家消失和税收抵免欺诈的本质。此外，福利欺诈从原理上也如出一辙。增值税案件中最明显的犯罪形式是负有代收义务者实施的"盗取"模式的犯罪。一个负责征税的人最终将税款占为己有，本质是超越国家授权的侵占。

逃税也需要从道德层面予以考量，以作为形式和不作为形式实施的逃税是否具有本质上的差异？一个是虚假陈述，另一个是未开诚布公。英国刑法中的"作为与不作为"的区分显然适用于非他方自动申报的社会，并不真正适用于税务部门完全依赖他方获取信息的情况。因此，在税务部门获取信息的责任上，划分作为与不作为毫无意义。税收语境下，对英国税务海关总署撒谎与有义务如实申报而不如实申报之间在道德层面上别无二致。[91]

---

90 "我们应该起诉一个人愚弄另一个人吗？"霍尔特(Holt)法官在女王诉琼斯案(*R v Jones* [1703] 2 Raym 1013; 92 ER 174)中说道。大卫·奥默罗德(Ormerod, David)，"2006年欺诈罪法——说谎的犯罪化？"(The Fraud Act 2006—Criminalizing Lying？)，载《刑法评论》(*Criminal Law Review*)(2007年)，第193页。

91 达芙(Duff)、琳赛·法默(Lindsay Farmer)、马西莫·伦佐(Massimo Renzo)、马歇尔(Marshall)和维克多·塔德罗斯(Victor Tadros)等人编，《犯罪化：刑法的政治道德》(*Criminalization: The Political Morality of the Criminal Law*)(Oxford: Oxford University Press, 2014)第25页，提到英国皇家税务海关总署的政策作为犯罪化的检验标准。

(二)谨慎的拒绝者和税收抵制者

并非所有的逃税者都有获利的目的。有时纳税人拒绝支付全部或部分税款是为了表达他们对政府税收用途的反对,并引起公众对此问题的关注。[92]或许由于该原因,美国的联邦税务局现在更倾向于使用"税收挑战者"来描述一个"试图否定和挑衅税法根本效力"的人。[93]道顿提出"税收正义"的后期,人们对税收的合法性产生了尖锐质疑。[94]尤其是美国的茶党运动,与其说是针对政府的具体政策,不如说是针对政府的财政支出。[95]与之相反,公众对现有机制渐生积怨,这些机制由纳税人的税款维持运行,却被富人用来避税甚至逃税。在号称由纳税人制定的美国宪法的逻辑之下,这是

---

92 参见女王(根据巴顿的申请)诉财政部案(R [on the application of Boughton] v HM Treasury [2005] EWHC 1914 [Admin]: [2006] EWCA Civ 504; [2006] BTC 460 [Quakers])。演员韦斯利·斯奈普斯在2008年提出此类要求后被判入狱:"韦斯利·斯奈普斯因未提交纳税申报而被判三年监禁",载《纽约时报》2008年4月25日,第C3版。

93 瓦莱丽·布雷思韦特(Braithwaite, Valerie),《税收与治理中的抗争:民主中的抗拒与解散权力》(Defiance in Taxation and Governance: Resisting and Dismissing Authority in a Democracy)(Cheltenham: Edward Elgar Publishing, 2009);瓦莱丽·布雷思韦特,"对税务机关的抗拒和轻视"(Resistant and Dismissive Defiance towards Tax Authorities),载亚当·克劳福德(Crawford, Adam)和安西娅·赫克尔斯比(Anthea Hucklesby)主编的《刑事司法的合法性和合规性》(Legitimacy and Compliance in Criminal Justice)(London: Routledge, 2012)第91页。另请参见尼古拉斯·德拉兰德(Delalande, Nicolas)和罗曼·胡雷特(Romain Huret),"税收抵制:全球历史?"(Tax Resistance: A Global History?),载《政治历史杂志》(Journal of Policy History)(2013年)第25卷,第301—307页。

94 马丁·道顿(Daunton, Martin),《税收正义》(Just Taxes)(Cambridge: Cambridge University Press, 2002)。

95 罗曼·D.胡雷特(Huret, Romain D),《美国税收抵免》(American Tax Resisters)(Cambridge, MA: Harvard University Press, 2014)。

不可思议的。[96]

（三）顾问和客户

关于顾问与客户可以从责任和共犯可责性这两个领域予以探讨。首先，顾问和金融机构对于其委托人或者顾客的犯罪所承担的法律责任；其次，更现实的是，那些明知或怀疑对方是为了隐瞒应税所得而要求他们支付现金的人的法律责任。

一方面，从犯的违法性从属于主犯，但是从犯承担责任的范围则可能不一而足。参与多起案件的共谋者，其作用可能不仅是帮助，而往往更接近于教唆，但英国法对此没有明确分类。正基于此，在大量因接受税收顾问建议而实施逃税的行为人被指控的案件中，税收顾问们却逃避了责任，[97] 同样因此，一家为数千人提供此类专业服务的银行，对逃避税行为的积极性远大于那些对此类业务采取消极服务模式的小额银行。[98] 因为英国法对共犯的主观心态的描述失之泛泛，[99] 对"正常商业行为""其他人所为"之类的词没有任何除外条

96　马乔里·E.科恩豪瑟（Kornhauser, Marjorie E），"为了上帝和国家：向良心征税"（For God and Country: Taxing Conscience），载《威斯康星法律评论》（*Wisconsin Law Review*）（1999年），第939—1016页。

97　女王诉佩林&费希尼案（*R v Perrin & Faichney* [2012] EWCA Crim 1729; [2012] EWCA Crim 1730），第46段。

98　这就是2015年瑞士汇丰丑闻的负面影响，参见第三章标题为"瑞士汇丰银行案（2015年）和莫萨克·冯塞卡（巴拿马文件案，2016年）丑闻"的部分。

99　安德鲁·西蒙斯特（Simester, AP），"共谋中的心理因素"（The Mental Element in Complicity），载《法律季刊》（2006年）第122卷，第578页；大卫·奥默罗德，卡尔·莱尔德（Karl Laird），《史密斯和霍根的刑法》（*Smith & Hogan's Criminal Law*）（Oxford: Oxford University Press, 14th edn, 2015），第211页。比较米歇尔·M.匡恩（Kwon, Michelle M），"税收方案的犯罪性"（The Criminality of Tax Planning），载《佛罗里达税务评论》（2015年）第18卷，第153页。

款,[100]故一名汇丰银行的雇员可能因为办理了一名欲将钱置于免税之地的顾客的业务,而沦为欺诈的共犯。[101]

提供服务的律师或金融机构可能因为他们的顾客正在实施逃避税收的行为而承担更多道德或法律的责任。[102]因为传统的代理是一个消极行业,其只能回应顾客诉求。但近些年日益明显的趋势是,专业人员和金融机构的参与已经远远不止于以往的代理行为。瑞士汇丰银行案中,银行与顾客积极勾结,大规模实施避税,有可能涉嫌逃税的事实浮出水面,修订法律的呼声渐起。如果没有专业建议,"巴拿马文件"披露的那些纳税人几乎不可能把钱转移到避税之地。

银行业在税收方面的《执业守则》(Code of Practice)(这至少非正式[103]显示其一直有效)由此诞生,因为"仅就银行而言,其一直

---

100 国家煤炭委员会诉甘博案(*National Coal Board v Gamble* [1958] 42 Cr App R 24);《总检察长参考》(*Attorney General's Reference* [No 1 of 1975] QB 773; [1975] 2 All ER 684)。

101 也就是说,为了逃避《欧洲储蓄指令》(European Savings Directive)下的税收,是瑞士汇丰银行官员给客户的报价。"汇丰文件:瑞士银行积极推动客户避免新税的方式"(HSBC Files: Swiss Bank Aggressively Pushed Way for Clients to Avoid New Tax),载《卫报》2015年2月10日。

102 参见斯科特·A. 舒马赫(Schumacher, Scott A),"通过起诉专业人员扩大威慑力"(Magnifying Deterrence by Prosecuting Professionals),载《印第安纳法律期刊》(*Indiana Law Journal*)(2010年)第49卷,第511页。

103 理查德·科利尔(Collier, Richard),"目标、银行、政治与法律:英国银行征税业务守则"(Intentions, Banks, Politics and the Law: The UK Code of Practice on Taxation for Banks),载《英国税务评论》(2014年),第478页,在注78引用了以下内容:"银行业风声鹤唳之势加剧。目前,任何可能会侵蚀英国税收基础的税收计划(包括一些相当大量的正常交易)都会处于被迅速扼杀之势,即使不是由严阵以待的内部委员会实施,也会在完成之前遭遇与英国皇家税务海关总署的友好会谈。拟议中的交易的合法性或有效性并未得到考虑。"H. 莱瑟比(Lethaby, H),"税收与城市的思考"(Reflections on Tax and the City),载《税收杂志》(*Tax Journal*)(2014年)第1220卷,第10、11页。

以来承担并推动避税,并且其在这方面的行为比其他领域的公司更为肆意"。[104]《执业守则》规定了银行违法参与避税的法定要素,[105]依据该守则,银行的义务是不促进避税。[106]

本世纪前10年的中期,美国的执法实践发生了以下变化:

> 政府开始将那些建议并操纵客户避税的专业人士作为犯罪的源头予以关注。由此,政府不去追究那些虚假申报导致亿万美元损失的纳税人,而是决心将会计师事务所、律师事务所,以及为这些纳税人提供建议的专业人士一追到底。[107]

美国政府瞄准了其中一些最大的玩家,与瑞士最大的银行瑞士联合银行(UBS)达成暂缓起诉协议,并起诉了该银行的一些银行家。虽然瑞士历史最悠久的威格林银行(Wegelin Bank)并未在美国设立机构,但美国于2012年起诉了该银行及其三个合作伙伴。该案最终导致威格林银行在一个月内停业关门。2013年1月,威格林银行受到税收犯罪的指控并正式停业。[108]

该事件引发了一个问题,当专业人士可能因其建议承担个人的刑事责任时,针对专业建议者的诉讼是否是一种有价值的起诉策略。

---

104 英国皇家税务海关总署,《加强银行税收业务守则》(*Strengthening the Code of Practice on Taxation for Banks*)(2013年5月)。

105 《2014年财政法》第六部分(第185条及以下)。

106 www.gov.uk/ government/ uploads/ system/ uploads/ attachment_ data/ file/ 408674/ yield_stats.pdf。

107 舒马赫,同注102,引用美国诉道济达斯案(*US v Daugerdas*, F Supp 2d 364 [SDNY 2012]),以及美国诉斯坦案(*US v Stein*, 435 F Supp 2d 330 [SDNY 2006])。

108 "瑞士威格林银行因美国逃税罚款而关闭", http://www.bbc.co.uk/news/business-20907359。

如果这种尝试在美国明显成功,并且在该领域决定是否起诉是以结果为导向,那么这种做法的利弊将需要进一步考量。《2016年财政法》包含的处罚条款(非刑罚)直指中间人,并且未来《金融犯罪法案》(Criminal Finance Bill)的刑事责任部分将会有进一步变化,专业机构的责任可能是该变化的一部分。[109]

讨论顾问法律责任的前提问题是明确专业人士在此所起的作用。传统的角色定位是专业人士(律师、税收顾问、会计)对顾客的忠诚义务高于其他义务,无义务将其知晓的顾客的违法行为向国家报告。专业人士在某种程度上担负着"守门人"[110]甚或"吹哨者"作用的理念对其以往角色定位产生了重大的影响。[111]而这些都影响了法律责任豁免的范围。[112]

一些商人的现金交易日复一日、愈加频繁,可以肯定,至少可以怀疑他们这样做是为了不如实申报其应税所得。这种交易可能是通过给予"现金"折扣或者"立即支付折扣",又或是某些类似的变通做法得以实现。虽然这种交易中的消费者似乎都未受到指控,但如果逃税的共谋被起诉,则很难对其提出令人信服的无罪抗辩。理论上,在这样的案件中,商人如果被认定有罪,顾客无论自己是否实施了逃税行为也都应当以共犯承担责任。然而,很明显,在绝大多数这

---

109 "尽管有欺诈性计划的证据,但没有一家公司受到任何专业会计机构的纪律处分。"普瑞姆·西卡(Prem Sikka),载《卫报》2012年12月8日。

110 拉切尔·霍尔姆斯·珀金斯(Perkins, Rachelle Holmes),"守门人税务律师"(The Tax Lawyer as Gatekeeper),载《路易斯维尔大学法律评论》(University of Louisville Law Review)(2010年)第49卷,第185—230页。

111 罗杰·C.克拉姆顿(Cramton, Roger C),"律师吹哨人:保密与政府律师"(The Lawyer as Whistleblower: Confidentiality and the Government Lawyer),载《乔治敦法律伦理杂志》(Georgetown Journal of Legal Ethics)(1991年)第5卷,第291—315页。

112 参见第六章标题为"法律意见特权——律师和其他税务顾问"的部分。

种情况下，顾客都不会受到犯罪指控。假如在这种情况下顾客不被免罪，逃税则可能减少。

（四）公司的共谋

对公司追究刑事责任的可能性是需要进一步考虑的问题。大型会计师事务所从事的[113]"产业化"的避税业务，并非必然意味着犯罪。众所周知，在英国法体系下，很难以任何理由对公司定罪，更何况这是一个涉及复杂的主观心态的犯罪。[114]在2015年9月，政府宣称不会进一步推动英国法关于公司刑事责任能力的任何改革。直到本书写作时，这一决议是否会有其他变化也尚未明确。

113　公共账目委员会（Public Accounts Committee）主席玛格丽特·霍奇（Hodge, Margaret），《避税：大型会计师事务所的作用》(Tax Avoidance: The Role of Large Accountancy Firms, Forty-fourth Report of Session 2012–13, HC 870 [2013] 8）；玛格丽特·霍奇，《避税：大型会计师事务所的作用（后续行动）》(Thirty-eighth Report of 2014–15, HC 860）。

114　乐购超市有限公司诉纳特拉斯案（Tesco Supermarkets Ltd v Nattrass [1971] UKHL 1; [1972] AC 153）。

第三章　避税与逃税

除了企图通过征税调控行为的情况以外,如果缴纳税款对纳税人的行为不会产生影响,那么将利于政府税收计划的实施。但现实并非如此,纳税人和他们的税收顾问一边研读税收条款,一边设计出可以不必纳税的方法。避税机制紧随立法过程而产生,详尽的避税攻略和其他避税方法也紧随其后。麦克巴内特[1]认为,这种立法过程与其说是立法者、行政执法者和法官防控避税的失败,不如说是一个不可避免的动态过程。这个动态过程涉及纳税人"重构税收遵从"和立法为了不被远远抛在后面而作出的持续努力。但这并不意味着立法者、行政执法者和法官的工作无效,可以肯定这些努力是有作用

1　特别是在多琳·麦克巴内特(McBarnet, Doreen),"法律、政策与法律规避:法律能否有效实施平等政策"(Law, Policy, and Legal Avoidance: Can Law Effectively Implement Egalitarian Policies)中的表达,载《法律研究杂志》(*Journal of Legal Studies*)(1988年)第15卷,第113页;多琳·麦克巴内特,"合法诈骗:逃税、避税和合法性边界"(Legitimate Rackets: Tax Evasion, Tax Avoidance, and the Boundaries of Legality),载《人类正义杂志》(*Journal of Human Justice*)(1992年)第3卷,第56—74页;多琳·麦克巴内特,"不是你做什么,而是你做事的方式:逃税,避税和违法界限"(It's Not What You Do But the Way That You Do It: Tax Evasion, Tax Avoidance and the Boundaries of Deviance),载D.唐斯(D Downes)编,《刑事司法解读》(*Unravelling Criminal Justice*)(London: Macmillan, 1992),第247—268页。

的。² 这只能说明立法者从未消除避税的可能性,只是使其难度更大而已。

多年来形成的观念是,避税与逃税的法律界限泾渭分明。避税是使某人的事务不归入或减少归入应税事项,是合法的;而逃税通常采用欺骗手段,是非法的。避税者试图遵守法律,而逃税者则是从违反法律中寻求利益。

一、避税

抛开以调控行为为目的的税种,如烟草、酒精、有害食品和环境致害行为(柴油、垃圾填埋),以及各种其他"助推"(nudges)性税种,³ 绝大部分税种的前提假设是,纳税没有影响到人们的行为方式是最好的税收运行状态,若纳税影响了纳税人的行为,尤其是直接引起了避税行为,那么这个税是存在问题的。例如,从理论上讲,所得税征收的初衷是既不影响取得收入的交易,也不影响收入如何归类。假如所得税的征收使纳税人在申报时试图重新将他们的交易所得作为资本而不是收入归类,那么一定程度上,这个税的设计

---

2 朱迪思·弗里德曼(Freedman, Judith),"改善(非完善)税收立法:重新审视规则和原则"(Improving [Not Perfecting] Tax Legislation: Rules and Principles Revisited),载《英国税务评论》(2010年),第717页。

3 理查德·H.塞勒(Thaler, Richard H)和卡斯·R.桑斯坦(Cass R Sunstein),《助推:改善健康、财富和幸福的决定》(*Nudge: Improving Decisions about Health, Wealth, and Happiness*)(New Haven, CT: Yale University Press, 2008);卡斯·R.桑斯坦,"助力、能动性与抽象化:对批判家的答复"(Nudges, Agency, and Abstraction: A Reply to Critics),载《哲学与心理学评论》(*Review of Philosophy and Psychology*)(2015年)第6卷,第511—529页。

是失败的。一种税的弊端并非总能预见。例如,征收窗户税导致了因通风不足引发的疾病发病率上升。[4]而18世纪的"杜松子酒热潮"一定程度上是由于对法国白兰地进口相关规则变化所引起的。[5]

早期的避税机制针对的是基于死亡和家庭财产继承的税。[6]现代避税史始于1909年附加税的设立,该税引发了纳税人以各种渠道放弃自己的收入。[7]从此,避税与反避税立法接踵而至。富人们将产生收入的资产转移至海外的实体或个人,税收随资产而转移,相关立法应运而生。[8]

在引入资本利得税以前,流行的避税方法是将销售额申报为资

---

4 尚塔尔·斯特宾斯(Stebbings, Chantal),"公共卫生当务之急与税收政策:窗户税是英国法律的早期范例"(Public Health Imperatives and Taxation Policy: The Window Tax as an Early Paradigm in English Law),载约翰·泰利编,《税法史研究:第五卷》(Oxford: Hart Publishing, 2011),第2章。

5 帕特里克·狄龙(Dillon, Patrick),《日内瓦夫人的悲哀之死:十八世纪的杜松子酒热潮》(*The Much-lamented Death of Madam Geneva: The Eighteenth-century Gin Craze*)(London: Review, 2002)。

6 因此导致信托公司的发展,参见威廉·霍尔德斯沃思爵士(Sir William Holdsworth),《英国法律史》(*History of English Law*)(2nd edn, London: Methuen, 1937),第Ⅵ卷第64页;戴维·斯托弗斯(Stopforth, David),"居所与所得税免税——至1920年代"(Settlements and the Avoidance of Tax on Income—The Period to 1920's),载《英国税务评论》(1990年),第225页。

7 爱德华·特鲁普(Troup, Edward),"不可接受的自由裁量权:反避税和维护个人权利"(Unacceptable Discretion: Countering Tax Avoidance and Preserving the Rights of the Individual),载《财政研究》(*Fiscal Studies*)(1992年)第13卷,第128—138页;戴维·斯托弗斯,"1922—1936:避税者的太平日子"(1922-36: Halcyon Days for the Tax Avoider),载《英国税务评论》(1992年),第88—105页。

8 戴维·帕罗特(Parrot, David)和约翰·F.埃弗里·琼斯(John F Avery Jones),"七项上诉和一项无罪释放:歌手家族及其税务案件"(Seven Appeals and an Acquittal: The Singer Family and Their Tax Cases),载《英国税务评论》(2008年),第56页。

本而不是收入。[9] 20世纪50—60年代，大量逃避股息税的避税形式被采用，[10] 影视和流行音乐明星们则通过海外合作关系隐藏海外收入。[11] 20世纪60年代，有价证券交易规则建立，其旨在防御逃避股息税以及将收入转化成资本的其他方案。顾问们每一次成功地规避了一套精心设计的反避税措施，引来的是涉及范围更广泛的反避税措施，[12] 这些措施通常针对的是"证券交易"。

1965年，公司税和资本利得税推行，其在一定程度上承担了反避税的功能。[13] 公司税意在阻止涉嫌通过操纵收入和资本边界以逃避股息税和资本利得税的计划。[14] 20世纪80年代的拉姆塞案[15] 创立了无理由交易原则而非税收优益原则，这一原则忽视了交易对税收不利的因素。20世纪90年代的威洛比案[16]、麦桂勒案[17] 和威斯特摩

---

9 英国税务局专员诉佩吉特案（*IRC v Paget* [1938] 2 KB 25; 21 TC 677）。

10 参见格里菲斯诉JP. 哈里森（沃特福德）有限公司案（*Griffiths v JP Harrison [Watford] Ltd* [1963] AC 1）。

11 纽斯特德诉弗罗斯特案（*Newstead v Frost* [1980] 1 WLR 135; 53 TC 525）；布莱克·诺米尼斯诉尼科尔案（*Black Nominees v Nicol* [1975] STC 372; 50 TC 229）。

12 《1960年财政法》第28条。

13 《1965年财政法》第Ⅲ部分和第Ⅳ部分。RC.怀廷（Whiting, RC），"1964—1970年工党税收策略思想和改革"（Ideology and Reform in Labour's Tax Strategy, 1964—1970），载《历史杂志》（*Historical Journal*）（1998年）第41卷，第1121—1140页。

14 莱纳德·拉扎尔（Lazarard, Leonard），"1965年财政法：资本利得税"（Finance Act 1965: The Capital Gains Tax），载《现代法律评论》（*Modern Law Review*）（1966年）第29卷，第181页。

15 拉姆塞诉英国税务局专员案（*Ramsay [WT] Ltd v IRC*）；埃尔贝克（税务稽查员）诉罗林案（*Eilbeck [Inspector of Taxes] v Rawling* [1982] AC 300）。

16 英国税务局专员诉威洛比案（*IRC v Willoughby* [1997] AC 1071）。

17 英国税务局专员诉麦桂勒案（*IRC v McGuckian* [1997] 1 WLR 991）。

兰案[18]。英国立法直指电影工业制订电影避税计划的诱因。[19]这些计划涉及的总税额巨大。据说仅电影计划对英国皇家税务海关总署的影响每年就高达50亿英镑。[20]后续条款于2014年出台。[21]随后,那些已经使用避税计划的人注意到这些计划在其他人的诉讼中被认定为无效。接下来,这些纳税人可能会收到通知:如果他们不修改申报表或解决争议,可能会被处以高达争议税款和(或)国民保险应缴款(NICs)50%的罚款。

就个人税而言,[22]英国注意力的指向是那些非定居在英国的人("无管辖")[23]的税收,以及那些不能归入所得税的收入。在公司税领域,利润转移是主要问题,在跨国组织的精心布局下,其在税收政策最有利的地区获取了最大的利润。潜在于两者背后的一个问题是,对信托公司和位于世界各地的"空壳公司"的受益所有人的识别,"空壳公司"可以作为一个为了非法获利或者隐藏应缴税款的载体。

---

18 威斯特摩兰投资有限公司诉麦克尼文案(*Westmoreland Investments Ltd v MacNiven* [HMIT] [2001] UKHL 6;[2003] 1 AC 311)。

19 依据《1992年财政法(No 2)》第42条和《1997年财政法(No 2)》第48条。

20 罗宾·雅克布爵士(Sir Robin Jacob)在女王(依据独创媒体有限公司和阿尔法公司的申请)诉税务海关总署案(*R [on the application of Ingenious Media Holdings Plc & Anr] v HMRC* [2015] EWCA Civ 173)。

21 《2014年财政法》第4部分。

22 并参见简·G.格拉韦尔(Gravelle, Jane G),《避税港口:国际避税和逃税》(*Tax Havens: International Tax Avoidance and Evasion*)(Congressional Research Service 7-5700 [2014]),第20页及以下。

23 英国财政部,《非居民个人税收改革:咨询》(*Reform of the Taxation of Non-domiciled Individuals: A Consultation*)(HM Treasury, 2011);英国财政部,《非居民个人税收改革:对咨询的回应》(*Reform of the Taxation of Non-domiciled Individuals: Responses to Consultation*)(HM Treasury, 2011)。

二、反避税的法律体系与成文法解释

税法并非隔绝于其他法律知识的单独的领域。[24] 与其他部门法相同,税法体系同样是由立法、判例、执法人员、律师和当事人组成,并且运用同样的分析工具和技术。避税领域已经开始尝试用判例解释成文法。[25] 威斯敏斯特公爵案建立的原则是:

> 每一个权利主体,如果能通过安排其应税事项以减少纳税……假如有人确如此行事并实际少缴税款,那么,虽然这并不受英国税务局专员们的肯定,或者这类纳税人可能是偷奸耍滑,但无论如何他不

---

24 斯科特·威尔基(Wilkie, Scott)和彼得·霍格(Peter Hogg),"宏观法律体系中的税收法"(Tax Law within the Larger Legal System),载《奥斯古德·霍尔法律杂志》(*Osgoode Hall Law Journal*)(2015年)第52卷,第460—490页。

25 相关文献浩如烟海。参见A.法恩斯沃思,"1842年所得税法——一个世纪的司法解释成果"(The Income Tax Act, 1842—A Century of Judicial Interpretation),载《法律季刊》(1942年)第58卷,第314—333页;拉尔夫·S.赖斯(Rice, Ralph S),"反避税司法技术"(Judicial Techniques in Combating Tax Avoidance),载《密歇根法律评论》(*Michigan Law Review*)(1953年)第51卷,第1021—1052页;惠特格罗夫特(Wheatcroft),"立法机关和法院对避税的态度"(The Attitude of the Legislature and the Courts to Tax Avoidance),载《现代法律评论》(1955年)第18卷,第20页;朱迪思·弗里德曼,"税收法规的解释:避税与议会意图"(Interpreting Tax Statutes: Tax Avoidance and the Intention of Parliament),载《法律季度评论》(*Law Quarterly Review*)(2007年)第123卷,第53页。

能被强迫增加税负。[26]

一旦威斯敏斯特原则在未被具体化的情况下确立（即不考虑避税、"激进手段"或其他因素），则对安排应税事项归入应税范围以外的各种行为之间不能进行实质区分，讨论公平也就失去了意义。一个公司的住所在A税收管辖区，但是其大部分交易行为发生在B税收管辖区，那其几乎不需要在B区纳税。跨国公司转移利润到更优惠的税收管辖区的可能性更大。离岸银行账户的利息直到款项汇出都可能不交税。假如这些都存在问题，那法律则应当被修改。

时过境迁，威斯敏斯特原则已经受到批评或限制，[27] 非法逃税和合法避税（或避税计划，或税收消解）之间的传统区别变得复杂不清，[28] 因为政府努力使某些避税被视为不可接受，即使这些避税符合

26　英国税务局专员诉威斯敏斯特公爵案（*IRC v Duke of Westminster* [1936] AC 1, 19–20 per Lord Tomlin）。有关情况的详细说明，参见阿萨夫·利科夫斯基（Likhovski, Assaf），"税法与公众舆论：英国税务局专员诉威斯敏斯特公爵案的解说"（Tax Law and Public Opinion: Explaining IRC v Duke of Westminster），载约翰·泰利编，《税法史研究：第二卷》，第183页。克莱德勋爵（Lord Clyde）说道："任何公民都必须承担最基本的义务，这包括道德上的义务和其他义务，就税务局最大可能征税的目的而言，税收义务是安排与公民业务行为或财产相关的法律关系。税务局有条不紊、恰如其分地利用税法的开放性实现掏空纳税人口袋的目的。而纳税人则以其人之道还治其人之身，也以同样的方式，在尽其所能诚实的前提下，以不违背法律的方式防止税务局掏空其口袋。"参见艾尔郡普尔曼汽车公司诉英国税务局案（*Ayrshire Pullman Motor Services v Inland Revenue* [1929] 14 TC 754, 764）。

27　参见上诉法院法官坦普尔曼（Templeman）在拉姆塞有限公司诉英国税务局专员案（*Ramsay* [CA] — *WT Ramsay Ltd v IRC* [1979] 3 All ER 213; [1979] STC 582）中的裁决。

28　上议院辩论，2006年5月24日，WA111-2（英国财政部发言人，卢顿的麦肯齐勋爵）。

法律条文。[29]这是"税收正义"运动主张的基础,尤其体现于国际税法范畴,就个人纳税人而言,涉及"无管辖"状态,就公司而言,涉及利润转移机制。

现代政治语义试图根据行为手段是否"激进",区分可以接受的避税和不能接受的避税。理论对"激进"避税手段以及其具有的恶性进行了很多讨论。但问题是,诸如"有害"与"无害"的税收竞争[30]、"激进"与"非激进"的避税之间的界限难以划清。[31]迄今为止,人们对"非激进"避税关注甚少。而只有对"激进"避税与"非激进"避税的概念作出清晰的界分(而不只是简单地附以支持和不

---

29 马尔科姆·加米(Gammie, Malcolm),"道德税,不道德规避——法律的作用是什么?"(Moral Taxation, Immoral Avoidance—What Role for the Law?),载《英国税务评论》(2013年),第577页。

30 参见第八章标题为"国际逃税问题"的部分,以及经合组织,《有害的税收竞争:新兴的全球性问题》(Harmful Tax Competition: An Emerging Global Issue)(Paris: OECD, 1998);菲利普·根舍尔(Genschel, Philipp)和彼得·施瓦兹(Peter Schwarz),"税收竞争:文献综述"(Tax Competition: A Literature Review),载《社会经济评论》(Socio-Economic Review)(2011年)第9卷,第339—370页。

31 经济合作与发展组织的激进税收筹划指导小组(OECD's Aggressive Tax Planning Steering Group)使用了该区分,http://www.oecd.org/tax/exchange-of-tax-information/atp.htm。激进税收筹划包括利用税收系统的技术性或者两个或多个税收系统之间的不匹配,以减少税收负担。欧盟已经发布了一项行动计划,以打击激进的税收筹划和逃税行为。参见《英国税务评论》(2015年),第3页;卡尔德龙·卡雷罗(Calderón Carrero),何塞·曼努埃尔(José Manuel)和阿尔贝托·昆塔斯·塞阿拉(Alberto Quintas Seara),"经合组织和欧盟委员会在BEPS时代提出的'激进税收筹划'概念:重新定义合法税收筹划与非法税收筹划之间的边界"(The Concept of "Aggressive Tax Planning" Launched by the OECD and the EU Commission in the BEPS Era: Redefining the Border between Legitimate and Illegitimate Tax Planning),载《国际税收》(Intertax)(2016年)第44卷,第206—226页。

支持的标签),区别其刑事责任才能站得住脚。[32] 2014年,英国政府发出了追究离岸避税刑事责任的提议,[33] 但是当这个问题再次提出[34],无论避税是否具有激进性,将其作为犯罪的可能性已经越来越小。[35]

避税已经发展出一套自己的词汇体系,有些用词与法律条款相异。就像"操纵体系"(playing the system)、"薄冰滑行"(skating on thin ice)和"抢风驶航"(sailing close to the wind)这些词都反映了行为自身的矛盾性。在2015年3月白皮书中,乔治·奥斯本(George Osborne)和丹尼·亚历山大(Danny Alexander)分别以财政大臣和财政部秘书长的身份忠告民众"按规矩办事"。[36] 这是对那些寻求最小化纳税义务的人的回应,告诫他们应当将现在所做的一切控制在规则范围之内。在汇丰银行丑闻期间,诸如"寻常的"(vanilla)[37]、"缓和的"(mild)这些词语都被赋予新的意义,用于特殊避税类型的辩护。其他的委婉用语还包括"税收计划"(tax planning)和"结构性交易"(structuring transactions)。相反,避税反对那些带有"激

---

32 记录于女王诉奎兰案(*R v Quillan* [2015] EWCA Crim 538;[2015] Lloyd's Rep FC Plus 20)。

33 英国皇家警务督察署,《犯罪收益:对税务海关总署在处理税收、逃税、利益欺诈中追缴犯罪收益情况的检查》。

34 英国财政部,《处理逃税和避税问题》(*Tackling Tax Evasion and Avoidance*)(Cm 9047, 2015),第4页。

35 然而,对避税(民事)制裁的观念仍存在,参见税务海关总署,《加强对避税的制裁——关于详细建议的咨询》(*Strengthening Sanctions for Tax Avoidance—A Consultation on Detailed Proposals*)(HMRC, 2015)。《2016年财政法》第10部分。

36 英国财政部,同注34,第4页。

37 芬克勋爵(Lord Fink),"避税在英国社会是普遍现象"(Tax Avoidance Is Normal in British Society),载《卫报》2015年2月12日,https://www.theguardian.com/business/2015/feb/12/lord-fink-tax-avoidance-is-normal-in-british-society。

进"和被与"逃税"相提并论的行为。[38]

英国政府区分避税与逃税使用了如下描述:[39]

逃税均具非法性。其发生于公民或者企业故意不申报和不说明其应缴税款的场合。例如,隐匿财产,即隐藏其所有的财产或应税收入。避税则是绕行税收体系中的规则,并由此获得税收利益,而这些利益违背了议会立法的初衷。其通常涉及人为设计的交易,这种交易除了提供这种税收优势之外没有任何作用。该行为符合形式上的法律而非实质的法律。大部分避税计划都是无效的,因为一旦英国税务海关总署成功地挑战了那些付诸实施计划的人,他们会发现其付出的代价将远超其试图节省的税款。税收计划涉及利用税收减免实现预定目的,例如,通过资本投资,或者免付利息税的个人储蓄账户(ISAs),或者向退休金计划缴费以申报税收减免。然而,减税可能被过度或激进利用,这时的利用者已经不只是企图从税收减免中获利,其使用的手段或许已经明显超出议会立法原意。[40]

因此,以议会的立法意图制定避税与逃税的区分标准存在极大的不稳定性。这种方法的问题在于,宪法理论通说认为,议会只有一种方式来表明其意图,那就是立法。

---

38 戴维·卡梅伦(David Cameron),下议院辩论,2015年2月11日(Column 774)。
39 英国财政部,同注34,第4页。
40 参见国家审计署(National Audit Office),《解决税务欺诈:税务海关总署如何应对逃税、隐性经济和犯罪袭击》(*Tackling Tax Fraud: How HMRC Responds to Tax Evasion, the Hidden Economy and Criminal Attacks*)(HC 610, 2015–16)。

（一）避税的解决措施

在任何税收体系内，避税的解决措施无非是具体问题具体对待和依照反避税一般条款两种。广泛采用的做法是试图区分可接受的避税和不可接受的避税，区分的主要依据有实质交易标准、[41]"实际营利"（commercial reality）、[42]"欺骗"（shams），[43]或者动机和滥用权力理念。[44]在拉姆塞案开创的时代[45]，法院承担着探求法律体系"精

41　格雷戈里诉赫尔维林案（*Gregory v Helvering* 239 US 465 [1935]）。在联邦上诉法院层面，勒尼德·汉德（Learned Hand）法官说："任何人都可以安排自己的事务，以使其享受尽可能低的税率；他没有义务选择最有利于国库丰盈的纳税方式；他甚至没有增加税收的爱国义务。"赫尔维林诉格雷戈里案（69 F 2d at 810–11）。

42　电影有限合伙诉税务海关专员案（*Film Partners No 35 LLP v Revenue and Customs Commissioners* [2015] EWCA Civ 95）。

43　女王诉斯坦纳德案（*R v Stannard* [2002] EWCA Crim 458）；独创游戏有限合伙、内圈制作有限合伙、独创电影有限合伙诉税务海关总署专员案（*Ingenious Games LLP, Inside Track Productions LLP, Ingenious Film Partners 2 LLP v Commissioners for Her Majesty's Revenue and Customs* [2015] UKUT 105 [TCC]）。

44　斯特凡·弗罗梅尔（Frommel, Stefan），"英国税法中的法律滥用"（L'abus de droit en droit fiscal britannique），载《国际比较法评论》（*Revue internationale de droit comparé*）（1991年）第43卷，第585—625页；丽塔·德拉法利亚（de la Feria, Rita）和斯特凡·沃格纳（Stefan Vogenauer）主编，《禁止法律滥用：欧盟法的新一般原则？》（*Prohibition of Abuse of Law: A New General Principle of EU Law?*）（Oxford: Hart, 2011）；特蕾西·鲍勒（Bowler, Tracey），《英国的反对避税：路在何方？》（*Countering Tax Avoidance in the UK: Which Way Forward?*），税法审查委员会第七号讨论文件（London: IFS, 2009），第12部分。参见彭德拉根有限公司等诉税务海关总署专员案（*Pendragon plc and others v Commissioners for HMRC* [2015] UKSC 37），最高法院在其中运用了禁止法律滥用的原则来打击旨在逃避增值税的计划，该增值税执行了欧盟指令，并且普遍适用于欧盟法律。

45　拉姆塞有限公司诉英国税务局专员案，埃尔贝克（税务稽查员）诉罗林案（*Eilbeck [Inspector of Taxes] v Rawling* [1982] AC 300）。

神"、捕捉法律真意的使命,[46]这便不限于法条的文义解释。[47]

在巴克莱商业金融有限公司诉莫森案中[48],上议院认为:

解释法律构造的现代路径是结合条款的立法目的去阐释其语义,尽可能以最有利于实现立法目的的方法解释。

"拉姆塞原则"(Ramsay principle)[49]在霍夫曼勋爵之后,似乎没有受到更多讨论,但是在后来的案件和文件中被多次引用,在同时

---

46 参见(针对欧盟)类似的条文,《委员会与欧洲议会和理事会关于通过税收透明度反逃税和避税的探讨》(Communication from the Commission to the European Parliament and the Council on tax transparency to fight tax evasion and avoidance, COM [2015] 136)。

47 《银行税务执业守则》(The Code of Practice on Taxation for Banks)也提到了这一精神,评论道:"政府期望银行集团、其附属机构及其在英国运营的分支机构将遵守税法的精神和条款,识别并遵循议会的意图。"https://www.gov.uk/government/collections/the-code-of-practice-on-taxation-for-banks。

48 巴克莱商业金融有限公司诉莫森案(Barclays Mercantile Business Finance Ltd v Mawson [2004] UKHL 51; [2005] 1 AC 684),第28段。

49 霍夫曼勋爵,"避税"(Tax Avoidance),载《英国税务评论》(2005年)第197卷,第203页。"众议院最近在巴克莱商业金融有限公司诉莫森案中作出的决定,重申了特殊税收条款结构的重要性和将其作为普遍适用规则的不合法性。确实可以说,此案已经使拉姆塞学说成为一种特殊的税收法理论,并将其纳入了成文法解释或任何形式的语言解释的一般理论中。"尽管如此,税务海关总署(EIM12010——"避免发薪时扣除制:应用拉姆塞原则")和下级法院的许多法官仍在引用并适用或避免适用它。高等法院似乎更倾向于采纳霍夫曼勋爵对这一原则的解释,例如阿斯塔等诉税务海关专员案(Astall and another v Revenue and Customs Commissioners [2009] EWCA Civ 1010; [2010] STC 137);请参见朱迪思·弗里德曼,"霍夫曼勋爵,税法与原则"(Lord Hoffmann, Tax Law and Principles),载保罗·戴维斯(Davies, Paul)和贾斯汀·皮拉(Justine Pila),《霍夫曼勋爵的法理学》(The Jurisprudence of Lord Hoffmann)(Oxford: Hart, 2015),第269页; PA控股有限公司诉税务海关专员案(PA Holdings Ltd v Revenue and Customs Commissioners [2011] EWCA Civ 1414; [2012] STC 582)。

期（对巴克莱案来说）的英国税务局专员诉苏格兰福利机构案[50]中，总是引用拉姆塞原则中的一些观点作为论据。在电影有限合伙诉税务海关专员案[51]中对拉姆塞案及其善意"原则"予以了进一步权威引证，该原则在瑞士联合银行股份有限公司诉税务海关总署专员案[52]中实现了彻底复兴，雷德勋爵（Lord Reed）肯定了该"原则"是对法律目的解释的依据之一。他称：

> 依据"拉姆塞"路径，以扩张或缩小法条文义的方法去处理争议，并非其表面上所呈现的寻求看似对我有利的法律解释。问题的根本在于是否能够超出法条的字面含义对其作出解释，也就是说，"拉姆塞"路径能否适用的根本在于法条是否以目的性结构所构建。假如以有利于征税为原则解决了那些有争议的问题，那接下来的问题是，如何对法律能适用于该事实作出适当的解释。需要深入思考的是，在特定阶段，用扩大或缩小的方式解释什么内容。[53]

许多反避税条款涉及"类推"（deeming），其是法律拟制的产物。这些条款的适用并非出于商业目的，也并非在其语义范围内，或者条款在适用中实质与形式相分离，或者在某些条款规定的情形未发生

33

---

50 英国税务局专员诉苏格兰福利机构案（*IRC v Scottish Provident Institution* [2004] UKHL 52；[2004] 1 WLR 3172），第23段。
51 *Film Partners No 35LLP v Revenue and Customs Commissioners* [2015] EWCA Civ 95.
52 *UBS AG v Commissioners for HMRC* [2016] UKSC 13. On appeal from [2014] EWCA Civ 452.
53 参见判决书第72段。

的情况下援引了这些条款的"精神"。[54] "类推"在税法的某些领域是可以接受的,争议主要发生在刑法领域,仅因为某些推定发生的事就对某人处以刑罚,似乎是错误的。从宪法上讲,反避税条款通常法定。英国法规定了一个避税计划分类,避税行为在实施前会引起征税部门的特别关注。[55] 经磋商,[56] 一般反滥用规则被引入英国《2013年财政法》中。[57] 有充分理由认为,该条款的出台及时减少了对"拉姆塞原则"的援引。[58] 随后,在不同目的下,避税被更多样、更复杂地类型化[59],但法定的基本分类仍被保持并沿用。通过法律手段着力减少自己税收债务的纳税人应该与那些通过非法手段寻求达到这一目的的纳税人有所不同。随着亚马逊、谷歌[60]、星巴克、瑞士汇丰银

---

[54] 参见彼得·奥尔德里奇,"法律拟制在刑法中的某些用途"(Some Uses of Legal Fictions in Criminal Law),载威廉·特文宁(Twining, William)和马克西米利安·德尔·马尔(Maksymilian Del Mar)编,《理论与实践中的法律拟制》(*Legal Fictions in Theory and Practice*)(Dordrecht: Springer, 2015),第367—384页。

[55] 避税披露计划(DOTAS)。参见迈克尔·德弗罗(Devereux, Michael),朱迪思·弗雷德曼和约翰·韦拉(John Vella),《避税披露计划与避税形势评论》(*Review of DOTAS and the Tax Avoidance Landscape*)(Oxford: Oxford University Press, 2012)。

[56] 税务海关总署,《一般反滥用规则》(GAAR)咨询文件,2012年6月。

[57] 《2013年财政法》第V部分第206条及以下。其不适用于增值税。参见税务海关总署,《加强对避税的制裁》(HMRC, 2015);参见安东尼(Antony),《避税:一般反滥用规则》(*Tax Avoidance: A General Anti-Abuse Rule*)(HC Library Standard Note: SN6265 2015)。

[58] 参见马尔科姆·加米,"道德税,不道德避税——法律的作用是什么?",载《英国税务评论》(2013年),第577页。

[59] 例如,税务海关总署,《衡量税收流失》(*Measuring Tax Gaps*)(London: HMRC, 2015)。"税收流失"表示纳税人应缴与实缴税额之差。

[60] 谷歌与英国达成和解。法国当局采用不太温和的调解方式,"检察官宣布欺诈调查,谷歌巴黎办公室遭突袭"(Google Offices Raided in Paris as Prosecutors Announce Fraud Probe),载《卫报》2016年5月24日。

行、巴拿马文件等丑闻相继曝光,反避税工作的国际性凸显,相应地,财产实际所有权识别以及不同税收管辖之间的信息交换成为解决避税的必由之路。[61]

(二)逃税的解决措施

避税案件的典型解决措施是改变规则或改变税收行为的结果性质,前者即实施反避税条款以及类似的措施,后者则是将其认定为犯罪,任何犯罪的"解决方法"都是发起侦查、采取强制措施、罚款,以及改变证据规则,以便成功定罪。以上都是可能实现的,但仍无法清晰的是,为什么这些行为是逃税而不是其他的犯罪,原因何在?具体到逃税罪,其刑事政策是在"情境犯罪预防"的框架下形成的。[62]其一,可能发生逃税之处是税收被征收之处。其二,相关企业应当有报告支出的义务。其三,透明度是对银行和其他金融机构的强制要求。其四,征收应当具有稳定性和一致性。也就是说,随着监管、报告和披露制度日渐完善,问题应该逐渐减少。就通过"离岸"手段隐匿财产而言,隐匿和混淆财产实际所有权的隐蔽机制才是真正的问题所在。

---

61 参见第八章标题为"国际逃税问题"的部分。
62 戴维·米德尔顿(Middleton, David)和迈克尔·利维(Michael Levi),"让沉睡中的律师说谎:有组织犯罪、律师与法律服务规则"(Let Sleeping Lawyers Lie: Organized Crime, Lawyers and the Regulation of Legal Services),载《英国犯罪学期刊》(*British Journal of Criminology*)(2015年)第55卷,第647—668页。

三、逃税与避税的模糊界限

一直以来,逃税与避税是两个不同认定路径下的不同现象。避税具有合法性,逃税是犯罪,并且终得其果。尽管从合法性上看,逃税与避税的界限是清晰的,但是从行为方面判断,二者的区别并不那么容易分辨。[63] 经济危机随雷曼兄弟的破产接踵而至,由此产生的金融犯罪引发公众关注,加之跨国公司降低税负机制成为众矢之的,这使得金融犯罪受到财政部前所未有的重视,与此相应,刑事手段成为迎刃而上的措施。区分避税与逃税的传统路径,已经受到至少六方面的威胁。[64]

第一,欺诈公共财政的犯罪的范围是如此模糊,以至于在高希案中表现得过度依赖不诚实这个概念,[65] 导致逃税犯罪可能被扩大适用于以往被认定为是避税的行为。[66]

第二,一些对重罪的调查方法可能介入避税调查,而案件本身可

---

63 下议院图书馆,《避税:一般反滥用规则》(Standard Note: SN6265),2014年8月5日。

64 参见第四章标题为"税收欺诈"的部分。

65 女王诉高希案(*R v Ghosh* [1982] QB 1053; 75 Cr App R 154);第四章标题为"主观方面"的部分。

66 女王诉查尔瑞吉案(*R v Charlton* [1996] STC 1418)。马丁·布瑞吉(Bridges, Martyn)、保罗·阿特金森(Paul Atkinson)、罗伯特·罗兹(Robert Rhodes)和罗恩·博斯沃思-戴维斯(Rowan Bosworth-Davies),《女王诉查尔顿、坎宁安、基钦和惠勒案》(*Regina v Charlton, Cunningham, Kitchen and Wheeler* [1995]),载《洗钱防控杂志》(*Journal of Money Laundering Control*)(1999年)第2卷,第197—208页;尤科斯诉俄罗斯政府案(*Yukos v Russia* [2011] STC 1988; [2012] 54 EHRR 19)。

能并不涉及这些重罪。正如在罗思敏斯特案[67]的调查中,公司在凌晨被(合法地)突袭后并未受到刑事起诉,以及另一起案件中,发生在足球经理人哈里·雷德克纳普[68]家里的非法突袭,都是这方面的例子。

第三,对逃税与避税进行区分,可能是基于逃税罪刑法条款的扩张解释,而非被告人的心态。非故意逃税[69]概念的出现,是对以往的根本性颠覆。假如一个人能以一种故意避税的心态错误地实施逃税,则难以解释为什么在法律上逃税比避税更严重。

第四,有些人在对逃税者和避税者的讨论中似乎把二者视为同一类人。但下一任政府已经宣布他们反对"逃税与激进避税"这一分类。[70]这种理念并不一定会限制媒体或政治家,[71]但可能影响到法

---

67 女王诉英国税务局专员,罗思敏斯特有限公司(单方诉讼)案(*R v IRC, ex p Rossminster Ltd* [1980] AC 952;[1980] 70 Cr App R 157);第六章标题为"凌晨突袭与罗思敏斯特遗产"的部分。参见女王诉蒂姆瑟案(*R v Dimsey*);女王诉艾伦案(*R v Allen* [2001] UKHL 46; [2002] 1 AC 509)。

68 女王(依据雷德克纳普的申请)诉伦敦市警察局长案(*R [on the application of Redknapp] v Commissioner of the City of London Police* [2008] EWHC 1177 [Admin]; [2009] 1 WLR 2091)。

69 《2016年财政法》第10部分。参见第八章标题为"离岸逃税所涉之罪"的部分。

70 "我确实对逃税和激进避税抱有非常强烈的情绪。"参见戴维·卡梅伦,下议院辩论,2015年2月11日(Col 776)。省略可能来自经济合作与发展组织。2016年,卡梅伦先生从他父亲设立的巴拿马基金中受益。

71 罗兰·沃森(Watson, Roland),"首相寻求全球行动来应对避税者"(PM Seeks Global Action to Tackle Tax Avoiders),载《泰晤士报》2013年4月25日。"[戴维·卡梅伦]敦促欧洲领导人利用下个月在布鲁塞尔举行的欧盟峰会,商定新规则并帮助恢复公众对欧洲税收制度的信心。卡梅伦表示:'逃税和积极避税是全球性的问题,需要真正的全球解决方案。否则,逃税者只会将这个税收体系玩弄于股掌之间。'""玩弄税收体系"是对避税行为的标准谴责。它尤其严重地困扰着负责该体系现状的人们。

官[72]和学者。[73]这种模糊化的分类确应被抵制。[74]基于透明度和税收情报获得的类似征税方案,可能都会对反对"激进"[75]避税这种分类产生推波助澜的作用。"我们反对避税,所以我们应该起诉更多的逃税者"这种表述逻辑混乱。

第五,同样的人(税收顾问和金融机构)可能同时卷入避税和逃税。税收顾问的客户可能除了少纳税,对其他什么都漠不关心。例如,流行音乐节目主持人克里斯·莫伊尔斯为了实现避税计划,提交了一份证明他是二手汽车销售商的虚假身份证明。[76]再以亚马逊为例,其表面上宣称其在卢森堡和英国的公司各自独立运营,而当其中一个公司因为其他诉讼承担责任时,这两个公司在实际运营过程中业务混同严重的实际情况就暴露了。[77]类似的避税计划可能牵扯

---

72 坦普尔曼勋爵在菲茨威廉诉英国税务局专员案(*Fitzwilliam v IRC* [1993] 1 WLR 1189; [1993] 3 All ER 184)中陈述道(1226):"我认为在本案中发明和实施的这种避税计划并不比企图骗取税收更好。"参见他在拉姆塞有限公司诉英国税务局专员案中的评论,以及法庭之外的著作,坦普尔曼勋爵,"税收与纳税人"(Tax and the Taxpayer),载《法律季刊》(2001年)第117卷,第575页。

73 麦克巴内特,"合法诈骗",同注1。

74 参见女王诉奎兰案(*R v Quillan* [2015] EWCA Crim 538; [2015] Lloyd's Rep FC Plus 20),在该案中,上诉法院对起诉企图以虚假形式提出一项涉及以养老金缴款为由要求救济的方案表示批评。

75 "激进避税行为是通过尝试遵守法律条文,同时避免违反其宗旨或精神来寻求尽量减少税收的做法。"赖斯·詹金斯(Jenkins, Rhys)和彼得·纽维尔(Peter Newell),"企业社会责任、税收与发展"(CSR, Tax and Development),载《第三世界季刊》(*Third World Quarterly*)(2013年)第34卷,第378页。

76 "工作车轮"计划:弗拉纳根、莫伊尔斯和斯坦内特诉税务海关总署专员案(*Flanagan, Moyles and Stennett v Commissioners for HMRC* [2014] UKFTT 175 [TC])。另一项"自由"计划始于2005年,并于2009年结束。

77 大卫·昆汀(David Quentin)的"税与法"(Tax and Law)博客,2015年2月27日,http://dqtax.tumblr.com/page/2。

出一个欺诈。[78]

第六，依据一般反滥用规则判处民事罚款，使得"避税"与"罚款"并置，更搅浑了这潭水。一般反滥用规则颁布[79]的初衷是为了应对滥用税务安排和调节税收义务。纳税人向英国税务海关总署递交的申报、声明或者文件，事后被发现其所涉及的税收计划触犯了一般反滥用规则，纳税人将因此受到处罚。[80]调整税收义务则适用更严格的程序。[81]

尽管逃税与避税之间的界限屡次被模糊化，[82]且这种状态应该还会持续，那些希望将逃税与避税同等对待的人将关注这种走向。俄罗斯法就不区分逃税与避税。对尤科斯公司发起税收诉讼，受多种因素驱动，其中包括打击利用俄罗斯特殊优惠区避税的行为，这随后被认为违反了《欧洲人权公约》第6条。在尤科斯公司诉俄罗斯政府案中，[83]欧洲人权法院认为，尽管尤科斯公司的行为有法律依据，俄罗斯税务局仍然对尤科斯公司（一个经常进行清算的公司）采取了强制措施，而税务局的败诉足以说明法院考虑到对公司及其股东采取措施的经济和社会影响，这意味着税务局未能在强制实现税收义务的立法目的与实现这一目的的手段之间寻求到适当的平衡。由

---

78 女王诉海莉·比万·萨维尔和莱顿案（*R v Hayley Bevan Savill and Leighton*），伯明翰刑事法院（Birmingham Crown Court），2016年6月24日。
79 《2013年财政法》第5部分和附表43。
80 《2013年财政法》第5部分和附表43，《2016年财政法》第10部分。
81 依据《2013年财政法》第209条。
82 参见第四章。
83 参见注66，并参见尤科斯环球有限公司（曼恩岛）诉俄罗斯政府案（*Yukos Universal Ltd [Isle of Man] v The Russian Federation*），常设仲裁法院（No AA 227 [2014]）。诉讼仍在继续，"荷兰法院驳回尤科斯诉俄罗斯政府的500亿美元裁决"（Dutch Court Rejects $50bn Yukos Award against Russia），载《金融时报》2016年4月20日。

此,针对逃税与避税的法律措施亦无明确区分。

此外,区分逃税或避税可能过于复杂。而将逃税与避税的区别概括为"狱墙厚度"之差异是无益的(因为这是一个循环),[84]这只是一个简单而表面的差异。定义二者的区别是一个技术问题,但无论如何无法动摇的核心问题是,假如纳税人出于降低其税收义务之目的而向税务局说谎,这是逃税。假如纳税人没有说谎,即使其行为并不光彩,但其并非逃税。[85]许多反逃税措施是阻止纳税人"利用虚假声明来隐瞒真相"(suggestio falsi by supressio veri)以确保充分披露。

(一)瑞士汇丰银行案(2015年)和莫萨克·冯塞卡(巴拿马文件案,2016年)丑闻

2006年至2007年,埃尔韦·法尔恰尼(Hervé Falciani)开始采取秘密手段从瑞士汇丰银行提取顾客资料。2008年10月,其在日内瓦被捕,被保释后携带文件逃至法国。汇丰银行披露涉及30000多个账户的资料已经从瑞士分部失窃。2009年1月,法国政府拒绝瑞士的引渡请求,并且自行启动了对这些资料的调查。2010年初,法国税务机关开始通知世界范围内汇丰银行文件涉及地的税务部门。

---

84 通常归因于1974—1979年的财政大臣丹尼斯·希利(Denis Healey)。克雷格·埃利夫(Elliffe, Craig),"狱墙的厚度——避税何时成为刑事犯罪?"(The Thickness of a Prison Wall—When Does Tax Avoidance Become a Criminal Offence?),载《新西兰商法季刊》(*New Zealand Business Law Quarterly*)(2011年)第17卷,第441—466页,转引自"网上的孔:避税"(Holes in the Net: Tax Avoidance),载《经济学人》(*The Economist*)(2000年)第354卷,第8152—8163页,第8186页。

85 参见女王(依据税务海关总署专员的申请)诉金斯顿案(*R [on the application of the Commissioners of HMRC] v Crown Court at Kingston* [2001] EWHC Admin 581),第2段(上诉法院法官伯恩顿)。

2010年4月，英国税务海关总署收到瑞士汇丰银行的文件。[86] 2010年7月，据《金融时报》报道，汇丰银行已经向法国法院提出阻止法国税务机关将文件提交给英国税务海关总署的请求。[87] 2011年9月，英国税务海关总署署长戴夫·哈特尼特（Dave Hartnett）向下议院财政委员会报告："我认为整个国家大概都知道，我们部门从瑞士得到一个来自英国总行日内瓦分部的磁盘，磁盘涉及6000个名字，调查的时机已经成熟。"[88] 结果证明英国税务海关总署从法尔恰尼的清单中获取了信息，该清单于2010年来自法国，其中涉及13万利用瑞士汇丰银行日内瓦分部的潜在逃税者。英国税务海关总署从清单中识别出3600名可能存在税收不遵从的英国纳税人，并且追回了1.35亿英镑的未缴税款和罚款，其中一起案件已经被定罪。[89]

2014年11月，法国法官以从事"金融和银行违法业务"为由调查汇丰银行。而比利时指控汇丰银行的诉由是洗钱、与瑞士分部联合欺诈，以及谋求从瑞士银行账户少缴5.4亿欧元税款。阿根廷起诉瑞士银行的诉由是通过瑞士银行分部协助逃税。2015年2月，国际调查记者协会组织全球媒体，开始公布泄露文件的相关信息。2015

---

[86] 在现阶段，是否可以在起诉中使用该信息似乎是一个问题。即使相关规定（《英法双重征税条约》第27条）禁止使用根据其担保的信息（结构紧张），税务海关总署仍可能以允许的方式获取信息并在起诉中使用。

[87] "尽管国会议员在2011年听取了汇丰银行的逃税指控，但仍继续否认"（Denials Continue Despite MPs Hearing of HSBC Tax Evasion Claims in 2011），载《卫报》2015年3月13日，https:// www.theguardian.com/ news/ 2015 feb/ 11/ denials-continuedespite-mps-hearing-of-hsbc-tax-evasion-claims-in-2011。

[88] 2013年1月，从税务海关总署退休六个月后，哈特尼特加入了汇丰银行担任顾问。

[89] 公共账目委员会主席玛格丽特·霍奇，《改善税收》（*Improving Tax Collection*）（Fiftieth Report of Session 2014–15, paras 9–11 and qq 16–18）。被定罪的是迈克尔·尚利，参见第十章。

年3月，法国金融检察官正式要求以税务欺诈对瑞士汇丰银行提起刑事诉讼。[90] 2015年4月，法国在世界范围内调查瑞士汇丰银行的范围扩展至其持股的公司，[91] 阿莱特·里奇在法国被判处逃税罪。[92] 2015年6月，汇丰银行为洗钱指控支付了超过2780万英镑（折合4000万瑞士法郎）。[93] 无疑，在此案相关时期，银行获得了巨额储蓄资金。英格兰及威尔士没收了在此期间的犯罪所得约1.5亿英镑。[94] 这仅仅是隐匿于一个国家的一个银行的金额，实际发生的金额可见一斑。

这些因逃税、避税和离岸金融引起的事件仅意味着山雨欲来风满楼。虽然起初引发的强烈反响和愤怒不能预示什么，但可能在一定时期内对瑞士汇丰银行案产生重大影响。2016年3月，国际调查记者协会对巴拿马一家名为莫萨克·冯塞卡（Mossack Fonseca）的公司注册机构的系列爆料，吸引了全世界的目光。据其透露，那些为顾客提供离岸法律服务的代理人，其服务对象有些正在实施逃税、避税，有些已经因违反法律受到了制裁，有些正在将犯罪收益洗

---

90 "汇丰银行案：阿莱特·里奇的牢狱之灾"（Affaire HSBC: prison ferme pour Arlette Ricci），载《法国世界报》2015年4月14日，http://www.lemonde.fr/evasion-fiscale/article/2015/04/13/affaire-hsbc-prison-ferme-pour-arlette-ricci_4615042_4862750.html。

91 "法国扩大对汇丰瑞士银行全球控股公司的调查"（France Widens HSBC Swiss Bank Inquiry to Global Holding Company），载《卫报》2015年4月9日。

92 《法国世界报》，同注90。

93 "日内瓦检察官同意结束对汇丰银行的调查以换取财务和解"（Geneva Prosecutor Agrees to Close Investigation into HSBC in Return for the Financial Settlement），载《卫报》2015年6月4日。

94 国家审计署，第四号没收令（HC 738, 2013–14）。

白。[95]莫萨克·冯塞卡之前的业务就是代表其客户，在离岸司法管辖区并购公司并管理这些离岸公司。

这些泄露的信息揭示了对财产受益所有权隐名化的手段在世界精英群体中被普遍使用。[96]之前的巴拿马法律中有一项规定对投资者极具吸引力，即可以通过无记名股权实现对公司的控制（也就是说，股票持有人可以未经登记或任何其他确认程序行使股东权），尽管并非所有与巴拿马相关的业务都是如此。莫萨克·冯塞卡还成立了许多登记在英属维尔京群岛的公司。

针对这些丑闻，所有来自官方的回应都是承诺予以打击，英国、欧盟、美国和经济合作与发展组织都建议对此采取行动。[97]只有遵循经济合作与发展组织的建议，建立所有法律实体所有权实名登记制度，以及国际范围内税收管辖区之间综合、自动信息交换机制，这一切才可能发生实质性改观。[98]

瑞士汇丰银行案和巴拿马文件案因为与逃税和避税关联已经再次引起社会关注。仅从涉案金额看，两起事件都案情重大。众人皆不希望这样的事件发生，但是大家对此深恶痛绝的原因却各有不同。而无论如何，试图将"激进"或任何形式的避税与逃税犯罪等同视之不可是其应有之义。

---

95 "什么是巴拿马文件？历史上最大的数据泄露指南"（What Are the Panama Papers? A Guide to History's Biggest Data Leak），载《卫报》2016年4月4日，https://www.theguardian.com/news/2016/apr/03/what-you-need-to-know-aboutthe-panama-papers。

96 事实证明，戴维·卡梅伦的父亲曾在巴拿马经营过这样的公司。

97 "巴拿马文件：美国对国际逃税行为进行严厉打击"（Panama Papers: US Launches Crackdown on International Tax Evasion），载《卫报》2016年5月5日。

98 参见第十章。

第四章　逃避关税和其他税收的犯罪

一、犯罪类型及其关系

在一些被认定为逃税犯罪的刑事判决中，对犯罪行为的描述仍存争议。逃税犯罪可能是：

（ⅰ）普通法的犯罪或者制定法的犯罪；

（ⅱ）特殊罪或者一般罪；

（ⅲ）竞合形态的犯罪或者独立排他形态的犯罪；

（ⅳ）罪状明确的犯罪或者罪状含糊的犯罪。

（一）普通法与制定法的犯罪

刑法编纂运动的发展史本质上是以制定法优位理论为基础的，即认为所有刑事犯罪应规定于法典或者至少是完备的制定法之中，这是顺应现实和遵循宪法的选择。其更具实践价值，因为无论律师还是公民将更容易查询法律之意；也更符合宪法精神，因为在民主国家，刑事立法从根本上应该是议会的权限。以希特勒执政时期的法典[1]为例,罪刑法定的本质并非指犯罪由成文法规定,而是反对将犯罪定义模糊化,但无论如何对于犯罪这种最严肃的定义应当由议会做出而不是由法官造法。

《1968年盗窃法》(Theft Act 1968)明显体现了刑事法领域中普通法与制定法之间的冲突。作为一部综合性制定法,却保留了共谋诈骗(conspiracy to defraud)和舞弊(cheat)两个普通法犯罪,而后者仅用于与税收有关的欺诈行为。舞弊是普通法上的罪名,其仍然是逃税案件指控的核心。约翰·史密斯爵士称,刑法修订委员会经过对盗窃的审慎考量,[2]欲将舞弊罪彻底废除,但该意见受到了来自税务部门的异议,[3]这就是舞弊罪仅适用于税收领域而在税收以外的领域已经不再适用的原因。

尽管从功利主义者到法律委员会[4]都对英国刑法全面法典化做

---

[1] 参见劳伦斯·普罗斯(Lawrence Preuss),"国家社会主义刑法中的类推处罚"(Punishment by Analogy in National Socialist Penal Law),载《刑法与犯罪学杂志》(Journal of Criminal Law and Criminology)(1936年)第26卷,第847页;杰罗姆·霍尔(Hall, Jerome),"罪刑法定原则"(Nulla Poena Sine Lege),载《耶鲁法学评论》(Yale Legal Journal)(1937年)第47卷,第165页。

[2] 刑法修订委员会(Criminal Law Revision Committee),第八次报告,《盗窃及相关犯罪》(Theft and Related Offences, Cmnd 2977 [1966])。

[3] 女王诉亨特案(R v Hunt [1995] STC 819; [1995] 16 Cr App R [S] 87 noted by JCS at R v Hunt [1994] Criminal Law Review 747)。

[4] 桑福德·H.卡迪什(Sanford H. Kadish),"刑法编纂者:韦克斯勒的先驱"(Codifiers of the Criminal Law: Wechsler's Predecessors),载《哥伦比亚法律评论》(Columbia Law Review)(1978年)第78卷,第1098—1144页;史密斯,《律师,立法者和理论家:1800—1957年英国刑事法学的发展》(Lawyers, Legislators, and Theorists: Developments in English Criminal Jurisprudence 1800-1957)(Oxford: Oxford University Press, 1998);林赛·法默(Farmer, Lindsay),"英国法律编纂重构的辩论:刑法委员会委员,1833—1845年"(Reconstructing the English Codification Debate: The Criminal Law Commissioners, 1833-45),载《法律与历史评论》(Law and History Review)(2000年),第397—426页。在法律委员会第177号报告,《英格兰和威尔士刑法》(A Criminal Code for England and Wales)(1989)中提及的项目最终在2008年被放弃。法律委员会第311号报告,《第十次法律改革纲领》(Tenth Programme of Law Reform)(2008)。

出了各种努力，并且至少使某些具体领域的犯罪完全法典化，但由于盗窃犯罪在普通法中历史悠久，其异常灵活和复杂，以至于议会无法将其精确定义于法典中。将普通法那些包罗万象的犯罪法典化仍然对立法者具有强烈的吸引力，但这些立法者也在质疑自己是否具有预先全面描述那些应犯罪化的不诚实行为的能力。详言之，尽管各种建议层出[5]（尤其是在《2006年欺诈罪法》[6]颁布期间试图取消共谋诈骗，[7]并限制《1968年盗窃法》中的舞弊犯罪置入其中），但由于担心不能预见所有不诚实行为，故最终还是对普通法的共谋诈骗和舞弊予以保留。尽管在法律委员会和其他一些人看来那些犯罪"未进入统一的刑事制定法体系"，[8]但贝里克的劳埃德勋爵（Lord Lloyd of Berwick）"对诸如共谋诈骗犯罪彻底成文法化的本能排斥"，[9]使议会屡次拒绝冒险将其彻底置入制定法当中。[10]

在德山案中，[11]上诉法院认为，尽管制定法规定了欺诈以及欺诈

5　法律委员会第56号报告，《共谋诈骗》（*Conspiracy to Defraud*）（1974）；法律委员会第228号报告，《共谋诈骗》（1994）；法律委员会第155号报告，《刑法典立法：诈骗与欺骗》（*Legislating the Criminal Code: Fraud and Deception*）（1999）；法律委员会第276号报告，《诈骗》（Cm 5560, 2002）。

6　下议院辩论（Col 543），2006年6月12日（薇拉·贝尔德，王室法律顾问、副检察长）。

7　参见《2006年欺诈罪法》解释性说明，第6段："暂时保留的共谋欺诈"。

8　法律委员会第276号报告，《诈骗》（Cm 5560, 2002）。

9　上议院辩论，2005年6月22日（Col 1665）。在《司法部对〈2006年欺诈罪法〉的立法后评估》（*Post-legislative Assessment of the Fraud Act 2006 carried out by the Ministry of Justice*）中，共同诈骗也幸免于难。《提交给司法甄选委员会的备忘录》（*Memorandum to the Justice Select Committee*）（Cm 8372, 2012）。

10　"无论法律委员会或学者是否愿意，涵摄广泛的共谋欺诈犯罪在很长一段时间内都是我们法律的一部分。"诺里斯诉美利坚合众国政府及其他案（*Norris v Government of the United States of America and others* [2007] EWHC 71 [Admin]; [2007] 2 All ER 29)，第98段（奥尔德法官）。

11　女王诉德山案（*R v Dosanjh* [2014] 1 WLR 1780）。

逃避增值税罪,并对这两个罪配置了最重的法定刑,而普通法的共谋诈骗罪[12]适用的也是最重的法定刑。然而,议会既然已经明确保留了处以重罚的普通法的税收舞弊犯罪,即欲弥补成文法的局限,保留对最严重和非常规的欺骗税务机关的行为进行指控的空间。鉴于制定法的框架并不能充分体现的复杂犯罪,适用不受语义约束的普通法则更为适当,[13]因此,税收舞弊犯罪在税收犯罪指控中仍扮演着"固有的角色"。

(二)特殊罪还是一般罪?

特殊罪是否可以对一般罪提供有效补充,是一个需要不断思考的问题。例如,在由各种不作为行为[14]引起死亡的特殊致死案件中,将这种行为作为特殊杀人案件处理是否具有价值?在《1968年盗窃法》颁布时期,支持这种特殊罪的占少数,更多的人主张以一般欺诈罪论处。这看似是当时的共识,[15]然而,无非仅是一时的态度,而当今潮流的钟摆似乎摆向了另一方。

一般罪覆盖了行为的所有领域,而特殊罪只涉及特殊领域。例如,杀人可能被任何人以任何方式实施,但是危险驾驶致人死亡的实行行为只能是在公共道路上的驾驶行为。在逃税的语境下,通常"一般罪"是欺诈罪,而特殊罪的行为客体则仅限于税收,其中有些犯罪的行为客体是一个或多个税种。

12　10年监禁:《1987年刑事司法法》(Criminal Justice Act 1987)第12条第3款。

13　第32段及以下。

14　克里斯托弗·克拉克森(Clarkson, Christopher)和莎莉·坎宁安(Sally Cunningham)编,《非侵略性死亡的刑事责任》(*Criminal Liability for Non-aggressive Death*)(Farnham: Ashgate, 2013)。

15　因此,废除了《1952年所得税法》第505条;《1968年盗窃法》附表3。

个案中逃税行为的事实往往符合一般罪的要件,那为什么对逃税案件的被告人可以不以一般罪提出指控?对此并无原则性理由。逃税涉及的一般罪,例如,《2006年欺诈罪法》中的伪造账目罪、《1968年盗窃法》中的隐藏文件罪、[16]《1981年伪造和仿冒法》中的犯罪,以及一般的共谋诈骗罪。[17]然而"程序滥用"主义[18]可能抑制一些存在竞合关系的罪名在起诉中适用,[19]特殊罪存在的数量与以一般罪指控的案件数量并非呈必然反向关系。虽然《1968年盗窃法》[20]并不能完全涵盖所有财产犯罪,但其立法目的是建立财产犯罪的基础法,且该法并未规定逃税或者其他特殊领域的财产犯罪适用特殊罪,[21]因此,应该以该一般罪条款指控逃税。[22]

尽管《1968年盗窃法》释放出更多适用一般罪的信号,但这种导向已经有所转变。以往强调最大可能适用一般罪名起诉,现在的情况已经有所不同。变化主要体现在以下两方面。首先,所有起诉都是私人间的,是英国传统刑事诉讼体系的理论根基,《1985年犯罪

16　《1968年盗窃法》第17条和第20条。

17　参见本章标题为"普通法与制定法的犯罪"的部分。

18　女王诉霍斯弗利路地方法庭,班尼特(单方诉讼)案(*R v Horseferry Road Magistrates' Court, ex p Bennett*, [1994] 1 AC 42);女王诉麦克斯韦案(*R v Maxwell* [2010] UKSC 48; [2011] 1 WLR 1837)。

19　女王诉J案(*R v J* [2004] UKHL 42; [2005] 1 AC 562)。区分女王诉菲利普案(*R v Phillips* [2007] EWCA Crim 485)和女王诉蒂明斯案(*R v Timmins* [2005] EWCA Crim 2909; [2006] 1 Cr App R 18)。请参见彼得·米菲尔德(Mirfield, Peter),"对声明式法律理论的挑战"(A Challenge to the Declaratory Theory of Law),载《法律季刊》(2008年)第124卷,第190—195页。

20　刑法修订委员会第八次报告,《盗窃及相关犯罪》(*Theft and Related Offences*, Cmnd 2977 [1966])。

21　因此,在该法令附表3中被废除。

22　通常为欺诈罪(第15条和第16条)或伪造账目罪(第17条)。

第四章　逃避关税和其他税收的犯罪

起诉法》已经与这一传统理念渐行渐远，该法提出建立有权力起诉特殊罪的专门机关，[23]并且应该建立一个主导的起诉机构负责其他犯罪的起诉。如果尽可能多地将尚缺少明确性的案件提前分配到具体有权部门，以便作为特殊罪处理，那么《2009年检察官公约》(The Prosecutors' Conventions 2009)[24]将得到最好的贯彻。

其次，设立行使起诉以及罚金裁量权的专门机构，始于20世纪80年代。这些机构的起诉权应该受到各种限制。如果英国设立一个专司税收起诉的机构，应将其从一般的检察部门（即英国皇家检察署）分离，这个机构的职能将需要被限制，要么专门负责起诉税收案件，要么在此基础上再附加其他指定罪名的起诉。这种体制，一方面有助于实现分流犯罪起诉的目标，至少能缓解税收起诉缺失的问题；另一方面专门机构还能指定税务海关总署主导税收案件的调查和起诉。[25]除此以外的路径是设立一个处理经济犯罪的单独机构，不区分逃税罪与其他欺诈罪。以上策略旨在助力现有特殊税收案件的处理，其结果是改变现有对税收犯罪案件的起诉偏好。

（三）模糊还是精确的定义？

模糊化的定义，尤其是类推适用，可能违背罪刑法定原则[26]以及

23　尽管女王诉罗林斯案（*R v Rollins* [2010] UKSC 39; [2010] 1 WLR 1922）在这一领域遇到了困难。
24　http://www.cps.gov.uk/legal/p_to_r/prosecutors__convention/。
25　税务海关总署提起诉讼的权力，参见女王（依据亨特的申请）诉刑事案件审查委员会案（*R* [*on the application of Hunt*] *v Criminal Cases Review Commission* [IRC, interested party] [2001] QB 1108; [2000] STC 1110）。
26　参见注1。

《欧洲人权公约》第7条。[27]尽管未必绝对,但一般来说制定法犯罪比普通法犯罪的定义更精确。共谋欺诈和舞弊因其概念具有模糊性备受批评,但模糊性又使它们备受公诉机关青睐。相比立法时被迫设定巨细无遗的构成要件,还要冒着条款表里不一的风险,这种笼而统之的起诉更具吸引力。[28]

就制定法上的犯罪而言,因为其引以为豪的一般原则是刑事规范必须被严格规定,这使制定法的犯罪与生俱来地存在内在冲突并需要予以补充,由此产生了两方面影响。首先,"目的解释"方法需要被采用,例如,瑞士银行案[29]的审理中,争议焦点紧紧围绕法律是否规定了纳税义务。其次,人权的考量,不仅是《欧洲人权公约》第7条,而且还包括《第一议定书》第一条(A1P1)的影响。

(四)税收犯罪是否为特殊罪?与一般罪是相互排斥还是竞合?

特殊犯罪条款是否排斥之前业已存在的制定法的一般条款或者普通法上的犯罪,一直是法规体系的结构性问题。普通法上的犯罪可能被显性或隐性排除,但仅从立法事实看,立法并未在税收领域排

---

27 尽管立法者在可预见的范围内将现有犯罪扩展到相当大的范围。参见SW (CR)诉英国政府案(*SW [CR] v United Kingdom* [A / 355-B] [1996] 21 EHRR 363)和霍多尔科夫斯基诉俄罗斯政府案(*Khodorkovskiy v Russia* [2014] 59 EHRR 7)。

28 对于那些起诉不只一个罪的情况,起诉的罪数是混乱的。《2015年刑事诉讼程序规则》第10条第2款第2项放宽了规则,以便"(2)一个犯罪事件不仅包括犯罪行为,还可能包括犯罪发生的时间、地点或目的"。检察官们的观点似乎仍然是,对于通过言辞陈述进行的欺诈,每次虚假陈述都构成一个独立的犯罪,但是在共谋中,陈述非必然,该问题仍未解决。

29 瑞士联合银行股份有限公司诉英国皇家税务海关总署专员案(*UBS AG v Commissioners for HMRC* [2016] UKSC 13)。

除普通法犯罪的适用。[30]然而,普通法上的税收舞弊可以覆盖所有的税种,制定法的犯罪只适用于特定的税种。这意味着,在依据制定法指控逃避缴纳增值税的重大案件中,以逃避缴纳的实际是关税而不是增值税为理由是一个很好的抗辩。

新税种通常会成为逃税犯罪选择的目标,当然也不尽然。尽管纳税人有义务遵守法律,但该义务并不受其是否了解特殊的税收犯罪条款以及普通法上相关犯罪的影响。当然,了解普通法上的犯罪应当比知晓所有制定法上的逃税犯罪更容易。除了逃避缴纳收入税、关税和增值税的行为以外,[31]逃避缴纳资本利得税、遗产税、公司所得税和转移利得税的行为都未规定专门的犯罪。逃避缴纳保险税(insurance premium tax)、[32]垃圾填埋税(landfill tax)、[33]博彩税(gaming duty)、[34]气候变化税(climate change levy)、[35]石方税(aggregates levy)、[36]电子游戏博彩税(machine games duty)、[37]土地印花税(stamp duty land tax)[38]的行为则规定了专门犯罪。之所以如此,似乎因为对于欺诈罪不能适用简易审判程序,但现实很需要地方法院适用简易程序审判处此类案件,显然不包括逃避公司所得税、遗产税或者转移利得税的相关案件。格拉比纳(Grabiner)主张,如

---

30 女王诉西莫案(*R v Seymour* [1983] 2 AC 493),过失杀人罪和交通肇事致人死亡。
31 参见本章标题为"普通法与制定法的犯罪"的部分。
32 《1994年财政法》附表7第4部分。
33 《1996年财政法》附表5第4部分。
34 《1997年财政法》附表1。
35 《2000年财政法》附表6第8部分。
36 《2001年财政法》附表6第1部分。
37 《2012年财政法》附表24。
38 《2003年财政法》第95条。

果想要地方法院在该领域发挥重要作用,解决税收犯罪特殊问题更便捷的方法是将欺诈罪的司法管辖权直接归于地方法院,或者将其置于一个制定法规定的欺诈罪名之下,再或者设立一个制定法上一般的逃税条款适用于所有列明的税种,必要时这个税种清单可以定期更新。

二、刑事起诉现状

逃税罪的一般条款并非仅被一部法律涵盖,包括其预备和伴随形态的一系列犯罪既涉及制定法,又涉及普通法,既有概括规定,也有具体规定。有些犯罪适用共谋的一般条款,有些犯罪适用专门制定的替代或者补充一般条款的共谋特别条款,有些特殊罪专门规定了涉案财产的处分,而有些犯罪的涉案财产则适用规定"犯罪事后"责任的一般法。某些税种专门设立了逃税犯罪,而另一些没有专门设立逃税犯罪的税种,则只能转而适用普通法的舞弊或一般诈骗犯罪。[39]

任何认同刑法理性发展或者立法哲学的人,都无法满足于以上立法状态。而令人欣慰的是,2013年英国皇家检察署的新政策[40]显示检方对逃税起诉兴趣再起,而且随着瑞士汇丰银行丑闻[41]曝光,在一个更为理性的基础上构建一套税收犯罪体系成为无形的压力。目前得

---

39 参见本章标题为"特殊罪还是一般罪?"的部分。
40 参见"起诉逃税罪",王室法律顾问基尔·斯塔莫的讲话,2013年1月23日,http://www.cps.govuk/news/articles/prosecuting_tax_evasion/。请参见第十章。
41 参见第三章标题为"瑞士汇丰银行案(2015年)和莫萨克·冯塞卡(巴拿马文件案,2016年)丑闻"的部分。

到大多数支持的方案是，设立专门条款规定适用于所有税种的逃税犯罪，在此基本犯的基础上，按照严重程度以税种划分出不同等级的逃税罪，并明确规定其他加重和减轻的情节。此方案如若实现则需要改变现状，而现状的惯性仍然存在。

三、走私犯罪

起诉走私犯罪的现行法律依据是《1979年关税与消费税管理法》的第12章以下的一系列犯罪。

（一）税收伪证罪

《关税与消费税管理法》第167条和第168条是关于不如实申报行为的规定。即，行为人出于任何税收分配目的（确定关税和消费税数额的目的），在任何材料中出于"故意或疏忽"进行不真实陈述的，构成犯罪。如果此处表述不使用"故意或疏忽"，则会使其成为刑事责任中极为罕见的严格责任[42]。第167条并不适用通常的指控程序，而是适用宣告没收。[43]此处亦存在伪造条款，该条款引起了法条竞合和重复规定问题。[44]如果总是（或更为经常）适用伪造罪起诉，那么税收伪证罪将被架空。[45]

---

42 《关税与消费税管理法》第167条第3款。
43 海关总署诉埃弗酒业有限责任公司案（*Customs and Excise Commissioners v Everwine Ltd* [2003] EWCA Civ 953）；海关总署诉吉塞利案（*Customs and Excise Commissioners v Ghiselli* Unreported 1999 WL 33101332）。
44 《关税与消费税管理法》第168条。
45 依据《1981年伪造和仿冒法》。

（二）主要的走私犯罪

走私指控主要依据的条款（是否逃避关税或者走私了国家禁止的物品，如毒品）是《关税与消费税管理法》第170条，该条设置了两个涵盖范围广泛的重要犯罪。第170条第1款关于走私货物，规定故意买卖禁止出入关境的货物，以及故意实施"携带、转移、存放、藏匿、持有、掩饰隐瞒或者任何处理相关物品的行为"构成犯罪，[46]其性质均为"就货物的应税额故意欺骗女王或逃避国家对相关物品的禁止或管制"的行为。[47]第170条第2款关于逃避关税，规定以下行为构成犯罪：故意欺骗性逃避或者试图逃避履行任何（a）货物应纳税款；或者（b）一定时期内关于任何物品的禁令、限令或任何法规；或者（c）1979年《海关法》中关于货物的任何条款。[48]第170条第2款是一条真正的禁止条款，用语上比第1款适用范围更广，并非只适用于那些起初就具有非法目的的进口。[49]第170条第2款包括以下要素：

关税：关税必须是应当缴纳的。[50]缴纳关税的义务因进口货物到达征税地点而引起。[51]假如D误以为自己应当缴纳关税，该缴纳

---

46 《关税与消费税管理法》第170条第1款a项。

47 《关税与消费税管理法》第170条第1款b项。

48 《关税与消费税管理法》第170条第6款。

49 女王诉尼尔（弗莱德里克）案（*R v Neal* [John Frederick] [1984] 3 All ER 156; [1983] 77 Cr App R 283）。

50 女王诉贝尔案（*R v Bell* [2011] EWCA Crim 6）（如果上诉人承认有意参与欺诈性逃避香烟税，但其本人没有缴纳税款的义务，因此没有获得与此有关的金钱利益，则允许对没收令提出抗辩）。但请参阅女王诉泰瑟姆案（*R v Tatham* [2014] EWCA Crim 226;[2014] Lloyd's Rep FC 354）和女王诉艾迪肖案（*R v Eddishaw* [2014] EWCA Crim 2783; [2015] Lloyd's Rep FC 212）。

51 就走私烟草而言，当货物走私到英国是为了逃避支付应付税款时，当船只进入港口时逃税行为便成立了。女王诉B案（*R v B* [2011] EWCA Crim 1093; [2012] 1 WLR601）。

关税义务是由其主观意念产生,并不能引起关税征收程序,并无实际税收法益。

  关联:现实中可能存在一个没有实际实施任何进口货物行为的人涉嫌欺诈逃税的情形。假如进口是否实际发生的事实不能确定,那么D是否存在缴纳关税的义务也不能确定,则该企业与税收义务的关联性不确定,因此第170条第2款b项适用的可能性减弱。[52] 欺骗性逃避进口货物的规定要求具有不诚实的故意逃避禁止规定的行为,进口来路不明药品的行为则可以被认定为明知行为逃避进口货物的禁止性规定。[53] 实践中,检控人员并非必须证明存在欺骗海关工作人员的行为。[54]

  明知:《关税与消费税管理法》第170条的"明知"指明确知道是违反进口货物禁止性规定的欺诈行为而实施。在国家禁止进口货物的欺诈逃税案件中,证明主观明知,并不要求检察官必须证明被告人确切知道进口物品的性质,只需要证明其意识到该货物被禁止进口。[55] 由此,一个人故意欺骗性逃避国家对管制药品的进口规定,而他错误地认为其进口的货物是国家禁止进口的淫秽影片,是构成犯罪的。[56] "明知"不仅指明知走私的行为,而且明知走私的对象是禁

---

52 《总检察长参考(1998年第1号)》(*Attorney General's Reference* [*No 1 of 1998*] [1999] 163 JP 390);《泰晤士报》1998年10月2日;女王诉卡帕拉案(*R v Caippara* [1988] 87 Cr App R 316)。

53 女王诉卡帕拉案。卡帕拉的姐姐从玻利维亚寄给他一个装有可卡因的包裹。海关人员在英国截获了包裹,并用发酵粉替换了可卡因。卡帕拉接收了他的包裹,保留了这种粉末,并且仍然认为它是可卡因。根据第107条第2款,他被定罪,因为在拦截之时进口已经完成,即使用发酵粉替换可卡因也对定罪没有影响。

54 《总检察长参考(1981年第1号)》([1982] QB 848; [1982] 75 Cr App R 45)。

55 女王诉福布斯案(*R v Forbes* [2001] UKHL 40; [2002] 2 AC512)。

56 女王诉埃利斯案(*R v Ellis* [1987] 84 Cr App R 235; [1987] Crim LR44)。

止进口的物品；而一个人的心理状态和明知是指控犯罪的要件，其主观心态的判断是依据客观事实进行的。[57]判断"明知"的时间是其参与行为期间，而非进口货物之时。[58]

"涉嫌"这种表述方式隐含了被告人在受到指控之前已经有证据和理由证明其在犯罪行为中起到了具体作用。第170条第2款不能被解释为仅适用于那些起初从事非法进口的人。这意味着指控过程中，起诉书并不需要阐述每一位被告人的行为均符合禁止性命令所描述的行为构成。

逃避："逃避"在《1968年盗窃法》中被定义为：

如果债务人通过计谋逃避履行其债务，是逃避义务的行为。当这样的事发生时，赖账者不仅躲避了债权人，也逃避了他的义务。这里的逃避并非必须永久逃避。如果当事人在周一躲避了其债权人索债，在周二被债权人抓到并还清欠债，并不能改变他周一逃避债务的事实。逃避义务不像减轻和推迟债务履行，是一种单方的行为，其未包含任何债权人的行为，不阻碍义务的存在。当逃避停止，债权人可以采取任何可能的方式实现债权。[59]

"欺诈逃税"来自于高希案裁决中关于不诚实的定义。[60]

57　女王诉塔弗案（*R v Taaffe* [1984] AC 539; [1984] 1 All ER747）。
58　女王诉杰克曼案（*R v Jakeman* [1983] 76 Cr App R 223; [1983] Crim LR104）。
59　皇家检察署署长诉特纳案（*DPP v Turner* [1974] AC 357; [1973] 3 All ER 124 at 127），上议院，里德勋爵。
60　《总检察长参考（1981年第1号）》是在高希案前不久做出的，但涉及不诚实。有关不诚实的信息，参阅本章标题为"结论——犯罪定义和改革方向"的部分。

四、逃避所得税

相较于社会保险欺诈而言,起诉逃避缴纳所得税的情况算是比较少见了。[61] 19世纪至20世纪,对逃税案件往往奉行民事处罚优先的传统,刑事起诉往往只适用于最严重的案件,尤其是被告人有较高社会声望的案件,典型的是纳税人在汉萨德英国议会议事程序[62]之质询程序[63]中撒谎一案。[64] 2000年格拉比纳报告的结论是"就逃税而言,目前的体系似乎运行良好"。[65] 税收史上,政府并不热衷于指控逃税案件主要有三个原因:第一,征收国内税的首要目标是为了筹集军事、教育和医疗经费,同时这也包括动用刑法需要付出的昂贵成本,因而动用刑法应当仅限于该措施能成功提高财政收入;第二,税收权力相当广泛,既可以从纳税人处获得资金,还可以对不遵守者实

---

61 通常违反第111A(1a)条作出虚假陈述以获得利益,或者违反《1992年社会保障管理法》第111A(1A)条,情况变化而没有通知以获得利益。

62 请参见第七章标题为"《汉萨德英国议会议事录》程序"的部分。

63 一部以20世纪50年代末和60年代初为背景的系列戏剧的制片人找到作者商讨一个情节主线,其中一个角色因税务欺诈在英国面临被监禁的严重风险。议事录程序被纳入了情节。参见狮门影业公司,《广告狂人》(*Mad men*)第5季,第11集"另一个女人"(The Other Woman)和第12集"佣金和费用"(Commissions and Fees)。

64 值得注意的是1987年对骑师莱斯特·皮戈特(Lester Piggott)的成功起诉,1989年对喜剧演员肯·多德(Ken Dodd)的不成功起诉,以及2012年对足球经理哈里·雷德克纳普的代价高昂(800万英镑——《每日电讯》2012年2月9日)的失败起诉,也是在进行了非法搜查之后:女王(依据雷德克纳普的申请)诉伦敦市警察局长案。

65 英国财政部,《非正式经济:格拉比纳报告》(*The Informal Economy: The Grabiner Report*)(London: HM Treasury, 2000)。

施处罚，而其中有些并不需要刑事处罚；第三，刑事证据规则下，此类案件定罪难度极大。

在过去25年的英国税务海关总署的公开表述中，对于逃税指控的立场有所转变，这一转变主要有五方面原因。第一，公众对逃税的认知有所转变。2007—2008年的金融危机已经使公众的注意力转向金融市场的犯罪。尽管这些犯罪并不以税收犯罪为主，[66]但毫无疑问，公众对金融犯罪指控诉求的提升，也涵盖了税收犯罪。第二，制度性改变。指控税收犯罪的组织模式已经发生了转变，以至于现在这项工作成为某些人工作的主要内容和他们所服务机构的主要职能，这也导致指控增加。指控不再是税收的一件附属品。第三，财政分配的变化刺激了对这方面案件的指控。起诉成为英国税务海关总署一个更有利的选择。第四，全球化已经推动追诉逃税的路径转变。传统"威斯特伐利亚"主义在税收规则中的具体表现是一个国家不应该协助另一个国家执行其本国税法，[67]于是税收犯罪通常不被国家间签订的司法协助和引渡协议所覆盖。事实上，目前有国际条约包含了税收犯罪，传统规则相应发生了重大变革。第五，实体和程序法的改革使这类犯罪更容易被定罪。到2000年，相关指控开始被全部提交至刑事法院。"格拉比纳"犯罪理念（不是全部成功）更多适

66　除了恣意借贷的行为一直被认定为刑事犯罪（《2013年金融服务（银行业改革）法》第36条）外，还针对伦敦银行同业拆借利率（涉嫌违反市场操纵罪）（*R v Hayes* [2015] EWCA Crim 1944）和其他汇率操纵丑闻提起了刑事诉讼。

67　希腊国王诉布拉斯托姆案，参见第1章；印度政府的埃文霍姆基思勋爵诉泰勒案（*Lord Keith of Avonholm in Government of India v Taylor* [1955] AC 491 at 511）。请参见彼得·哈里斯（Harris, Peter）和大卫·奥利弗（David Oliver），《国际商业税收》（*International Commercial Tax*）（Cambridge: Cambridge University Press, 2010），第466页，以及本书第八章。

用于地方法院。英国税务海关总署目前的指控政策[68]及其效果在不久的将来被评估。[69]

（一）早期制定法的犯罪

尽管早期司法并不热衷于起诉逃税行为人，[70]但从一开始，在所得税申报中造假就是犯罪，在早期制定法中是伪证罪的一种。[71]《1842年所得税法》第180条规定如下：

任何经口头宣示或保证，或者以任何宣誓书或书面证词，或者本法规定的正式方式作出声明的人，有意舞弊作假证，或者有意舞弊地宣示或肯定任何虚假事物的真实性。

制定法对该罪的立法本意与其说是针对欺诈（尽管"舞弊"这

68　税务海关总署刑事调查政策（HMRC Criminal Investigation Policy，2015年），http://www.hmrc.govuk/prosecutions/crim inv-policy.htm，2016年4月5日访问。有关辩解，请参见乔纳森·费希尔（Jonathan Fisher），"汇丰银行，逃税和刑事起诉"（HSBC, Tax Evasion and Criminal Prosecution），载《税务杂志》（*Tax Journal*）（2015年），第1253页，2015年3月2日，https://www.taxjournal.com/articles/hsbc-tax-evasion-and-criminal-prosecution-02032015。

69　参见第十章。

70　大卫·威廉姆斯，"税务调查，1900—1914年"，载《英国税务评论》（2005年），第222页第240—241段。有关因雇主的怀疑而较早地使用法律的信息，请参阅罗伯特·科利，"维多利亚中期的雇员和征税者：1860年国家对信息收集的研究"，载《牛津法律研究杂志》（2001年）第21卷，第593—608页。

71　《1842年所得税法》第55条似乎考虑到较轻的犯罪（最高罚款50英镑），原因是第三方未能提供所需的信息。该第55条由《1918年所得税法》第107条修订，由《1952年所得税法》第25条第3款及以下再次修订，由《1960年财政法》第46条废除并合并为《税收管理法》第98条，多有修改。（感谢理查德·沃尔特斯提请我注意此顺序）

一词确有出现）不如说是针对虚伪发誓。纳税人完成申报或者向所得税特别专员署（Special Commissioners）出示证据，[72]被定位为履行一种庄严的诚实作证义务，没有履行，则被认定为作伪证。该条款后来被《1911年伪证法》的相关条款[73]取代，因此这种行为仍然被作为伪证行为，并且在复杂的伪证条款下适用。[74]因为"舞弊"（corruptly）一词多在贿赂犯罪情境下讨论，[75]而伪证罪却需要确定"舞弊"的事实要素，这种指控看似并不被鼓励。在后来的立法中"舞弊"不再出现（只是在较早的税收立法中被要求），并且"明知或有意"并非意味着动机。[76]

《1911年伪证法》第5部分规定明知或有意做出实质的虚假陈述的，最高可判处2年监禁，并处或选处罚金，而这里的虚假陈述必须是在议会立法明文规定的文件中做出。这也被认为在英格兰[77]对逃税者进行刑事追诉的更优选择。即便如此，直到1916年，依据该法案起诉的第一起逃税案件才被报道。时值战时，加之那些厮欺行骗者总是处于优势地位，因此逃税案件很少受到公众的同情。这起案

---

[72] 女王诉胡德·巴尔斯案（*R v Hood Barrs* [1943] 1 KB 455; [1943] 1 All ER 665, CCA）。

[73] 《1911年伪证法》第5条。

[74] 在这方面，1911年颁布的法律重申了普通法。圣马里波恩的黑尔舍姆勋爵（Lord Hailsham）在皇家检察署署长诉基尔伯恩案（*DPP v Kilbourne* [1973] AC 729; [1973][1973] 1 All ER 440; [1973] AC at 740）中的意见。

[75] "舞弊"的不同含义，来自库珀诉斯莱德案（*Cooper v Slade* [1858] 6 HL Cas 746），在法律委员会第145号咨询文件（Law Commission Consultation Paper No 145），《起草刑法典："舞弊"》（*Legislating the Criminal Code: Corruption*）（1997）第4.13段及以下。

[76] 女王诉苏德案（*R v Sood* [1998] 2 Cr App R 355; [1999] 47 BMLR 866）。

[77] 它不适用于苏格兰或爱尔兰。

件的被告人被判处4个月的监禁。[78]而对补充证据的要求[79]也显示出检察官指控这类案件的难度。较之目前,在传来证据的使用标准放松之前,[80]证据更是这类案件的一个难题。尽管《伪证法》第5部分仍然有效并在其他领域一直适用,[81]但逃税案件不再适用。

(二)税收欺诈

尽管检察官也可以选择适用制定法的犯罪起诉逃税,但欺诈已经从一个源于普通法的相对模糊的概念[82],发展成一个检察官起诉逃税案件的基本武器[83]。欺诈是一个普通法上的犯罪,来自于由来已久的制度记载[84]和某些不是很明确的判例法。所得税并不受此限制。[85]以

---

78 威廉姆斯,同注70,第222页第240段(citing [1916] QR at 247),补充说明,并未再提出共同诈骗的指控。

79 由《1911年伪证法》第13条入。严格来说,这不是佐证要求。该法律规定:"任何人不得因违反本法而被定罪,或被其他法宣布为伪证或收买伪证的罪名成立,或仅因伪证或收买伪证而受到惩罚。"见女王诉奥康纳案(*R v O'Connor*),载《刑法评论》(1980年),第43页。

80 《1965年刑事证据法》《1988年刑事司法法》《2003年刑事司法法》。

81 女王诉蔻利-赫洛克案(*R v Cowley-Hurlock* [2014] EWCA Crim 170)。

82 并请注意"普通法的税收犯罪"(Common Law Revenue Offences),载《英国税务评论》(1956年),第119页;大卫·奥默罗德,"诈骗公共收入"(Cheating the Public Revenue),载《刑法评论》(1998年),第627—645页。

83 请参见本章中法定犯罪的描述,标题为"制定法的欺诈逃税罪"的部分。

84 Hawk PC 322; 2 East PC 821.

85 出于该目的,"公共税收"的范围似乎没有指导,但它已经应用于福利和地方政府财政,因此也应用于税收欺诈理会和税收福利欺诈理事会:女王诉罗素案(*R v Russell* [2014] EWCA Crim 1747);女王诉沙希德案(*R v Shahid* [2009] EWCA Crim 831; [2009] 2 Cr App R [S] 105);女王诉斯特吉斯案(*R v Sturgess* [2014] EWCA Crim 169)。

现代视角看,早期的判例[86]看起来更像共谋诈骗或者职务不端,属于法律委员会审查的事项。[87]维罗纳案[88]是犯罪史上一个重要的案件,涉及欺诈指控,因为被指控者是夫妻,而已婚夫妇不能被认定为一方与另一方的共谋关系,该案不能以共谋欺诈起诉。[89]第一次世界大战期间,欺诈成为追诉逃税行为的一个标准罪名。[90]

欺诈公共税收的犯罪是《1993年刑事司法法》[91]下的一个罪群,并且是《2007年严重犯罪法》规定的"重罪"。[92]"除了关于公共税收的犯罪以外",由于与新法矛盾,其已于1968年被废止。[93]但是与公共税收相关的犯罪,即使可以适用制定法上的犯罪,也可以适用普通法的欺诈。[94]

---

86 特别是女王诉本布里奇案(*R v Bembridge* [1783] 3 Doug KB 327; 22 State Tr 1),如女王诉哈德森案(*R v Hudson* [1956] 2 QB 252; 40 Cr App Rep 55)中所述;关于本布里奇案,参见杰里米·霍德尔(Horder, Jeremy),"女王诉本布里奇案",载亨利·马雷什(Mares, Henry),菲尔·汉德勒(Phil Handler)和伊恩·威廉姆斯(Ian Williams)编,《刑法标志性案例》(*Landmark Cases in Criminal Law*)(Oxford: Bloomsbury, 2017),第81—101页。

87 法律委员会,《公职不当行为第1号文件:现行法律》(*Misconduct in Public Office Issues Paper 1: The Current Law*)(2016)。

88 *R v Vreones* [1891] 1 QB 360.

89 《1977年刑法》第2条第2款以法定形式规定的普通法规则。

90 根据王室法律顾问、总检察长雷金纳德·曼宁厄姆-布勒(Reginald Manningham-Buller)勋爵在女王诉哈德森案中的辩称;舞弊行为于1917年首次使用,其后成功地在一百起案件中使用(即平均每年两到三起)。参见第82条注释;女王诉布拉德伯里案(*R v Bradbury*),女王诉艾德琳案(*R v Edlin* (1920)[1956] 2 QB 262n),以及女王诉布拉德伯里案,女王诉艾德琳案([1921] 1 KB 562; [1921] 15 Cr App R 76, CCA)。

91 第一部分第1—6条(参见第1条和第355段)。

92 《2007年严重犯罪法》第1部分(第1—43条)。参见第2条第2款第a项,附表1第8(5)段。

93 《1968年盗窃法》第32条第1款第a项。

94 《1968年盗窃法》第32条第2款。女王诉雷德福案(*R v Redford* [1988] 89 Cr App Rep 1, CA);另见女王诉马利根案(*R v Mulligan* [1990], STC 220, CA)。

以欺骗税收为目的，向税务机关提交明知有误的账目和税收证明文件，或者炮制的虚假税收文件，诸如此类的行为可能构成犯罪。[95] 通过语言或行动实施积极的欺骗行为并非欺诈的要件，欺诈可以涵盖任何形式的行为（包括被告人没有实施其法律规定的义务）。[96] 然而，这类犯罪并未超出"格拉比纳"犯罪定义所界定的范畴，其明确指出这类犯罪在主观上达到疏忽即可。[97] 尽管可能并没有将欺诈公共税收作为特殊类型的欺诈，明确规定可以对其提起指控，但该行为已经满足了一个人对另一个人实施一般欺诈的要件，因此可以对其提出指控。[98]

该犯罪行为必须是在故意欺骗税收目的下，将本应在国家权力支配下的税款转移的行为。[99] 欺诈公共税款的犯罪是行为犯，对其指控并非必须证明被告人引起了实际损失。[100] 普通法上的欺诈罪意味着共谋欺诈可以单独构成共谋罪。[101] 有论者认为[102]，对欺诈的定

95　女王诉哈德森案（*R v Hudson* [1956] 2 QB 252; 40 Cr App Rep 55）。
96　女王诉马夫吉案（*R v Mavji* [1987] 1 WLR 1388; 84 Cr App R 34）和女王诉迪姆西案（*R v Dimsey*）；女王诉艾伦案（R v Allen [CA] [1999] STC 846, 859, per Laws LJ）。
97　《税收管理法》第106A条第4款。
98　女王诉哈德森案；参见本章标题为"税收欺诈"的部分。
99　女王诉马夫吉案（在被告欺诈性地未申报增值税和未缴纳增值税的情况下，维持欺诈公共税收的定罪）；在女王诉雷德福案中应用。
100　女王诉亨特案，载《刑法评论》（1994年），第747页。
101　《1977年刑法》。女王诉梅利根案（*R v Mulligan* [1990] STC 220）。当瑞士汇丰银行丑闻爆发时，王室法律顾问、前皇家检察署署长（肯）麦克唐纳建议将刑事指控运用到银行业。"前检察官说，汇丰银行将面临英国的刑事指控"（HSBC Should Face UK Criminal Charges, Says Former Public Prosecutor），载《观察家报》2015年2月22日。
102　格雷厄姆·弗戈（Graham Virgo），"欺诈公共税收：虚构与人权"（Cheating the Public Revenue: Fictions and Human Rights），载《剑桥法律杂志》（*Cambridge Law Journal*）（2002年）第61卷，第47页。

罪可能触犯《欧洲人权公约》第7条,但是随着该条司法理念的发展,犯罪条款不得不被相当模糊化以避免落入作茧自缚的困境。[103] 实践中,普通法上的欺诈犯罪被作为非常规的重罪予以保留。如果负有纳税义务的出租车司机未申报,可以根据"格拉比纳"犯罪理念对其提出指控。

1.行为

现代欺诈的定义出自女王诉莱斯案:[104]

欺诈可以包括任何导致税款转移和所有权丧失的欺骗行为。[105] 当然,其必须是欺骗行为,也就是被告人故意实施损害国家税收利益或具有损害国家税收利益风险的行为,而他明知没有这样做的权利。

2.主观方面

主观需要具备欺诈税收的心态,被告人必须被陪审团认定具备高希案所定义的不诚实。[106]

必须首先根据正常且诚实的人的一般标准判断行为人没有缴纳

103　SW(和CR)诉英国政府(*SW [and CR] v United Kingdom* [A / 355–B] [1996] 1 FLR 434; [1996] 21 EHRR 363)(法院取消婚内强奸豁免权:不违法)。

104　女王诉莱斯案(*R v Less*),载《泰晤士报》1993年3月30日(1993 WL 965668)。

105　在罗思敏斯特案中,上诉法院的大法官丹宁勋爵提到"在普通法中企图骗取所得税而虚假陈述",这点在阿奇博尔德(Archbold),《刑事辩护证据与实践》(*Criminal Pleading Evidence & Practice*)(第40版)中有所表述,第3547段(AC at 978)。这既不是欺诈行为,也不是针对所得税的欺诈行为。

106　女王诉高希案。

税款是否属于不诚实。假如通过该标准不能认定其为不诚实，那么最终结果则是起诉失败。如果根据该标准认定其为不诚实，还需再进一步判断，即被告人自己是否已经意识到其所实施的行为，在那些正常且诚实的人看来是不诚实的。假如答案是肯定的，那么有罪。假如答案是否定或不确定的，那么无罪。[107]

事实上，"高希"路径并不是认定所有案件所必需的，而且有可能产生误导。[108]然而，"高希"路径虽然可能不完美，但事实证明这种方法在大部分适用《盗窃法》和《欺诈法》的案件中，对陪审团有效。[109]在逃税领域适用该方法的根本难点在于这个方法需要证明过去的主观心态。"高希"路径没有考虑到律师给客户提供建议的情况，而这种情况在逃税案件中是很有可能发生的。

普通法理论的奇妙之处在于，当一名法官宣称依据普通法时，他总是在解释已经存在的法律，事实也证明了这一点，即构成普通法的欺诈罪需要一个要件，这就是"高希"意义上的不诚实，而这正来自于1981年对1968年颁布的制定法所做的解释。欺诈罪的另一个挥之不去的奇怪之处是，一个通过发动国内战争将税收法定化的国家，却在很多情况下羞于将逃税犯罪的定义法定化。[110]

---

107 这是莱斯案的方向，参见注104。
108 女王诉普莱斯案（*R v Price* [1990] 90 Cr App R 409）；女王诉科尔森案（*R v Coulson* 2000 WL 989462）。
109 它很快取代了早期的（受到广泛批评的）菲利案（*R v Feely* [1973] QB 530）尝试。
110 《1689年权利法案》第4条。

（三）制定法的欺诈逃税罪

自1910年以来，[111] 为了获得关税优惠、减税、扣税或者退税而故意进行虚假申报的行为，成为制定法上的一个概括罪名，[112] 但该罪并未得到广泛适用，而且英格兰和威尔士还在《1968年盗窃法》颁布时将其废除。[113] 但此法在苏格兰地区依然有效。[114] 格拉比纳报告[115] 建议重新建立一个制定法上专门的概括罪名。详言之，这个罪名可以基于在增值税上已经存在的欺诈逃税罪[116]，同时涵盖国民保险应缴款，并且其无论如何应该可以适用简易程序。最终，关于所得税欺诈逃税罪的成文法于2000年颁布，[117] 该条款随后被迁移至《税收管理法》。[118] 并没有证据证明该条款的制定获得了极大成功。众所周知，涉嫌"格拉比纳罪"的大部分是经常未申报税收的出租车司机和建

---

111 《1910年财政法》第94条。在税收方面进行了合并，《1918年所得税法》第227条，《1952年所得税法》第505条。

112 参见女王诉布拉德伯里案，女王诉艾德琳案。

113 《1968年盗窃法》附表3第1部分。

114 再次由《税收管理法》第107条合并。关于起诉权，请参见休斯顿诉麦克唐纳案（Houston v MacDonald, 1989 SLT 276; 1988 SCCR 611）。

115 格拉比纳报告，同注65。

116 请参阅本章标题为"增值税"的部分。

117 《2000年财政法》第144条。请参见大卫·索尔特（David Salter），"关于欺诈性逃避所得税的一些想法"（Some Thoughts on Fraudulent Evasion of Income Tax），载《英国税务评论》（2002年），第489页；大卫·奥默罗德，"逃避所得税概要"（Summary Evasion of Income Tax），载《刑法评论》（2002年），第3—24页。并参见莫罗诉美利坚合众国政府案（Mauro v Government of the United States of America [2009] EWHC 150 [Admin]）。

118 成为《税收管理法》第106A条：《2010年税收（国际和其他规定）法》附表7，第16部分。

筑工人，[119]起诉成本很高，并且非专业的地方法院法官可能并不能很好地理解该类案件必要的证据。该罪的要件是，被告人（a）明知（b）"欺诈逃避"他本人或其他任何人应缴纳的所得税。这也适用于其他"欺诈逃税"犯罪。[120]

（四）海外逃税罪

海外逃税越来越受到关注，瑞士汇丰银行丑闻更是催生了对海外逃税的专门立法。《2016年财政法》在《1970年税收管理法》中插入了一个条款，由此新增了一个罪名，该罪不以故意或不诚实为必需要件。本书后部分将对此予以讨论。[121]

（五）增值税

增值税的征税依据是交易和发票，对此海关比国内税务局经验更丰富，因此增值税的管控被赋予了海关专员公署（Commissioners of Customs and Excise）。[122] 相关立法于1994年[123]被统一编撰，并于此后进行了文本修订。增值税收入约占英国税收总收入的20%，[124]而欺诈导致的国家增值税收入损失，尤其是卖家消失欺诈，已经相当严重。或许因为征收增值税的是海关而不是国内税务局，

119　西格拉·玛丽亚（Maria, Sigala），《社会规范、职业群体和逃税行为：英国建筑业调查》（*Social Norms, Occupational Groups and Income Tax Evasion: A Survey in the UK Construction Industry*）（Maidenhead: Open University, 2000）。
120　参见本章标题为"制定法的欺诈逃税罪"的部分。
121　参见第八章。
122　《1983年增值税法》附表7。
123　《1994年增值税法》。
124　税务海关总署税收和国民保险应缴款（NIC）收据，2016年6月。

增值税欺诈受到指控的比例大于其他逃税罪。[125]英国海关税务总署列举并具体描述了各种形式的增值税欺诈，[126]其中重点是卖家消失欺诈。

典型的卖家消失欺诈，交易标的通常是高价值货物，货物从欧洲共同市场进口至成员国，成员国之间增值税税率为零。货物被卖给一家英国公司。如果这宗进口货物在英国国内出售则应缴纳增值税，但如果这些货物经海关转出，则不用缴纳增值税。接下来，这宗货物被分为一系列货物在英国国内市场销售，每笔市场销售都可能产生小额增值税并被如期征收。在这个贸易链条的末端，货物被出口并从海关退税。在许多案件中，这些表面上被进口的货物实际并不存在，即便这些货物存在，也没有发生进口的事实，那些证明货物买卖的文件是炮制的。因此，货物是否存在并不与欺诈直接相关（这涉及再出口或形式上的再出口货物）。[127]

税务海关总署作出回应，对涉嫌卖家消失欺诈的退税申请不予退税，并且已经颁布了英国自己的判例。[128]此外，税收必须到期，并且根据国内和欧盟法均具有初始义务。[129]以上或其他类型增值税欺

125　参见公共账目委员会主席爱德华·利（Leigh, Edward），《打击增值税欺诈》（*Tackling VAT Fraud*, Thirty Sixth Report）（HC 512, 2004）。

126　VATF 23000.

127　女王诉塔克卡尔案（*R v Takkar* [2011] All ER [D] 217）。

128　移动有限责任公司（行政部门）诉税收和海关关员案（*Mobilx Ltd [In Administration] v Revenue and Customs Commissioners* [2010] EWCA Civ517; [2010] STC 1436）。

129　举例来说，女王诉古德温（约翰·查尔斯）案（*R v Goodwin* [John Charles] [C-3/97] European Court of Justice [First Chamber] [1998] QB 883; [1998] STC699）。

诈[130]构成"欺诈逃避"增值税罪[131],必须具备以下要件:采取相关行为的明知、蓄意,以及欺诈逃避增值税行为被他或其他任何人实施。蓄意欺骗,或用错误文件,或进行虚假陈述的行为是应当受到处罚的欺诈犯罪。[132]

《增值税法》第72条第8款包含了更详尽的犯罪,这部分是税务海关总署无权规定的具体犯罪细节。[133]

(8)一个人的行为必须在一定时期已经触及该部分条款所规定的一项或多项犯罪,那么,无论他是否知晓这些犯罪的具体规定,应当依据其触犯的这部分法律认定其相应的犯罪。

以上规定具有重大法理意义。该条款看似创造了一个不受犯罪指控通常程序约束的犯罪。强制检察官对细节举证是法律规则的必然推论。应该以准确的法律术语明确告知被告人其具体因犯何错被指控。因此第8款的规定可能对正当程序造成侵蚀。约翰·史密斯爵士建议[134]:

---

130 《增值税法》第72条。
131 《增值税法》第72条第1款。
132 《增值税法》第72条第3款。
133 还有一项"处理"罪行:《增值税法》第72条第10款,并参见本章标题为"实行犯的事后行为——海关处理的犯罪"的部分。
134 参见女王诉乔杜里(卡勒德)案(*R v Choudhury [Khaled]* [1996] STC 1163; [1996] 2 Cr App R 484),载《刑法评论》(1996年),第657页,提及女王诉阿西夫案(*R v Asif*),载《刑法评论》(1985年),第679页和女王诉米奇案(*R v Mitchell*),载《刑法评论》(1994年),第66页,所有这些决定均根据1983年法律的第39条第3款作出,是与《增值税法》第72条第8款相同的条款。

第72条第8款旨在解决陪审团确定被告人实施了第1款或第3款的犯罪，但是第8款没有明确指出这两款。该条的认定和其他任何刑事案件一样，必须陪审团一致通过。

（六）遗产税和公司税

正式独立针对遗产征税始于1894年。[135] 1975年该税种被资本转移税（CTT）取代。死者与生者之间的资本转移也要征收资本转移税。1986年，资本转移税又被更名为遗产税。[136] 1965年，公司税实施。[137] 因为没有针对这两个税种规定专门犯罪，如果对逃避这两种税的行为人启动刑事程序，只能以税收欺诈或者非税收犯罪提起指控。

（七）印花税和土地印花税

印花税是对各类文件和合同征收的税种。[138] 在英国，印花税是对文契（即书面文件）征收的一种税，[139] 文契上需要加盖物理印章是

---

135 《1894年财政法》第1部分。
136 《1986年财政法》第100条。
137 《1965年财政法》第4部分。
138 有关历史，请参阅琳妮·奥茨（Oats, Lynne）和波林·萨德勒（Pauline Sadler）的著作，"'共和制的巨大危机'——1712年报纸和小册子上的印花税简介"（"This Great Crisis in the Republick of Letters"— The Introduction in 1712 of Stamp Duties on Newspapers and Pamphlets），载《英国税务评论》（2002年），第353页。
139 《1891年印花税管理法》第13条仍然仅适用于海外保存的文件。这是一种伪造罪，而不是一种逃税罪。

一直保留的传统。[140]土地印花税是对房屋买卖征收的税,依据累进税率计征。在过往的政权下,所有交易根据财产价值,按照统一比例征收印花税,税率统一[141]。由此滋生了人为降低房产评估价格逃税的伎俩,导致税收不遵从的同时,还使众多房产的评估价低于实际价格。[142]从2003年起,为了降低股票或者有价证券的交易成本,[143]印花税被取消。而土地印花税仍在土地交易中征收。制定法专门规定了欺诈逃避印花税的犯罪,[144]用语同现行《税收管理法》欺诈逃避所得税的规定一致[145]。在该税种中,还规定了协助填报不实申报表的犯罪。[146]此外,普通法上的欺诈犯罪也可能被适用于印花税。

(八)逃税的附属犯罪

关于逃税实行犯的范围尚且难以整齐划一、保持一致,其附属犯罪的特别条款则更是如此。虽然共谋、帮助和教唆犯罪通常只适用于既定类型的犯罪,[147]但已扩展至违反一系列特殊制定法规定的附随义务的犯罪。[148]这些犯罪因为税种的变化而变化,而且大多数

---

140 从《1756年税收法》起,扑克牌开始纳税,即在黑桃A上印有精美的税花,这成为后来《1828年纸牌和骰子印花税法》第35条征收印花税的基础。
141 因2014年秋季声明而变更。
142 例如,参见廷斯利诉米利根案(*Tinsley v Milligan* [1994] 1 AC 340)。
143 1986年设立了印花税预备税。《2003年财政法》第125条。
144 《2003年财政法》第95条。
145 参见本章标题为"制定法的欺诈逃税罪"的部分。《2003年财政法》第121条中的定义指出,"税"一词的含义仅限于土地印花税。
146 《2003年财政法》第96条。
147 大卫·奥默罗德和卡尔·莱尔德,《史密斯和霍根的刑法》第184页及以下。
148 有关此类犯罪的清单,请参见法律委员会第183号咨询文件,《共谋与未遂》(*Conspiracy and Attempts*)(HMSO, 2007)附录C。克里斯托弗·克拉克森,"未遂:行为要求"(Attempt: The Conduct Requirement),载《牛津法律研究杂志》(2009年)第29卷,第25—41页。

还同时符合欺诈罪的构成。[149] 被告人在行为时具有相关犯罪的目的或者意图的证据是必要的，如果有证据能证明行为人具有欺诈的概括故意亦可。[150]

对于消费税而言，实施欺诈逃税的预备行为构成犯罪。[151] 对于增值税而言，不仅故意实施欺诈逃税构成犯罪，而且制作、提供、派送或者其他炮制相关文件的行为均构成犯罪。[152] 而对于所得税、资本利得税、公司税则没有像关税和消费税一样专门规定预备犯，[153] 但是制定法上逃税犯罪的许多定义均包含了明知"以欺诈逃税（任何税）的意图，采取……行为"的表述。由此，只要参与人超过一人，实行行为之前的预备行为，总是能以共谋欺诈或者共谋诈骗受到指控。

在法律对未完成形态犯罪的扩张中（"不仅仅对预备实施犯罪行为"规定法律责任[154]），《关税和消费税管理法》中的犯罪在预备形态犯罪化方面堪比恐怖主义犯罪，[155] 消费税犯罪一向被视为具有严重的社会危害性。[156] 因此，一些涉及伪造文件的补充罪名应

---

149 《1968年盗窃法》第25条；并参见大卫·奥默罗德和大卫·威廉姆斯，《史密斯盗窃法》（*Smith's Law of Theft*）（Oxford: Oxford University Press, 9th edn, 2007）第9章，并持有欺诈物品（《2006年欺诈罪法》第6条）以及制作或提供用于欺诈的物品（第7条）。

150 女王诉埃勒姆斯案（*R v Ellames* [1974] 1 WLR 1391; 60 Cr App R 7 [CA]）。

151 《关税与消费税管理法》第170B条，由《1992年财政法（No 2）》附表2第8段嵌入。

152 《增值税法》第72条第3款。

153 《关税与消费税管理法》第170B条。

154 《1981年犯罪未遂法》第1条。

155 《2006年反恐怖主义法》第5条。参见杰奎琳·霍奇森（Hodgson, Jacqueline）和维克多·塔德罗斯（Victor Tadros），"如何使恐怖分子一无所获"（How to Make a Terrorist Out of Nothing），载《现代法律评论》（2009年）第72卷，第984—998页。

156 《税收管理法》第20BB条。

运而生,这些犯罪要求制作或交付文件行为已经完成(伪造或欺诈犯罪)。[157]

1. 实行犯的事后行为——海关处理的犯罪

有些税收犯罪类似于盗窃后的销赃。[158]这些犯罪是直接针对逃税收益的处置,例如,交易走私入境的违禁品,或者接受逃税获得的经济利益。洗钱犯罪的滋长,已经使得司法重心在洗钱行为及其上游犯罪之间有所转移。[159]

经营未支付消费税的货物是一个简易罪(summary offence)。[160]关于是否实际应当缴纳税款可能会有争议。[161]假如没有争议,则经营者对上游犯罪行为可能承担责任。那些依照指令或相关负责人批准行事,以及无义务或者有合理的理由相信自己无义务的人,经常提出"无过失"抗辩,[162]否则他将受到指控。[163]不像《盗窃法》规定的犯罪[164],并不要求行为人存在"不诚实"或任何其他"积极"的心态(如"欺骗"或"明知")。在增值税条款下,有据可信增值税既已或

---

157 比较《关税与消费税管理法》第167条第3款。
158 由于《1968年盗窃法》第24条第4款将通过欺诈获得的财产包括在"销赃"(handling)的定义之内,并且由于大多数逃税行为会构成《2006年欺诈罪法》的罪行,即使没有规定特殊的"销赃"犯罪,也可能适用《盗窃法》。关于销赃理论见斯图尔特·P.格林(Green, Stuart P),"窃取和接受:占有被盗财产的过度刑法化"(Thieving and Receiving: Overcriminalizing the Possession of Stolen Property),载《新刑法评论》(*New Criminal Law Review*)(2011年)第14卷,第35—54页。
159 并参见彼得·奥尔德里奇,《反洗钱法出了什么问题?》(*What Went Wrong with Money Laundering Law?*)(London: Palgrave, 2016)。
160 《关税与消费税管理法》第170A条。
161 女王诉古德温案([1997] STC 22; [1997] BTC 5226)(仿冒的香水仍须缴纳增值税);比较本章标题为"主要的走私犯罪"部分引用的案例。
162 第170A条第2款第a项。
163 第170A条第2款第b项。
164 《1968年盗窃法》第22条。

者即将被逃避,而仍持有、处分货物,或者接受服务供给的行为均构成犯罪。[165]

一个所谓的"学术"争议由此产生,假如税收犯罪被认为是《2006年欺诈罪法》里的犯罪,那么,任何从属于这个犯罪的财产应当按照盗窃的赃物处理。[166]而依据这个逻辑最正确的推理可能是,再另外认定洗钱犯罪是多余的。虽然图尔森勋爵(Lord Toulson)在女王诉GH案[167]中并不鼓励以之前的路径适用洗钱罪指控,但是在逃税案件中洗钱罪适用的还是越来越多。而那些后来令人瞩目的逃税相关案件,摆脱适用洗钱罪起诉的趋势明显,所以,到底是适用关税和消费税犯罪还是依据《1968年盗窃法》进行指控,着实令人疑惑。[168]女王诉特里案[169]主张"欺诈地"[170]并不是被限定于出于剥夺一个人的经济利益或给他人造成经济损失的意图,但包括欺骗一个履行公务的人实施一定行为,而该行为本不应为之或应当限制为之。

(九)税收抵免欺诈

逃税与社会保险欺诈相比,刑事司法体系(调查、起诉、审讯和

---

165 《增值税法》第72条第10款。
166 《1968年盗窃法》第24条第4款。
167 女王诉GH案(*R v GH* [2015] UKSC 24; [2015] 2 Cr App R 12)第49段,引用女王诉皇家检察署署长案(*R* [*on the application of Wilkinson*] *v Director of Public Prosecutions* [2006] EWHC 3012 [Admin])。
168 参见第九章标题为"对逃税所得进行洗钱"的部分。
169 *R v Terry* [1984] AC374.
170 在《1971年车辆(消费税)法》第26条第1段中,现在是《1994年车辆消费和登记法》第44—45条。

惩罚）[171]的重心更倾向于后者,这是英国和其他地方一直以来给人的印象。[172]自从库克的突破性基础研究后,[173]在国家层面上已发生改变。目前对福利欺诈更多予以民事处罚,刑事指控越来越少,而对逃税则更多予以刑事指控。

作为制定法规定的主观上是明知的犯罪,任何税收欺诈行为必然要以获得税收债务的减免为目的。[174]该犯罪是因其转移了税收带来的诸多公共利益而生。正如那些类似的社会福利犯罪,[175]司法并未因为其存在而拒绝适用欺诈公共税收。为了满足《2002年税收

---

171 格兰妮·麦基弗(Grainne McKeever),"英国和澳大利亚的社保资格和社会保障欺诈"(Social Citizenship and Social Security Fraud in the UK and Australia),载《社会政策与管理》(Social Policy & Administration)(2012年)第46卷,第465—482页;丽莎·万豪(Lisa Marriott),"正义与司法体系:澳大利亚和新西兰逃税与福利欺诈的比较"(Justice and the Justice System: A Comparison of Tax Evasion and Welfare Fraud in Australia and New Zealand),载《格里菲斯法律评论》(Griffith Law Review)(2013年)第22卷,第403页;丽莎·万豪,"新西兰对逃税和福利欺诈的态度调查"(An Investigation of Attitudes towards Tax Evasion and Welfare Fraud in New Zealand),载《澳大利亚和新西兰犯罪学期刊》(Australian & New Zealand Journal of Criminology)(2015年),之前曾在线出版。

172 凯伦·罗陵森(Rowlingson, Karen)等,《社会保障欺诈》(Social Security Fraud)(London: Stationery Office, 1997)。另参见 J.文森特(Vincent, J)等人,《关于福利的选择建议》(Choosing Advice on Benefits),第35号DSS研究报告(London: HMSO, 1995);SPARK研究院,《英国就业及养老金事业部利益欺诈制裁计划的回顾》(A Review of the DWP Benefit Fraud Sanctions Scheme)(London: Department of Work and Pensions, 2004)第41—45页;英国就业及养老金事业部,《反欺诈人人有责:保卫安全》(Beating Fraud is Everyone's Business: Securing the Future, Cm 4012)(London: TSO, 1998),第26页。

173 迪伊·库克(Dee Cook),《良法和恶法:对税收和附加利益欺诈的不同反应》(Rich Law, Poor Law: Differential Response to Tax and Supplementary Benefit Fraud)(Milton Keynes: Open University Press, 1989)。

174 《2002年税收抵免法》第35条。

175 《1992年社会保障管理法》第111条(检查员的延误、阻碍等),第111A条(获取利益的不诚实陈述等)和第112条(获取利益的虚假陈述等)。

抵免法》中"欺诈行为"要求的目的要件，必须证明一个行为人的行为是为了获得不应得的税收支付利益。被动收到退税且故意不向多支付款项的部门声明的行为是不诚实的，但这种情况欠缺欺诈行为。[176] 英国就业及养老金事务部作为执行调查机构，起诉税收抵免犯罪的权力于2012年交予英国皇家检察署，这种安排越来越接近调查起诉福利欺诈和税收欺诈的路径。[177]

（十）市政税欺诈与市政税福利欺诈

在地方政府层面，市政税欺诈（通常是独居住户的不如实申报）与市政税福利欺诈（在对申请者的家庭情况调查中不如实申报家庭税收福利）的调查和起诉是同一机构，并且起诉的比例和结果相同。虽然没有针对市政税和市政福利设置专门的欺诈犯罪，但其与福利欺诈和税收欺诈被同等对待，在刑事指控中以欺诈（《2006年欺诈罪法》或共谋欺诈）或诈骗罪起诉。[178] 也就是说，在地方层面和国家层面的做法或许基本一致。

（十一）裁定、指导、滥用程序、证据排除

纳税人应该对可能承担刑事责任的结果知情。约翰·加德纳主张"我们中那些即将实施刑事犯罪的人应该对将要发生的结果完全

176　女王诉诺兰（特雷西）案（*R v Nolan* [*Tracey*] [2012] EWCA Crim 671；[2012] Lloyd's Rep FC498）。
177　《2012年福利改革法》第124条。
178　女王诉哈拉尔案（*R v Hirani* [2008] EWCA Crim 1463），女王诉罗素案；第3章。

知情"。[179] 在英国，税收处罚规则[180] 尚未形成一套完整体系。[181] 税务机关工作人员对纳税人的建议可能随后被认定是错误的，纳税人的行为从而被税务机关否认合法，[182] 并且税务机关还可能（事实上是一定）会否认其工作人员"超越权限"与纳税人达成了减少纳税义务的税务协议。[183]

向法院申请宣布某种行为未来是否会构成犯罪，通常是不可能的。因此，行为人行为时便处于不知行为结果的冒险状态。[184] 律师

179　约翰·加德纳（John Gardner），《错误与过失》（Wrongs and Faults），载辛斯特（Simester）编，《严格责任的评估》（Appraising Strict Liability）（Oxford: Oxford University Press, 2005），第69—70页。

180　一种可以提前通知纳税人特定交易的税收后果以控制税收的程序。

181　但参见《2010年公司税法》第748条、第749条，或《1992年资本收益税法》第138条。

182　女王诉税务总署案（R v IRC ex p Matrix Securities Ltd [1994] 1 WLR 334; [1994] 1 All ER 769）。随后针对律师的法律诉讼失败：矩阵证券有限公司诉西奥多·戈达德案（Matrix v Theodore Goddard [1998] STC 1; [1997] BTC 578）。在女王诉国内税务局，MFK包销代理有限公司（单方诉讼）案（R v IRC, ex p MFK Underwriting Agents Ltd [1990] 1 WLR 1545 at 1569; [1990] 1 All ER 91），上诉法官宾汉姆表示，纳税人的唯一合法期望是表面上会对其依据法规征税，而不是依据特许权或错误的法律观点。参见斯蒂芬·戴利（Daly, Stephen），"税法的最新发展：重新审视越权"（Recent Developments in Tax Law: Vires Revisited），载《公法》（Public Law）（2016年）第2卷，第190—198页，论述了曼斯沃斯诉耶利案（Mansworth v Jelley [2002] EWCA Civ 1829; [2003] STC 53）。高等法院听取了税务海关总署有关此案后果的诉讼的司法审查，参见女王（依据希利·哈奇森的申请）诉税务海关总署案（R [on the application of Hely-Hutchinson] v HMRC [2015] EWHC 3261 [Admin]）。

183　阿尔·法耶德诉苏格兰辩护律师案（Al Fayed v Advocate General for Scotland [2004] STC 1703）。

184　艾尔代尔国民健康保险信托诉布兰德案（Airedale NHS v Bland [1993] AC 789; [1993] 1 All ER 821, CA）。在这一点上比较以下案件：连体双胞胎分离案（A [Children][Conjoined Twins: Medical Treatment] [No 1], Re [2001] Fam 147）。安德鲁·阿什沃思，"验证对法律价值的忠诚度：官方参与和刑事司法"（Testing Fidelity to Legal Values: Official Involvement and Criminal Justice），载《现代法律评论》（2000年）第63卷，第633页，第635—642段。

代表其客户实施行为除外。[185]

假如被告人听从了官方声明，那么，对于逃税指控将进一步面临两方面的抗辩。一方面，被告人可能提起滥用程序抗辩。[186]另一方面，被告人还能主张其不存在不诚实，因为任何逃税犯罪的目的都需要不诚实。纳税人基于出自税务海关总署建议的善意行为，应该足以否定其不诚实或欺诈的逃税罪意图。[187]

当阿伦森委员会（Aaronson Committee）考虑将财税规则引入反滥用避税机制时，各方纷纷提出引入该规则的可能性。[188]所有这些看似是在分配风险，即被追缴纳高额税负的风险和被处以罚金甚或监禁的风险。然而，前者很容易被风险偏好者规避，他们选择将自己的钱存在瑞士银行来规避高税负。

人们遵守法律有赖于告知他们如何遵守的公开指引，由此对犯罪定义的明确性提出了更高要求。这即《2010年反贿赂法》规定的"正当程序"抗辩。[189]该抗辩指如果被告人能证明自己遵守了指引，即使他没有得到一个合法具有强制力的法院令，其行为也将不能成

---

[185] 女王诉皇家检察署署长案（*R* [AM] *v Director of Public Prosecutions* [2012] EWHC 470 [Admin]），一个辅助死亡的案件；N诉S和英国国家犯罪调查局案（*N v S and National Crime Agency* [2015] EWHC 3248），一个适用《犯罪收益法》的案件，但各方之间没有争议。

[186] 女王诉霍斯弗利路地方法庭，班尼特（单方诉讼）案。安德鲁L-T.周（Choo, Andrew L-T），《滥用刑事诉讼程序和司法程序》（*Abuse of Process and Judicial Stays of Criminal Proceedings*）（Oxford: Oxford University Press, 2008）。

[187] 《税收管理法》第106A条的目的未必是消极过失。

[188] 参见安东尼，《避税：一般反滥用规则》。

[189] 司法部发布了相关商业组织可以采取的程序的指南，以防止与之相关的人受贿（《2010年反贿赂法》第9条），特别是关于公司如何满足"适当程序"的要求，从而根据《2010年反贿赂法》第7条进行辩护，参见彼得·奥尔德里奇，"2010年反贿赂法——公司指南"（The Bribery Act 2010—Guidance to Corporations），载《法律和金融市场评论》（*Law and Financial Markets Review*）（2012年）第6卷，第140—144页。

为受到指控的对象。《2017年金融犯罪法案》中是否有遵循类似指引将阻却公司犯罪的规定还不明确。

五、量刑

诸如威慑、报应以及可责性等通常是逃税罪量刑的考量因素。就其中的报应因素而言,在逃税与非税收犯罪的量刑中并无区别。[190]就威慑和可谴责性而言,关键问题在于对税收案件可以有其他可选择的替代机制,而非税收案件没有。

法官和立法者对于逃税量刑标准的分歧很大。一项早期研究[191]显示,美国联邦法官应试验要求对一系列各类虚拟案件量刑,量刑建议的跨度非常大。其中一个逃税案件获得的量刑建议,最低的是6个月监禁并缓期执行,最严厉的达到5年监禁并处2万美元罚金。尽管(也许因为)逃税案件的起诉率总是很低,但当这些严重税收欺诈被定罪,监禁刑总是难以避免。多兰和科马克案[192]是一个虚假发票案,首席法官莱恩勋爵表示,"除了存在特殊情况,判处立即执行的监禁刑是必要的,其旨在以判决明确向其他人宣示一定不能实施这种行为,并使其他意欲从事这种具有严重社会危害行为的人

190　参见第四章。
191　"第六、第七和第八司法巡回法院的判刑差距"(Disparity of Sentences for Sixth, Seventh and Eighth Judicial Circuits),载《联邦决定》(*Federal Rules of Decision*)(1962年)第30卷,第401—505页。
192　女王诉多兰和科马克案(*R v Dolan and Cormack* [1981] 3 Cr App R[S]139);另见女王诉汉考克案(*R v Hancock* [1995] 16 Cr App R[S]187)。

望而却步。当然,该量刑结果并不会使诚实的纳税人感到不适"。[193]

如今逃税罪的量刑已经被纳入英格兰和威尔士量刑委员会发布的量刑指南,并在适用,[194]其所涉犯罪适用指导意见量刑[195],危害程度、可责性、损失、社会影响范围,以及其他减刑因素被规范化。[196]量刑的过程是评价可责性和危害(该案给国家税收造成的损失以及其主观故意)。专门税收欺诈条款[197]处理预谋欺诈和所有重要制定法规定的违法行为。[198]尤其是欺诈行为处罚表,其涉案金额已经扩大到数百万。[199]其中,犯罪是最严重的形态,涉案金额远远高于表格中的第一类,对其量刑可能长达15年监禁甚至更长。一个被法院认定为实施税收欺诈的人,可能还会被要求做一个关于其个人的财务报告。[200]

193　参见女王诉桑希尔(*R v Thornhill* [1980] 2 Cr App R[S]320)。
194　量刑委员会(Sentencing Council),《欺诈、贿赂和洗钱犯罪:权威指南》(*Fraud, Bribery and Money Laundering Offences: Definitive Guidelines*)(2014),第19页及以下。
195　《税收管理法》第106A条;《关税与消费税管理法》第50条,第170条;《增值税法》第72条。
196　《指南》中规定的内容与之前当局的规定无明显不同,《总检察长参考(1999年第86和87号)》([2001] 1 Cr App R [S] 141)。
197　在第19条及以下各条中,处理以下犯罪:共谋诈骗、欺诈(《2006年欺诈罪法》第1条)、伪造账目(《1968年盗窃法》第17条)、欺诈逃避增值税、以增值税目的提供虚假陈述、违反《增值税法》第72条的规定、欺诈逃避所得税(《税收管理法》第106A条)、欺诈逃避消费税和不当进口货物(《关税与消费税管理法》第50、170和170B条)、欺诈公共税收。
198　《2006年欺诈罪法》第1条,伪造账目(《1968年盗窃法》第17条),欺诈逃税或以增值税为目的虚假陈述、欺诈逃避所得税、欺诈逃避消费税、不当进口货物(《关税与消费税管理法》第50条,第170条和第170B条)。
199　参见表3 第23段。
200　《2005年严重有组织犯罪与警察法》第76条第3款第k项。对某项所列罪行定罪后,如果判断再次犯下另一项所列罪行的风险等级是D,则除判刑或采取其他措施外,还足以下达财务报告命令。财政报告令要求对象负责向英国国家犯罪调查局报告活动。

以下是犯罪行为严重程度的考量因素：[201]第一，欺诈的复杂性；第二，案件的计划性（案件设计，提高了其专业性）；第三，背离信任；第四，欺诈获取的经济利益及其伴随的公共福利减损；第五，行为导致的税收损失额；第六，被告人获取的个人利益；第七，隐匿了欺诈申报。

2013年，在一起"互惠操作"案件的上诉中，[202]女法官拉弗蒂（Rafferty）引用了以上加重因素。这是在总结其他三起案件所支持和确认的加重因素的基础之上，得出的"一个司法量刑导图"[203]。"目前存在的量刑障碍是大规模税务欺诈涉及巨额潜在利益，此类案件必然被期待受到罪刑相当的处罚，但为此建立一个复杂的量刑标准网络是有困难并且成本非常高昂的。"[204]

就关税和消费税犯罪而言，"药品战疫"抬高了量刑。1988年，《关税与消费税管理法》第170条第2款规定[205]的最高监禁刑从原来的2年提高至7年。[206]其中部分原因可能是，由于关税和消费税是被英国海关税务总署征收的税种，起诉和量刑政策似乎更严厉，这也是增值税比所得税更受关注的原因。尽管罚则在文本上是严厉的，但除见之于报端的信息，很难追踪个体案件的结果。值得注意的是，瑞士汇丰银行的被告人迈克尔·尚利[207]（人选大概是从最可能在定

201　摘录自《总检察长参考（1999年第86和87号）》。
202　女王诉佩林和费希尼案。感谢皇家检察署提供此案例的详细信息。
203　第54段，皇家检察署署长基尔·斯塔莫在2013年1月23日的演讲"起诉逃税罪"中引用，在第十章中进行了讨论。
204　第52段。
205　重新颁布的《1952年海关法》第304条。
206　《1988年财政法》第12条。参见女王诉多桑杰案（*R v Dosanjh* [1998] 3 All ER 618; [1999] 1 Cr App R 371），在女王诉海尼根案（*R v Heneghan* [2003] EWCA Crim 397）中予以考虑。
207　参见第三章标题为"瑞士汇丰银行案（2015年）和莫萨克·冯塞卡（巴拿马文件案，2016年）丑闻"的部分。

罪量刑中作出让步的被告人范围中确定）没有被判处监禁刑，而在他应该受到的民事处罚的范围内被判处了罚款。[208]

在此依据可责程度存在三种责任。高可责性，即被认定为存在各种高度加重责任的情节（共同犯罪中起主导作用的行为；通过施加压力或影响使他人加入；滥用职责、权力或信任；犯罪计划复杂或重大；欺诈行为具有持续性）。中可责性，主要是因缺少某些因素导致重责任降低，也由被告人在共同行为中所扮演角色的重要性来确定。低可责性，认定的对象是那些受到强迫、威胁参与犯罪的行为人；或在具有牟利性的犯罪中个人没有获利动机的行为人；或者在他人指挥下，行为对犯罪起到有限作用的行为人；或者对行为的欺诈性的认识或理解有限的行为人。根据被告人获利或意图获利，以及税务海关总署的损失或可能损失来划分行为致害的程度。[209]据税务海关总署公布的数据，因逃税被判监禁的被告人（2011年171人，2014年220人），2011年的平均监禁时间为41.3个月，2014年的平均监禁时间为17.7个月。[210]这些人中有多少是因税收抵免欺诈案件被判监禁则不得而知。

对逃税犯罪通常更多适用非监禁刑。其中需要特别注意的一点是，对管理者有实施资格刑的可能性，[211]资格刑在增值税欺诈中被普遍适用。

208　请参见第七章标题为"民事处罚制度"的部分。
209　第1类5000万英镑或以上，起点数额8000万英镑；第2类1000万至5000万英镑，起点数额3000万英镑；第3类200万至1000万英镑，起点数额500万英镑；第4类50万至200万英镑，起点数额100万英镑；第5类10万至50万英镑，起点数额30万英镑；第6类2万到10万英镑，起点数额5万英镑；第7类少于2万英镑，起点数额12500英镑。
210　"更多英国逃税者入狱，但刑期正在下降"（More UK Tax Evaders Going to Jail but Prison Terms Are Falling），载《金融时报》2015年6月1日。
211　《1986年公司董事资格取消法》。

六、结论——犯罪定义和改革方向

尽管就犯罪的本质而言,因税收犯罪领域缺少任何有效的体系性原则而略显遗憾,但其似乎并未因此表现得漏洞百出,反而显得无伤大雅。因税收领域犯罪的特殊性,其中许多犯罪未受到指控。目前的犯罪分类是参照制定法规定的特殊税种确定相应的逃税犯罪,由此,无论任何时候有新税开征,逃税都将面临一个新罪或一系列新罪。相较而言,更优的方案是,设计一个不限税种,广泛适用于任何税收犯罪的定罪量刑方案,并可以考虑以清单形式呈现。关于如何解决这些问题,检察官和制度设计者的解决方式已经发生了变化。

关于逃税犯罪的体系化可能还有一系列需要解决的问题。列举如下:(a)废除特殊的税收犯罪而采用一般罪名;(b)无论选择怎样的裁判路径,都将欺诈作为制定法的基础,同时废除其他制定法上的逃税犯罪;(c)无论选择怎样的裁判路径,将欺诈作为制定法的基础,并整理或体系化制定法规定的逃税犯罪;(d)依照基斯委员会的建议,专门针对国内税设计一套制定法上关于不诚实犯罪的体系;[212](e)抑或保持现状,因为目前这种对现有犯罪范围补漏的做法似乎并无大碍。以上各种观点各执一词,并无压倒性优势的方案。

"高希定义"似乎被植入了一般盗窃法,尽管一个人在事前进行

---

212 国内税务委员会,《税务局和纳税人:针对基斯委员会关于所得税、资本利得税和公司税的建议的回应》(*The Inland Revenue and the Taxpayer: Proposals in Response to the Recommendations of the Keith Committee on Income Tax, Capital Gains Tax and Corporation Tax*)(London: HMSO, 1986),引自第6.8.2段和建议70。

咨询，而根据建议行事难以与盗窃相提并论，但也没有任何必要用盗窃罪来更换或者代替现在的罪名。[213] 无论如何，就逃税的适用而言，应彻底放弃传统的以不诚实为要件的定罪路径，但这并不意味着允许没有欺骗行为就能定罪。《1968年盗窃法》第2条（表明权利宣示、一致相信或者有理由相信财产真正的所有人存疑都可以否定不诚实）仅适用于盗窃及其派生犯罪，[214] 以及预备形态。通常，不诚实是欺诈法上某些罪的要件，因为还有可能设想出没有不诚实的欺诈。例如，假如逃税被限定为明知或疏忽欺骗税务海关总署，难以想象不诚实要件如何附加，于是在此不诚实要件可以被删除。早前有建议认为，[215] 尽管不同税种的逃税都是逃税的变异，但逃税的本质还是在于履行义务过程中欺骗了英国税务海关总署。如果采纳明知不真实或者疏忽其真实性而向税务机关申报的犯罪定义表述，则推翻了现行的税收伪证罪要旨，那么将有可能删除逃税定义中的"不诚实"要件，而这可能是值得简化的。

213　爱德华·格里夫（Griew, Edward），"不诚实：对菲力和高希的异议"（Dishonesty: The Objections to Feely and Ghosh），载《刑法评论》（1985年），第341页；安德鲁·哈尔平（Halpin, Andrew），"不诚实的考验"（The Test for Dishonesty），载《刑法评论》（1996年），第283页；彼得·格拉泽布鲁克（Glazebrook, Peter），《盗窃法修正案》（Revising the Theft Acts），载《剑桥法律杂志》（1993年）第52卷，第191页。根据以上文献，似乎没有采取行动。

214　《1968年盗窃法》第1条第3款。

215　参见第三章标题为"逃税与避税的模糊界限"的部分。

第五章 调查和起诉机制

一、刑事诉讼模式

本章将讨论税收案件刑事诉讼的实施机制，起诉主体直接推动或制约着指控程序的启动，而这涉及税收案件起诉主体与其他起诉主体之间权力与义务的关系，尤其是在金融犯罪领域。[1]刑事诉讼程序存在两个关键节点，即从调查到决定起诉，从起诉到诉讼。[2]一个人从被调查开始，其在每一个节点都会发生身份转换，从被调查人到犯罪嫌疑人再到被告人。该程序从启动到进行的整个过程中，被告人的权利随程序进程推进而增加。从国家层面看，案件负责主

---

[1] 马克·巴顿（Mark Button），"英国反欺诈实体的欺诈调查和'有缺陷'的体系结构"（Fraud Investigation and the "Flawed Architecture" of Counter Fraud Entities in the United Kingdom），载《国际法律、犯罪与司法杂志》（International Journal of Law, Crime and Justice）（2011年）第39卷，第249—265页。

[2] 参见米尔伊安·达马斯卡（Damaska, Mirjan），《司法与国家权力的面孔》（The Faces of Justice and State Authority）（New Haven, CT: Yale University Press, 1986）；杰拉尔丁·史萨德·摩尔（Geraldine Szott Moohr），"对抗制中的检察权：来自当前白领案件和纠问模式的经验教训"（Prosecutorial Power in an Adversarial System: Lessons from Current White Collar Cases and the Inquisitorial Model），载《布法罗刑法评论》（Buffalo Criminal Law Review）（2004年）第8卷，第165—220页。

体从调查机构到刑事侦查机关再到检察官,而传统理论要求这些角色应当由不同主体承担。区分调查者和起诉者会产生不同效果,例如,可以据此推定一名被告人在受到起诉以后可以不被讯问,[3] 理由是受到起诉后他应当尽快被带到法庭,[4] 这不仅是因为他无须对不同国家机关进行供述,更因为这是在秉持起诉的宪法价值。[5] 经典的对抗模式下,警察的行为从审判开始被回溯性制约,证据排除规则是最能制约警察行为的机制。迥然相异,在传统纠问模式下,制约警察的机制主要是在警察执行公务的同时监督警察对犯罪嫌疑人的强制行为。

---

[3] 关于历史,参见多琳·麦克巴内特,"皇家委员会和法官的规则"(The Royal Commission and the Judges, Rules),载《英国法律与社会杂志》(*British Journal of Law and Society*)(1981年)第8卷,第109—117页;努诺·加洛帕(Nuno Garoupa)、安东尼·奥古斯(Anthony Ogus)和安德鲁·桑德斯(Andrew Sanders),"对管制犯罪的调查和起诉:有经济上的融合案例吗?"(The Investigation and Prosecution of Regulatory Offences: Is There an Economic Case for Integration?),载《刑法杂志》(*Criminal Law Journal*)(2011年)第70卷,第229—259页。最新的非法定格式是《操作说明(法官规则)》(*Practice Note [Judges' Rules]* [1964] 1 WLR 152)。菲利普委员会,《皇家刑事诉讼委员会》(Cmnd 8092, 1981)第4.114段批准了它。参见《〈警察与刑事证据法〉警察拘留,对待和讯问人员行为守则》(PACE *Code of Practice for the Detention, Treatment and Questioning of Persons by Police Officers*)(2012)第16.5段,"被控罪犯不得与被拘留者面谈"。有关恐怖分子嫌疑人的例外情况,参见克里夫·沃克(Clive Walker),"指控后对嫌疑犯的讯问"(Post-charge Questioning of Suspects),载《刑法评论》(2008年),第509—524页。

[4] 《警察与刑事证据法》(PACE)第46条。

[5] 参见对恐怖分子嫌疑人的指控后讯问的讨论,人权联合委员会(第九次报告)(Committee on Human Rights)(Ninth Report),《反恐政策和人权(第八次报告):反恐法案》(*Counter-terrorism Policy and Human Rights (Eighth Report): Counter-terrorism Bill*)(2008年)第22段及以下。

二、菲利普与英国皇家检察署

无论是在模式的选择上,还是在调查和起诉的关系上,英国法都已时过境迁。[6]皇家刑事司法委员会(Royal Commission on Criminal Procedure)[7]明确将调查与起诉职能区分作为刑事程序的一项基本原则。[8]在刑事自诉中,受害者、调查者和起诉者可以是同一人,"菲利普原则"(Philips principle)是对这一自诉原则的回应和发展。

起诉者独立于调查者和政府的重要价值源于以下四方面。[9]第一,危机管理原则的运用,坏的事情已经发生,因此需要变化,各方面的变化都是必要的。第二,清除腐败(无论基于"高尚的原因"还是例行公事)和错误,"多一双眼睛"是有价值的。调查者可能在具体案件调查中形成一个固有观点,而这正是他不应当参与决定起诉的原因。独立于任何调查者的起诉程序排除了调查者参与决定是否

---

6 克里斯·布兰特(Chrisje Brants)和阿拉德·林纳达(Allard Ringnalda),《趋同问题:英格兰和威尔士的纠问式起诉?》(*Issues of Convergence: Inquisitorial Prosecution in England and Wales?*)(Nijmegen: Wolf Legal Publishers, 2011)。

7 菲利普,同注3。参见费舍尔·亨利爵士(主席),《关于对因康费特之死和伦敦六街多格特路27号火灾而对三人审判的案件进行的调查报告》(*Report of an Inquiry into the Circumstances Leading to the Trial of Three Persons on Charges Arising out of the Death of Maxwell Confait and the Fire at 27 Doggett Road, London SE6*)(London: HMSO, 1977)。

8 参见内政部,《英格兰和威尔士的独立检察院》(*An Independent Prosecution Service for England and Wales*)(Cmnd 9074, 1983)。

9 参见安德鲁·桑德斯(Andrew Sanders),"独立的英国皇家检察署?"(An Independent Crown Prosecution Service?),载《刑法评论》(1986年),第16页;加洛帕、奥古斯和桑德斯,同注3。

起诉的可能性。第三,有一种观点认为参与决定起诉是浪费警察的时间,让他们把更多的时间花费在起诉工作上是不必要的。既然总要有人去做这件事,鉴于不同国家机构的功能和效率不同,某些机构要比警察更适合承担决定起诉的工作。第四,调查和决定起诉是两项不同的职能,它们所需技能各不相同。

前三点的问题显而易见。危机管理需要做一些事情,但并非必须做特定的事情。至于第二点,调查者参与诉讼初期程序系因为其被认为具有特殊知识和技能。调查者在调查阶段已经反复审查了证据,对案件已经形成了某种观点并往往深信不疑。第三和第四点根本没有原则性分歧,都是关于资源分配的。调查和指控虽对技能有不同的要求,承载的功能也不同,但二者并非不存在某些共同的理念。

英国皇家检察署的介入,[10]标志着"菲利普原则"被用于司法实践。该原则下的诉讼模式是警察负责调查、提供充分的证据并负责向英国皇家检察署移送案卷,英国皇家检察署的工作是核对收到的起诉材料,衡量指控的适当性,如果具备适当性则提起指控。早期的英国皇家检察署,在决定移送或调查程序中并无介入和建议权。可以说"菲利普原则"从来就不是一个真正的原则,但它是一种灵活的倾向,并且该原则在回应具体事件的过程中日渐完善。加强警察和检察官一体化,尤其是在起诉中需要专门法律知识的领域将二者一体化的呼声始终未减。[11]菲利普委员会则提出"调查与起诉绝对分开的理论在实践中并不可行"。[12]

---

10 《1985年犯罪起诉法》。
11 例如,在进行搜查的地方,参见第六章。
12 第6.31段。

第五章 调查和起诉机制

"菲利普原则"从被认可、接受开始就在朝两个方向发展。首先,英国皇家检察署成立之初并未被赋予垄断的指控权。[13]这并非仅意味着个人起诉的权利仍然保留,而事实上隐含着国家机构也能提起某些原本属于自诉的诉讼。[14]其次,随着罗斯基尔报告(Roskil Report)[15]提出成立反重大欺诈办公室建议后,[16]该机构便以一种完全不同于以往的模式出现,其侦查和其他调查工作独立于检控之外。在英国皇家检察署成立之前,起诉欺诈面临的特殊难题就已经受到了关注,进而引起了对调查和起诉严重欺诈的司法体系进行改革的建议,这一系列建议和变革均源于以往的起诉工作实施不力。

侦检分离理论一直依赖的一个假设是,警察的专业水平足以胜任对起诉什么作出判断。而事实上,从许多案件的前期程序看并非如此,英国皇家检察署不得不开始介入决定移送程序。上诉法院法官奥尔德注意到这种权限的严格划分存在一些现实缺陷,[17]并建议英国皇家检察署提前并更直接地参与案件,尤其在是否移送案件的决定上,除了轻微的和"暂缓起诉"的案件,英国皇家检察署应当具

---

13 《1985年犯罪起诉法》第6条。
14 女王诉罗林斯案(*R v Rollins* [2010] UKSC 39; [2010] 1 WLR 1922)。
15 罗斯基尔勋爵(主席),《欺诈审判委员会报告》(*Fraud Trials Committee Report*),1986年。尽管根据女王诉艾尔斯案(*R v Ayres* [1984] AC 447)及其以后的案例,对共谋诈骗罪的起诉受到限制,但其作用范围更广,包括马泰·约翰逊(Matthey Johnson)、劳埃德(Lloyds)、健力士(Guinness)和蓝箭(Blue Arrow)案的影响。
16 《1987年刑事司法法》。
17 伊恩·布朗利(Ian Brownlee),"英格兰和威尔士的强制起诉计划:迈向统一起诉制度?"(The Statutory Charging Scheme in England & Wales: Towards a Unified Prosecution System?),载《刑法评论》(2004年),第896页第897段。

有决定权。[18] 此后不久，相关法律即被修订。[19]

三、调查和报告

在国内税、关税、消费税征管分离的时期，相关负责起诉的机关分别形成了各自的理念和实践，而这种各自为政的做法并未引发什么负面新闻。这也应该不足为奇，因为税收案件的起诉主体问题一直受到官方或准官方的关注，关注对象不仅限于海关[*]。而且也应当注意另一个背景，即从《1985年犯罪起诉法》颁布实施以后，指控率已经有所提高。

（一）格莱德威尔

因为关注到英国皇家检察署早期的组织形式和效率问题，政府委托伊恩·格莱德威尔勋爵主持此项研究工作，研究报告于1998年6月公布。[20] 报告建议加强警察与英国皇家检察署检控人员合作的

---

18 上诉法院法官奥尔德（Auld），《英格兰和威尔士刑事法院评论》（*A Review of the Criminal Courts of England and Wales*）（大法官办公室，2001年9月）第412页。

19 《2003年刑事司法法》第28—30条和附表2，介绍了"强制起诉计划"。布朗利，注17和安德鲁·阿什沃思，"英格兰和威尔士检察官办公室的发展"（Developments in the Public Prosecutor's Office in England and Wales），载《欧洲犯罪、刑法和刑事司法杂志》（*European Journal of Crime, Criminal Law and Criminal Justice*）（2000年）第8卷，第257页。

* 英国海关现在是英国税务海关总署的一部分，参见：https://www.gov.uk/government/organisations/hm-customs-and-excise。——译者

20 伊恩·格莱德威尔爵士（Glidewell, Sir Iain）（主席），《英国皇家检察署的审查：一份报告》（*The Review of the Crown Prosecution Service: A Report*）（London: HMSO, 1998, Cm 3960）。

紧密度,并建议刑事司法部门由英国皇家检察署检察官携其主要工作人员领导。因为司法部门需要能够提请警察采取行动获取更多证据,因此需要各部门有一名较高职位的官员在警察署或其附近联合办公。[21] 报告还建议成立专案法律工作组,旨在为警察提供专业方面的早期建议。[22]

(二)高尔-哈蒙德

随后,对关税与消费税起诉的具体操作引发了官方的检讨。在2000年6月,政府发布了法官杰拉尔德·巴特对多兰等人案[23]起诉的调查报告,[24] 该案因为指控事实不明已经中止审理。《巴特报告》(the Butler Report)的第26号和第27号中建议道:

> 当前需要考虑的是目前由海关负责的指控,应当由海关继续实施,还是应当被其他的检控机关实施。假如海关继续作为控诉机关,那么应该有一个独立的监察者。如此一来,则可能扩展了目前英国皇家检察署的监察权力和责任。

21　第29段。
22　第9章,第32、33段。
23　J.高尔(J Gower)和A.哈蒙德(A Hammond),《对英国海关法务办公室起诉的评论》(Review of Prosecutions Conducted by the Solicitor's Office of HM Customs and Excise)(2000)。上议院辩论(Col 172W),2000年6月8日(莫斯廷的威廉姆斯勋爵,王室法律顾问、总检察长)。
24　女王诉多兰等人案(R v Doran and others),2000年6月8日;罗宾·怀特(Robin White),"调查人员和检察官的关系或许应当深度研究苏格兰的模式:重构菲利普原则"(Investigators and Prosecutors, or Desperately Seeking Scotland: Reformulation of the Philips Principle),载《现代法律评论》(2006年)第69卷,第143页。

作为对《巴特报告》的回应，政府同意应该对此予以考虑，并进行专门调查研究，提出建议。[25] 该英国皇家检察署主导的起诉问责体系由总检察长（Attorney-General）对议会负责。[26] 该体系在英国海关运转，并涉及大量地方部门。一名英国海关的调查专员可能将一个案件送上法庭（《1985年犯罪起诉法》以前，由警察负责）。英国海关法务部门（Customs and Excise Solicitor's Department）已经完全控制了英国海关的起诉，起诉行为向英国海关的行政首长负责，而不是向皇家检察署署长（Director of Public Prosecutions）或总检察长负责。就负责机制而言，《高尔-哈蒙德报告》（the Gower-Hammond Report）建议改革现有指控职责分配，认为指控职责不应该由海关委员会承担，而应该由总检察长承担，[27] 与起诉职能相关的法务办公室应当属于英国海关，但其应当对总检察长负责而不是对海关的行政首长负责。

考虑到英国海关被卷入起诉，高尔和哈蒙德反对将"菲利普原则"作为"准则"（Shibboleth），也就是说，假如公众被强制遵守刑事司法体系，那被遵守的一系列规则的解释必须严格依据其字面含义。[28] 高尔和哈蒙德明确表示，他们一直反对反重大欺诈办公室人为制造不公与偏见的工作方式，该机构的法务人员作出是否起诉判断的依据应当是证据的充分性和公众利益，在做这些决策时，应该遵

25　职责范围参见上议院辩论（vol 613 cc 172-3, 172WA），2000年6月8日。
26　司法委员会主席艾伦·比思爵士（Beith, Sir Alan），《英国皇家检察署：刑事司法系统的守护者》（The Crown Prosecution Service: Gatekeeper of the Criminal Justice System）（Ninth Report of Session 2008-09 Ev6）。
27　第26号和第27号建议。
28　第4.16段。

守《皇家检察官守则》(Code for Crown Prosecutors)。[29]

为了确保检察官在处理案件时能够进行独立的专业判断,《高尔-哈蒙德报告》确认了检察官独立调查的必要性。他建议,应当在英国海关的法务办公室内赋予海关检控组(Customs and Excise Prosecutions Group)更大的自主权,其应当有自己独立的预算并且单独对总检察长负责。后来,检控组被重新命名为海关起诉办公室(CEPO)。在该办公室与检察长和海关专员公署之间建立联系的谅解备忘录达成后,海关调查员和地方公务员在治安法院不再有出庭权。

(三)巴特菲尔德

2002年,对保税仓欺诈案控诉的溃败,导致危机进一步显现,这是海关检控人员对"线人"不予实质披露的结果。[30] 因海关官员不予提供货仓所有人的真实信息,法庭被误导,结果指控失败。这起涉及13名检控人和109名被告人的案件未被定罪。一些案件缺乏证据,一些案件上演了无罪释放,一些案件陪审团认定无罪,一些案件的有罪判决被撤销,还有一些案件遵循了认罪请求。长期以来,滥诉一直存在,据估计,政府法律援助费用高达2000万英镑,超负荷运行导致税收支出高达6.68亿英镑。[31] 2003年1月,英国海关并未对女王诉

---

29 J.高尔和A.哈蒙德,《对英国海关法务办公室起诉的评论》(2000),第4.16—4.20段。
30 《2000年调查权监管法》第二部分以及第26、29条。参见怀特,同注24,第162页及以下。在女王诉比尔德尔和勋爵案(R v Beardall & Lord [2006] EWCA Crim 577)中看到了进一步的影响。
31 怀特,同注24,第163页。

盖尔等案[32]（众所周知的"Stockade"案）上诉。[33]

作为回应，《巴特菲尔德报告》[34]对英国海关起诉的意见（后来如其所愿）强调了两个突出问题：（a）负责调查的官员也要负责起诉，（b）未来英国海关起诉的特色是一种"三方"模式。在该模式下，调查者决定调查什么，英国海关认定证据是否充分，以及主管负责人决定是否提起指控（最重要的）。[35]该模式有可能以一个征收和监管的机构出现，因为英国海关通常使用"混合措施、扣押、没收和民事处罚"作为起诉的替代措施，这需要其从调查开始直到处罚结束保持对案件的控制。[36]巴特菲尔德发现，英国海关负责起诉的人员未从调查人员中独立出来是影响案件认定的因素之一，建议建立一个独立于调查部门的负责起诉的分支。

（四）奥唐纳

随着英国海关的起诉工作受到越来越多的批评，接下来需要进一步全面反思征税机关，由此导致了英国海关与英国税务局的合并。[37]巴特菲尔德最近的四个报告中已经关注到与起诉权相关的丑

32　*R v Gell & Others* [2003] EWCA Crim 123.

33　加洛帕、奥古斯和桑德斯，同注3，第241页，在废除税务海关起诉办公室（RCPO）之前引起了人们对巴特菲尔德及导致其发生的事件的注意，这表明税务海关起诉办公室建立的原因是先前的安排无效。

34　巴特菲尔德，《名誉法官巴特菲尔德对英国海关刑事调查和检控工作的评论》（英国财政部，2003年）。

35　怀特，同注24，第162页，转引自《高尔-哈蒙德评论》，同注29，第3.7—3.14段和第5.10段。

36　参见第七章标题为"交易"结尾的部分。

37　格斯·奥唐纳（Gus O'Donnell），《英国未来财政：对税收部门的评论》（*Financing Britain's Future: A Review of the Revenue Departments*）（HM Treasury, March 2004, Cm 6163）。

闻，但这并非引发改革的最主要原因，更直接的原因是简化管理、节约资源的诉求。戈登·布朗在公布2004年预算时[38]宣布，英国税务局与英国海关合并，随后，《2005年英国海关专员法》生效，成立了税务海关总署；赋予其采取任何必要行动、紧急措施，或者应对偶然事件的综合权力；[39] 同时批准财政部仅把握一般性方向。[40]

《奥唐纳评论》并没有对起诉机构进行太多描述，但立法结果却是为改革制定了条款。[41] 假如，按照巴特菲尔德的建议，英国海关成立独立的起诉部门，或者按照奥唐纳的建议，英国海关和英国税务局合并，合并后建立一个负责起诉的独立部门。因此，独立于新成立的税务海关总署的税务海关起诉办公室随即成立。[42] 总检察长戈德史密斯勋爵在立法说明中强调了独立审查起诉的权力，以及新的严重有组织犯罪局有权起诉犯罪。[43]

短命的税务海关起诉办公室成立于2005年4月，2010年1月即被并入英国皇家检察署。2009年4月，新任总检察长苏格兰男爵[44] 宣布，这次合并的"目的是为了将政府加强起诉工作的信号传递给公

---

38 戈登·布朗（Gordon Brown）强调了新结构将带来的效率和效力方面的收益：下议院辩论（Col 331），2004年3月17日。参见财政委员会主席约翰·麦克弗，第2003—2004届会议第九次报告，《英国海关与英国税务局的合并》(*The Merger of Customs & Excise and the Inland Revenue*, HC 556)。
39 《2005年英国海关专员法》第9条。
40 第11条。
41 第34条及以下。
42 HC Standing Committee E, 13 January 2005 3rd sitting, cols 96 and 98 (John Healey).
43 上议院辩论（Column 587），2005年2月7日。税务海关起诉办公室在税收起诉方面没有垄断地位。税务海关总署可以自行启动这些程序，因此税务海关起诉办公室有义务接管它们：《2005年英国海关专员法》第35条第1款第b项。
44 比思，同注26，"证据"（HC 128）。

众"。⁴⁵ 巩固合并的工作贯穿于接下来的2009年。⁴⁶ 据说此次合并并没有发生失业事件。⁴⁷ 到2010年4月,税务海关起诉办公室成功入编英国皇家检察署。⁴⁸ 据说这次转轨似乎从一开始就已经计划好了。议会大臣声称,"合并的目的是加强起诉工作,保持并提高严重复杂案件获得高质量起诉,并提高起诉效率、节约起诉成本。以上目标很大程度上已经实现"。⁴⁹ 内政部文件的相关表述是:

在刑事诉讼越来越具有功能性和突破国家边界的背景下,合并的目标是顺应当前对起诉主体能够更协作、更国际化的要求。目标是针对跨国犯罪提供一个更加国际化、税收专业化和协作化的起诉路径,并能够通过尽量减少重复工作和控制经济成本来提高效率。⁵⁰

现实究竟如何？波澜不惊的表面背后掩藏着"戏剧性的结构变

45　参见帕特里夏·苏格兰(Patricia Scotland),"创建现代的公共起诉服务:我们与社区的新协议"(Creating a Modern Public Prosecution Service: Our New Contract with the Community),在2009年5月6日税务海关起诉办公室会议上的主题演讲。

46　参见帕特里夏·苏格兰,"提供出色的公诉服务"(Delivering an Excellent Public Prosecution Service),于2010年2月3日在苏塞克斯大学发表的演讲。

47　上议院辩论(Col GC271),2014年2月24日(福克斯勋爵)。

48　"最后,在戴维·格林(David Green)的领导下,成功实施了巴特菲尔德报告的一项关键建议,即税务海关总署的起诉职能应由完全独立的检察机关执行,以恢复对公平有效起诉的信心。税务海关起诉办公室成立于2005年,现在是检察署署长领导下的英国皇家检察署的重要组成部分。"维拉·贝尔德(Vera Baird),王室法律顾问、副检察长,下议院辩论(Col 138 WS),2010年4月6日。

49　上议院辩论,2014年2月24日(福克斯勋爵)。

50　内政部咨询文件CP6/2012,《2011年公共机构法:关于对英国皇家检察署和税务海关起诉办公室行政合并命令的咨询》(Public Bodies Act 2011: Consultation on an Order to Give Legal Effect to the Administrative Merger of the Crown Prosecution Service and Revenue and Customs Prosecutions Office)(Cm 8250, 2012),第19段。

化"[51],这关涉到短时间内税务海关起诉办公室的瓦解和新机构的创建,而关于这两方面,官方文件中并未提及。首先,最严重的现实问题是人员。起初,税务海关起诉办公室的检控人员来自于海关起诉办公室(2003年建立,前身是英国海关法务办公室)与税务局刑事组合并后的机构。从英国皇家检察署和税务海关总署的税务律师中招到刑事起诉人员并非易事。而在直接税领域,刑事起诉被视为付出多回报少的工作。英国皇家检察署接管了整个业务,其大部分相关工作人员是从其他地方抽调的,这种人员配置被认为更好管理,但因为总是无法避免抽调人员当前的新工作与本职工作冲突的问题,人员着实难以维系。

其次,建立和解散英国边境局(UKBA)导致税务海关起诉办公室的工作内容发生了结构性改变。起初,税务海关起诉办公室的主要起诉范围[52]包括毒品走私案件。显然,毒品案件是非税收案件,当时可能并未充分考虑毒品犯罪的起诉是否适合由一个以税务专家为中心的组织承担。英国边境局成立于2009年12月,旨在更好地实现边境管控一体化,其内容包括对跨越国境的人、货物和"边境防护安全"的管控。[53]建立之初,英国边境局就接管了所有不涉及税收的走私犯罪。因此,由税务海关起诉办公室管辖的剩余实体性案件则

---

51 《2008—2009年税务海关起诉办公室年度报告》,第8页。

52 它处理了与直接税(所得税、资本利得税、遗产税、公司税)和间接税(主要是增值税,尤其是数百万英镑的MTIC欺诈),税收抵免,毒品走私以及洗钱有关的欺诈案件;涉及联合国贸易制裁,冲突钻石和违反《濒危野生动植物种国际贸易公约》(《华盛顿公约》)的案件。

53 内阁办公室,《全球枢纽的安全——建立英国新边界计划》(*Security in a Global Hub—Establishing the UK's New Border Arrangements*)(伦敦:内阁办公室,2009)。

相对减少。2013年3月，因为一系列与起诉无关的丑闻，[54]英国边境局被撤销。毒品走私案件的起诉没有重新移交给税务海关起诉办公室，而由严重有组织犯罪局（SOCA，现在的NCA）接管。作为内政部组成的边防部队，目前对走私毒品犯罪的调查和移送具有共同管辖权，英国皇家检察署对其移送的案件进行起诉，[55]这种权力并行是税务海关起诉办公室最终不可避免的命运。

　　税务海关起诉办公室的终结，是依法行政的结果。经过磋商，[56]行政裁决被法律文件赋予法律效力。余权残存的税务海关起诉办公室的领导，在税务海关起诉办公室撤销后继续保留，但在后来被英国皇家检察署署长接替。2014年，原税务海关起诉办公室主任的岗位被检察署署长取代。[57]税务海关司（RCD）是英国皇家检察署的一个特殊部门，成立目的是为了建立起诉税务犯罪的专家与起诉武器交易、违反制裁行为的专家之间的协同合作机制。税务海关司起诉的所有案件均代表英国税务海关总署。2010年4月，税务海关司与英国皇家检察署的欺诈司合并，成立了中央反欺诈犯罪组（CFG）。英格兰和威尔士的中央反欺诈犯罪组负责起诉由英国税务海关总署调查的案件，专业知识是该

---

[54] 内政事务委员会主席基思·瓦兹，《英国边境局的工作》(*The Work of the UK Border Agency*)，2012—2013第十四次报告。

[55] 《2009年边界、公民和移民法》第7条。

[56] 咨询文件CP6 / 2012，《2011年公共机构法：关于对英国皇家检察署和税务海关起诉办公室行政合并命令的咨询》。《2011年公共机构法：政府关于咨询文件CPR13 / 2012行政合并法律效力的回应》(*Public Bodies Act 2011: Government Response on the Consultation CPR13/2012 to Give Legal Effect to the Administrative Merge*)（Cm 8422, 2012）。

[57] 《2014年公共机构（英国皇家检察署署长与税务海关起诉办公室主任合并）令》。

部门警员和其他调查者需要的首要技能。中央反欺诈犯罪组还负责起诉所有由英国就业及养老金事务部调查的涉及福利和儿童抚养的案件,此外还有权对财务调查,法律,相关查封扣押、没收、接管的执行和程序提出建议,以及执行没收令。英国税务海关总署有责任调查所有涉及直接或间接逃税的金融犯罪、消费税关税欺诈,以及税收抵免欺诈。中央反欺诈犯罪组也处理其他由英国税务海关总署调查的涉及严重非税犯罪的个案,如非法武器交易、某些违反制裁法案的行为,以及洗钱相关犯罪。从理论上讲,税收起诉可能被反重大欺诈办公室或金融行为监管局提起,但这种情况极其罕见。[58]

(五)组织起诉

我们可能需要更多的起诉,[59]但是,不考虑成本和起诉的替代措施两个因素下,假如起诉的执行标准和路径明确,起诉率应该会增长。首先,需要具备适当的资源。其次,负责起诉人员相较于在私营单位可以更有前途。如果有更多的税收案件,相关工作人员将不得不承担更多工作。而这是一项技术含量很高的工作,根据"旋转门"(revolving door)机制,律师在从事了20多年甚或30多年的公共服务后,可以获得更有利可图的业务,而在目前的机制下,可能有部分负责起诉的人员能达到"旋转门"的效果,但并不尽然。假如税收起诉被作为一项重要的工作,那么承担税收指控的工作人员需要得到相应的职业回报。这意味着他们的回报不应少于其他检察官或税务征管人员。第三,责任链必须清晰,尤其应当避免巴特菲尔德提醒注意的问题。

82

---

58 女王诉罗林斯案(*R v Rollins* [2010] 1 WLR 1922)。
59 参见第十章。

四、结论

税收起诉的政策总是显示出矛盾和纠结。一方面，逃税被谴责，并且公权力将其置于与大部分严重犯罪相当的位置。另一方面，指控率低，相比其他刑事指控的案件数，税收犯罪相关案件比其他严重财产犯罪案件的定罪率也低。近年来，相关政府部门结构上的频繁变化，也是这种不确定性的反映。

"菲利普原则"在逃税案件中的适用既无可行性也无期待性，在任何涉及实体法和证据的复杂问题中，问题的解决都需要从调查开始。关于区分税收和其他案件的合理解释，可能已经存在，也可能还需拭目以待。关税、消费税和国内税起诉合并的模式是可取的。起诉机构和机构名称缩写的变化，既是烦琐的官僚机构的部分缩影，也一定程度反映了在效率和资源分配的诉求下，纯粹的"菲利普原则"和现实案件的冲突正在走向弱化。

第六章 调查权

一、税务海关总署的调查职能和权力

(一)凌晨突袭与罗思敏斯特案遗产

罗思敏斯特事件[1]给后来所有关于税务海关总署进入住宅和搜查权的讨论蒙上了一层阴影。[2]高税负时代,特别是"非劳动所得"被征收高额税款的年代,各种降低纳税人纳税义务的策划案应运而生。罗思敏斯特公司由罗伊·塔克和罗纳德·普卢默创立,他们均是有资质的会计,其就职的会计师事务所是当时最大的会计师事务所之一。他们利用罗思敏斯特公司实施"脱钩"避税计划,为自己和

---

[1] 女王诉英国税务局专员,罗思敏斯特有限责任公司(单方诉讼)案(R v IRC, ex p Rossminster Ltd [1980] AC 952; [1980] 70 Cr App R 157)。

[2] 奈杰尔·图特(Tutt, Nigel),《税收掠夺者:罗思敏斯特事件》(The Tax Raiders: The Rossminster Affair)(London: Financial Trainin, 1985);迈克尔·吉拉德(Gillard, Michael),《以慈善为名:罗思敏斯特事件》(In the Name of Charity: The Rossminster Affair)(London: Chatto & Windus, 1987)。参见约翰·沃尔特斯(Walters, John),"税收突袭"(Revenue Raids),载《英国税务评论》(1998年),第213页;B.布朗(Brown, B),"国内税收搜查权"(Inland Revenue Powers of Search),载《英国税务评论》(1999年),第16页。

客户在5年的时间里节省了数亿英镑的税款。20世纪70年代中期，税务局开始声势浩大地重拳出击逃税和避税行为。1978年打击逃避税行为的立法颁布[3]，该法可以溯及一些已经实施（并已投入费用）的逃避税计划。

1979年7月13日上午7时，著名的突袭事件开始，随之是旷日持久的诉讼。因为怀疑有人实施税收欺诈，一名高级税务官员将相关信息提交巡回法院，并获得了授权税务官员的搜查令[4]，持该搜查令可以搜查特定场所，并有权扣押有合理理由认为在税收欺诈诉讼中可以作为证据的任何物品。包括申请人在内的税务官员携警察共同到达指定地点，获得许可后进行了搜查。[5]他们获取了他们有合理理由认为可能成为税务欺诈诉讼证据的物品，[6]但是他们并未告知申请人案件所涉嫌的犯罪及涉嫌犯罪的人员。该搜查令没有这些具体事项。[7]随后，塔克因为未交回五份办公日志被罚款，[8]但并未受到任

---

3 《1978年财政法》第31条。

4 依据《税收管理法》第20C条。

5 "这是一次军事行动。"丹宁勋爵评论道（[1980] AC 968）。

6 正如摩西（Moses）法官所说："任何关心税务局扣押权的人都不会忘记，1979年，当税务局为了搜查证明税务欺诈的蛛丝马迹，在普卢默和塔克等人的家里大海捞针。"女王诉米德尔塞克斯市政厅刑事法院，阿莫西和帕特尼斯（单方诉讼）案（*R v Middlesex Guildhall Crown Court ex p Tamosius & Partners* [2000] 1 WLR 453；[1999] STC 1077；[2000] 1 WLR at 459）。

7 根据普通法，警方应当进行搜查。奇克时装（西威尔士）有限公司诉琼斯案（*Chic Fashions [West Wales] Ltd v Jones* [1968] 2 QB 299；[1968] 1 All ER 229）。

8 女王诉英国税务局专员，罗思敏斯特有限责任公司（单方诉讼）案（[1979] 3 All ER 385；[1979] STC 688）。参见迈克尔·利维，《监管欺诈》（*Regulating Fraud*）（London: Routledge Revivals, 2014），第168页。

何关于逃税的刑事指控。[9]

丹宁勋爵对关于自由问题的表达从来是不吝言辞,他将这次突袭与卡姆登勋爵(Lord Camden)谴责威尔克斯(Wilkes)以及西班牙异端裁判所相提并论。[10]上议院认为,在不顾及房屋所有人的情况下,搜查令授权官员进入并搜查的行为,严格而准确地讲,在法令广义的授权范围之内。由此,上议院推翻了上诉法院的决定,但这一结果并不令人欢欣鼓舞。一旦依据《税收管理法》第20条C款合法签署了搜查令,居住者在此阶段则无权得知受到指控的罪行、涉嫌的人员,以及法官认定税务欺诈存在的"合理理由"。

《税收管理法》第20条C款第3项的"有合理理由相信"是一个以证据为基础的事实问题,在住处内发现的任何物品都有可能作为诉讼中证明涉嫌犯罪的证据,而问题是这种"有合理理由相信"是否适用于搜查过程中获取个人文件?仅这些证据并不足以支撑针对国王的最终声明。不尽如人意的是,当时规定搜查令的法律被普通法当局所掌控,[11]而更清晰的实施办法则体现在菲利普委员会对《1984年警察与刑事证据法》第一部分的一份解释建议中。

(二)基斯委员会

是非曲直未有所定,但罗思敏斯特事件留下的滥用国家权力的印象挥之不去。就逃税刑事案件的调查而言,为什么这类案件的调

---

9 巴兹尔·萨宾(Sabine, Basil),"生活与税收1932—1992"第三部分:"1965—1992:改革,罗思敏斯特和削减"(Life and Taxes 1932-1992. Part 3: 1965-1992: Reform, Rossminster and Reductions),载《英国税务评论》(1993年),第504页。

10 在上诉法院判决书第970页。

11 奇克时装(西威尔士)有限公司诉琼斯案;加尼诉琼斯案(*Ghani v Jones* [1970] 1 QB 693; [1969] 3 All ER 1700)。

查权与其他欺诈案件迥然不同？对此从来没有过合理的解释。黎明突袭住宅楼宇的事件在国内可能几乎很难证明其正当性，[12]而这种权力必须予以保留。1980年[13]，财政大臣杰弗里·豪爵士（Sir Geoffrey Howe）宣布组建基斯委员会，1985年，基斯委员会的最后一卷报告（第4卷）发布。此前较早的几卷报告仅对普通法中的搜查和没收予以论述，相比之下，他们并没有从《警察与刑事证据法》的权力结构和制约中受益。[14]当时，警察的调查权不明确，菲利普委员会[15]正在对此进行审议。

基斯委员会投入大量精力[16]，提出许多重要建议。就税务机关的搜查权而论，委员会着重表示出对搜查权整体范围涉及的行业和人口以及潜在权力滥用的担忧，但尽管如此，仍然建议扩大搜查权的适用范围。[17]当时，占主导地位的观点似乎是，税收搜查不应该等同于普遍意义上的刑事搜查。[18]对此，政府的回应是肯定的。基斯委员会的许多建议在未立法的情况下得以实施，而这其中许多是应该

12　迈克尔·利维，《监管欺诈》，第157页。

13　下议院辩论的参考文献和组成部分（vol 988 cc 683-4W），1980年7月17日。

14　早期的（Whitelaw）《1983年警察与刑事证据法案》（Police and Criminal Evidence Bill 1983）在（1983年6月）选举中失败了，因此1984年（Brittan）法案是第二次啃菲利普委员会这块硬骨头。

15　参见第五章标题为"菲利普与英国皇家检察署"的部分。

16　基斯委员会主席金克尔（Kinkel）勋爵，《税收部门的执行权力》（*The Enforcement Powers of the Revenue Departments*）。第1卷和第2卷（Cmnd 8822，1983年3月）涉及所得税、公司税、资本利得税和增值税。第3卷（Cmnd 9120，1984年1月）涉及其余的国内税收，即开发土地税、石油收入税、资本转移税和印花税。第4卷（Cmnd 9440，1985年2月）涉及海关和消费税管理下的剩余税收和关税。

17　基斯委员会主席金克尔勋爵，同注16，卷1和卷2，第9.23.7段。

18　若寻求当代的回应，参见马尔科姆·甘米（Gammie, Malcolm）和约翰·凯（John Kay），"税收、权威和判断力"（Taxation, Authority and Discretion），载《财政研究》（1983年）第4卷，第46—61页。

需要立法才能实施的。[19]

基斯委员会未充分考虑的基本问题是,赋予税收欺诈和其他犯罪不同的调查权力是否正当。由罗思敏斯特案引发的关于逃税犯罪调查权的法律问题,一直持续到2008年才显分晓[20]。当时,一方面英国税务局和海关的权力开始合并;另一方面,税收权力和刑事司法权力也开始结合。

二、税务调查

现代的税务调查法规至少已经解决了一些问题,[21]其已经从相对独立于其他领域发展到越来越接近刑事法的模式。法律的出发点很简单,公民在被捕前不是必须回答警察或其他任何人的提问。在随后的审判中,不予回答将可能承担相应后果,[22]具有披露信息的义务属于例外情况;[23]在某些案件下,担任特殊角色的人有别于一般人,承担披露信息的义务;[24]但一般规则是,公民没有回答的义务。

---

19 政府的回应是:国内税务委员会,《税务局和纳税人:针对基斯委员会关于所得税、资本利得税和公司税的建议的回应》。在建议和政府答复的第155页及其后各页有一个表格。
20 《税收管理法》第20条及以下。
21 参见马克·麦克劳克林(McLaughlin, Mark)编,《税务海关总署调查手册2015—2016》(*HMRC Investigations Handbook 2015–16*)(London: Bloomsbury, 2015)。
22 其中大部分出现在《1994年刑事司法与公共秩序法》第34—39条,或者(在这种情况下)出现在《2006年欺诈罪法》第13条。
23 《2000年反恐怖主义法》第39条。
24 例如,披露义务适用于《犯罪收益法》的受监管部门。

税收申报和纳税的义务[25]使得税法与众不同。

三、民事调查

现行《2008年财政法》附表36规定了税收民事调查程序,该法授予英国税务海关总署搜集信息、检查文件、检查经营场所以及场所内财产和文件的权力。这些权力适用于关税、消费税以外的所有主要税种,[26]以及税务海关总署[27]为检查纳税人税收状况所"合理需要"的信息和文件。[28]

税收调查通常将以非正式形式开始。假如非正式形式的信息渠道不尽如人意,税收稽查员有权签发通知(纳税人通知)要求纳税人提供信息和文件。[29]材料一旦递交,税务海关总署可在合理时间内对材料进行审查。[30]经法庭批准,[31]通知还可以送达第三方,[32]并

---

25 《税收管理法》第7条和第8条。
26 《2008年财政法》第63段、第64(2)段和第84段。
27 "权威的重要性在于,与附表36通知中的'合理需要'测试相关的举证责任在于上诉人,而不在于HMRC。"马修诉税务海关总署专员案(Mathew v Commissioners for HMRC [2015] UKFTT 0139 [TC])。另见N. J.考恩诉税务海关总署案(N J Cowan v Revenue & Customs [2013] UKFTT 604 [TC])。
28 《2008年财政法》附表36,第1段。也就是说,不延伸到"钓鱼探险"。
29 《2008年财政法》附表36,第1段。如果一个人可以通过影响或其他方式从另一个人那里获得文件,并且不需要很高的费用,即使该人有拒绝出示文件的合法权利,这些文件也被视为在该人的权力范围内。帕里瑟斯等诉英国海关案(Parississ and Others v Revenue & Customs [2011] UKFTT 218 [TC])。
30 雅克诉税务海关专员案(Jacques v Revenue and Customs Commissioners [2007] STC [SCD] 166; [2007] STI 263)。
31 《2008年财政法》第3段。
32 《2008年财政法》第2段。

可以否决第三方依据第8条主张的权利要求。[33]除非法庭另有裁定，纳税人必须被告知对第三方采取的措施。未得到初级裁判所（FTT）的批准或经过纳税人同意，税务海关总署不会向第三方送达通知。即使不知道相关人员的身份，税务海关总署仍然如此照章行事。初级裁判所已经提前许可税务海关专员可以向308家金融机构送达通知，要求这些金融机构披露其顾客中英国居民离岸账户的相关信息。[34]通知纳税人不需要法院令，但是税务海关总署官员得到裁判所的许可，可以对故意妨碍者处以罚款。[35]税务海关总署的权力还包括获取文件副本、[36]标记资产并记录信息。[37]除了税务海关总署已经提前取得了初级裁判所批准的情况，纳税人有权对送达其本人、要求其提供法定记录义务以外的信息的通知提出申诉。[38]税务海关总署向身份不明的个人或群体发送通知，必须得到初级裁判所的批准。税务人员有权进入和搜查经营场所，[39]而不是私人住宅，这是罗思敏斯特案反对税务局行动的理由之一。[40]只有符合《警察与刑事证据法》规定的程序，才能进入私人住宅。

税务机关在其民事权利下进行的调查，不适用对涉嫌犯罪案件

---

33 女王（基于德林兄弟置业有限公司的申请）诉税务海关专员案（*R [on the application of Derrin Brother Properties Ltd] v Revenue and Customs Commissioners* [2014] EWHC 1152 [Admin] [2014] STC 2238）。

34 *Revenue and Customs Commissioners' Application (Approval to Serve 308 Notices on Financial Institutions), Re* (TC 174) [2009] UKFTT 224 (TC); [2009] SFTD 780.

35 《2008年财政法》第13段和第39段。

36 《2008年财政法》第16段。

37 《2008年财政法》第17段。

38 《2008年财政法》第29段。

39 《2008年财政法》第10段。

40 女王诉英国税务局专员，罗思敏斯特有限责任公司（单方诉讼）案；参见本章标题为"凌晨突袭与罗思敏斯特案遗产"的部分。

调查的各种正当程序的限制，而税务机关的调查还存在另一种目的，即根据收到的报告确定纳税人的责任范围。假如的确如此，税务海关总署可以在多大程度上在刑事诉讼程序中使用其运用民事权利获取的证据呢？在金果有限公司等诉税务海关总署专员案[41]中，初级裁判所认为，假如英国税务海关总署为了获得决定是否起诉纳税人的信息而适用了民事调查程序，则超越了附表规定的权限。[42]这个问题需要更深入的思考，但金果公司案的推理似乎是合理的。

（一）海关搜查

英国海关有其独自的发展史。[43]《1979年关税与消费税管理法》的第118条C款允许以获取涉嫌欺诈犯罪证据的文件和其他物品为目的的搜查，如货物或假印章，由治安法官签发搜查令，授权税务人员进入并搜查场所和个人。该法第167条和第170条针对涉嫌欺诈的证明文件和其他物品，规定了特殊搜查权[44]。税务海关总署官员在行使该权力时，须遵守《警察与刑事证据法》的《执业守则B》。[45]税务海关总署从英国海关继承了许多其他进入权。[46]

41　Gold Nuts Ltd and Others v Commissioners for Her Majesty's Revenue & Customs [2016] UKFTT 82 [TC]; [2016] Lloyd's Rep FC Plus 24.
42　判决书第91段。
43　见巴特菲尔德，《名誉法官巴特菲尔德对英国海关刑事调查和检控工作的评论》，第1.7段及以下。
44　《关税与消费税管理法》第118条第5款。
45　税务海关总署，《关于我们的进入权的报告》，第4.3.19段。
46　同上。

四、税务海关总署的刑事调查

（一）从纳税人处获取信息

在2007年之前，英国税务局与海关之间的刑事调查规则有所不同，当时的英国，海关[47]的权力比税务局的更大。[48]《警察与刑事证据法》及其《执业守则》规定了搜查、逮捕、审讯等警察调查的刑事司法程序标准，该标准仅适用于英国海关。而国内税务局执行调查依据的是《1970年税收管理法》第19条A至第20条D的程序规定。此外，除了（民事）税法的权力外，[49]税务海关总署还被《警察与刑事证据法》[50]、《2005年严重有组织犯罪与警察法》、《2002年犯罪收益法》[51]，以及《2001年刑事司法与警察法》赋予了相应的刑事侦查权。[52]

税务海关总署可以进入并搜查场所，并要求出示文件、扣押物品或者相关材料、实施逮捕。《2007年财政法》[53]调整了税务海关总署实施搜查和扣押的规则，使其与警方的执行标准（可能还包括反重大欺诈办公室）相统一。其将《警察与刑事证据法》适用于税务

---

47 依据《关税与消费税管理法》。
48 依据《税收管理法》。
49 参见本章标题为"民事调查"的部分。
50 《警察与刑事证据法》第8、17、19、24条，以及附表1。
51 《犯罪收益法》第389条。
52 《2001年刑事司法与警察法》（Criminal Justice and Police Act 2001）第1条和第50条。
53 《2007年财政法》第82条。

海关总署，以便英格兰和威尔士的刑事侦查权力统一。现行《警察与刑事证据法》第114条一直适用于税务海关总署。一项指令[54]和随后的修正与合并[55]使得《警察与刑事证据法》的大部分条款可以适用于[56]税务海关总署所实施的侦查和扣留。

并非《警察与刑事证据法》规定的所有权力均适用于税务海关总署。税务海关总署不得提取指纹、指控、拘留、释放和保释嫌疑人。[57]《警察与刑事证据法》还在权力方面专门为税务海关总署做了变通。例如，允许税务海关总署工作人员持搜查令在搜查场所内无须逮捕即可对个人进行搜查。税务海关总署工作人员搜查公司经营场所时，在未实施逮捕的情况下，可以对必要的非犯罪嫌疑人进行搜查，如可能在公文包或电脑里存有证据的会计。《警察与刑事证据法》第14条A款和B款[58]规定的特殊物品，以及在税务海关总署调查的案件中被排除的材料不在以上权力行使范围内。

警察和反重大欺诈办公室成员调查税务案件与调查任何其他犯罪案件的侦查权是相同的。反重大欺诈办公室很少侦查税务案件，税务案件一旦由其侦查，即使起诉后也可能强制被调查者作出回答。不遵守要求或者提供了有误导性的信息则构成犯罪。[59]

---

54 《2007年〈1984年警察与刑事证据法〉（适用于税务海关）令》，附表2（1），第1段，第3（2）条。

55 《2010年〈1984年警察与刑事证据法〉（适用于税务海关）（2007年修正）令》；《2014年〈1984年警察与刑事证据法〉（适用于税务海关）（2007年修正）令》。现参见《2015年〈1984年警察与刑事证据法〉（适用于税务海关）令》，合并和扩展。

56 2015年法令附表中规定的条款。

57 《2015年〈1984年警察与刑事证据法〉（适用于税务海关）令》，第4条。

58 《2015年〈1984年警察与刑事证据法〉（适用于税务海关）令》，第6条。

59 《1987年刑事司法法》第2条第23款和第2条第14款。

第六章　调查权

　　不同于罗思敏斯特事件引用的条款,[60]依据《警察与刑事证据法》申请进入房屋并进行搜查时,必须提供被搜寻证据与案件充分相关并有价值的信息。[61]法院曾多次强调,签发搜查令不能例行公事。不满足法定标准而实施搜查的情况屡见不鲜。[62]问题反复出现在以下方面:向法庭提供的信息不够具体,作出搜查决定欠缺程序性,对涉嫌的犯罪、正在调查的犯罪、拟搜寻材料的类型和性质的描述不充分。[63]

　　《2005年严重有组织犯罪与警察法》第60—70条授权相关主管人员(目前是皇家检察署署长和边境税务局局长)对指定案件签发披露通知(disclosure notices)[64]和提供证据令(production orders)[65]。这意味着,税务海关总署可能在没有法庭签发命令的情况下,根据以上授权搜集证据。以上条款为禁止自证其罪原则设定了例外,但即便有此例外,就《1987年刑事司法法》和其他明确废除该特权的条款而言,除非受到指控的是虚假陈述犯罪,[66]由自证其罪获得的证据

60　参见本章标题为"凌晨突袭与罗思敏斯特案遗产"的部分。
61　女王(依据雷德克纳普的申请)诉伦敦市警察局长案;女王(依据阿南德的申请)诉税务海关专员案(*R [on the application of Anand] v Revenue and Customs Commissioners* [2012] EWHC 2989 [Admin]; [2013] CP Rep 2)。
62　女王诉兰开夏郡警察局长,帕克(单方诉讼)案(*R v Chief Constable of Lancashire ex p Parker* [1993] QB 577);女王(依据阿南德的申请)诉税务海关专员案([2013] Lloyd's Rep FC 278)。参见乔纳森·费希尔,"未经授权的行为"(Unwarranted Conduct),载《税务杂志》(2012年)第8卷,第1145页。
63　斯威尼诉威斯敏斯特治安法院案(*Sweeney v Westminster Magistrates' Court* [2014] EWHC 2068 [Admin])。
64　《2005年严重有组织犯罪与警察法》第62条。
65　《2005年严重有组织犯罪与警察法》第63条。
66　《2005年严重有组织犯罪与警察法》第65条,以及《1987年刑事司法法》第8条第2款。第65条第2款反映了《1987年刑事司法法》第8条第2款的例外情况。

129

仍不能被采纳。[67]

理论层面上，修订《警察与刑事证据法》意味着负责调查、起诉逃税犯罪案件的税收调查员角色发生了转换，从警察和寻求真相者的混合体到纯粹警察。与此同时，刑事税务调查获取信息的程序，从部分纠问（为了认定和处以适当的税收责任）与部分对抗的混合模式到鲜明的对抗模式。因此，逃税与严重欺诈以及其他严重财产犯罪"旗鼓相当"，[68] 并被纳入了正在推动诸多刑事司法政策出台的"有组织犯罪"的范畴。然而，税收案件的低起诉率和轻刑化，进一步表现出官方对逃税的矛盾、纠结态度。

（二）机密和特权信息

纳税人可能通过两个理由主张不披露自己所掌握的信息，即禁止自证其罪特权和法律职业特权。

（三）税法中的禁止自证其罪特权

国家向公民要求提供信息，可能出于调查犯罪嫌疑人的需要，也可能出于其他国家管理的原因，或者二者兼而有之。就税收领域而言，要求提供信息可能是为了调查逃税嫌疑人，或者仅是为了适当评估纳税人的税收义务。在提供信息要求仅作为刑事侦查一部分的情况下，程序限制是适当的，即告知被怀疑者他是一名犯罪嫌疑人并且其提供的信息可能被用于对其的指控，他可以获得法律帮助，他有

---

[67] 《2005年严重有组织犯罪与警察法》第67条、《1911年伪证法》第5条或《1933年虚假宣誓（苏格兰）法》（False Oaths [Scotland] Act 1933）第2条。

[68] 清单见《2005年严重有组织犯罪与警察法》第61条。这些犯罪是严重的财产犯罪——盗窃、欺诈、洗钱及其早期形式。

权要求必要的医疗,他有权知道用于指控他的证据等。

禁止自证其罪特权[69]是普通法中一个由来已久而有些玄妙的原则。[70]但其并非绝对。[71]作为普通法的产物,其可能被制定法上一个恰当的措辞所排除或限制。[72] 例如,理论上,在破产程序中,[73]要求免除债务的人,会被强制做出超过一般要求的更全面的信息披露,但这种情况还未发生过。在债务偿还之前,破产者可以选择不要求免除债务。

假如禁止自证其罪特权仅是一种适用于法定证据的证明特权,那么其将不适用于纳税申报和其他税务局要求的信息。20世纪40

---

69 参见安德鲁L-T.周,《禁止自证其罪的特权与刑事司法》(*The Privilege against Self-incrimination and Criminal Justice*)(Oxford: Hart Publishing, 2013);迈克·雷德梅恩(Redmayne, Mike),"反思禁止自证其罪的特权"(Rethinking the Privilege against Self-incrimination),载《牛津法律研究杂志》(2007年)第27卷,第209—232页。

70 贝哈尔诉皇家检察署署长案(*Beghal v Director of Public Prosecutions* [2015] UKSC 49; [2016] AC 88),第60段。查尔斯·M.格雷(Gray, Charles M)、R.H.赫姆霍尔兹(RH Helmholz)、约翰·H.朗拜因(John H Langbein)和艾本·莫格伦(Eben Moglen),《禁止自证其罪的特权:起源与发展》(*The Privilege against Self-incrimination: Its Origins and Development*)(Chicago, IL: University of Chicago Press, 1997)。

71 佩吉特案;官方接待者(单方诉讼)(*Paget; ex p Official Receiver, Re* [1927] 2 Ch 85),赞成菲利莫尔(Phillimore)法官在阿泽顿案(*Atherton, Re* [1912] 2 KB 251)中的判决。另见毕肖普斯盖特投资管理有限公司诉麦克斯韦案(*Bishopsgate Investment Management Ltd v Maxwell* [1993])第一章。

72 女王诉反重大欺诈办公室主任,史密斯(单方诉讼)案(*R v Director of the Serious Fraud Office, ex p Smith* [1993] AC 1; [1992] 3 All ER 456)。《1973年婚姻诉讼法》和《1991年家事诉讼规则》就是这样的规定:女王诉K案(R v K [2009] EWCA Crim 1640; [2010] QB 343)。另见贝哈尔诉皇家检察署署长案。

73 对于美国,见蒂姆·塔文(Tarvin, Tim),"破产中禁止自证其罪的特权和债务人的困境"(The Privilege Against Self-incrimination in Bankruptcy and the Plight of the Debtor),载《西顿·霍尔法律评论》(*Seton Hall Law Review*)(2014年)第44卷,第47页。

年代末,《欧洲公约》(European Convention)制定之初,禁止自证其罪并非欧洲各刑事司法体系的统一原则,甚或都不是普适原则。特别是,该特权并不存在于基于《拿破仑刑事诉讼法典》建立的任何制度中,这些法律体系授权预审法官更广泛的调查权,却赋予嫌疑人很少的权利。故《欧洲人权公约》第6条关于公平审判的规定中并未明确提出禁止自证其罪。

因此,将该权利以任何形式融入《欧洲人权公约》第6条都是令人意外的。[74]在芬克诉法国政府案中,[75]被告因为没有遵循海关官员依法要求其提交银行申报的命令,而被法国法院判处罚金。法院的观点与委员会不同,其认为被告人违反了《欧洲人权公约》第6条第1款的规定。法院的理由非常简洁,而且没有详尽阐述。[76]法院在桑德斯诉英国政府案[77]中的说理更具有预见性,该案申请人在面临监禁威胁的情况下,不得不回答了一名公司收购案调查专员的提问,他给出的回答被用于随后刑事诉讼对他的指控。欧洲人权法院认为,理由本可以表达得更清楚,[78]即禁止自证其罪特权是《欧洲人权公约》第6条提供人权保护的一部分。英国政府以立法对此予以回应,[79]即规定在面临监禁威胁的情况下,一个人被迫在桑德斯处境下作出的回答,在接下来的刑事诉讼中应被排除。以上条款修正了许

---

74 "出人意料与步履蹒跚"。安德鲁·阿什沃思,"欧洲人权法中的自证其罪——一种内涵丰富的实用主义"(Self-incrimination in European Human Rights Law—A Pregnant Pragmatism),载《卡多佐法律评论》(*Cardozo Law Review*)(2008年)第30卷,第751、752页。

75 *Funke v France* [1993] 16 EHRR 297.

76 芬克诉法国政府案第44段。

77 *Saunders v United Kingdom* [1996] 23 EHRR 313.

78 判决的核心在第68—76段。

79 《1999年未成年人刑事审判与证据法》第59条和附表3。

多强制个人向国家提供信息的法律,但不是全部修正。

女王诉赫特福德郡商会,格林环境工业有限公司(单方诉讼)案较早引用了修正的条款,申请人以桑德斯案处境为由的申请受到限制,禁止自证其罪特权在该案未得以适用。[80]医疗废物的非法处置会使参与处置的所有人处于危险中。通知依据《1990年环境保护法》第71条第2款送达,要求收到通知的公司提供向格林公司供应医疗废物的所有个人、企业以及医院的详细信息,以及替他们运送医疗废物人员的信息。而依据《1990年环境保护法》的规定,这些信息可能使公司面临受到犯罪指控的风险,因此该公司试图依据桑德斯处境寻求特权。上议院对此予以否定。霍夫曼勋爵在对此唯一的公开表态中表示,限制被告人禁止自证其罪的权利与保障其获得公平审判的权利并不相悖,但前提是获取信息的强制措施适度并且对证据的使用与社会需要的紧迫性成比例。依据《警察与刑事证据法》第78条,强制获取的证据可能被排除,并且该条也适用于其他没有任何强制排除规则的领域,[81]以助于英国履行《欧洲人权公约》第6条规定的义务。也就是说,区别在于国家是为了刑事诉讼还是为了其他目的获取信息。

更成问题的是,在布朗诉斯多德案中[82],枢密院司法委员会(Judicial Committee of the Privy Council)主张血液酒精浓度超过法定标准的驾驶者,被要求[83]陈述是谁开她的车到达其被捕的超市

---

80 *R v Hertfordshire CC*, *ex p Green Environmental Industries Ltd* [2000] 2 AC 412; [2000] 1 All ER 773.
81 女王诉路斯理案(*R v Loosely* [2001] UKHL 53; [2001] 1 WLR 2060)。
82 *Brown v Stott* [2003] 1 AC 681; [2001] 2 All ER 97.
83 依据《1988年道路交通法》第172条。

94　时，不享有桑德斯特权。宾汉姆勋爵（Lord Bingham）在判决中提出了本案不适用桑德斯特权的若干理由[84]，其推理并不令人信服。其中有三点与逃税有关。第一，这是"一个简单问题"的回答。该观点认为，因为本案被告人只被问了一个问题（依据第172条），即驾车者的姓名，因此本案被告人的义务不同于桑德斯的义务。第二，如果没有更多证据，行为人将不会被定罪。详言之，证据证明的事实（她驾驶其汽车的事实）本身（本案没有证明她喝醉的证据）将不会使其面临刑事指控，因为定罪需要更多的证据（在这个案件中，应当有证明其血液酒精浓度的证据）。这并非一个可行的区分标准，因为一项证据能否足以证明有罪，经常是偶然的，而且事实上通常一项证据不能足以证明。第三，这属于"特殊监管制度"。[85]其认为公民从事由特殊规范制约的行为，就相当于他与国家达成了一项契约，可以根据该契约，推定公民放弃不自证其罪的权利，同时获得参与该行为的特权。这是一种契约模式：通过申请驾照或其他驾车许可，使一个人承担了超出不能从事该领域相关行为的人的义务。虽然这看似很好地阐述了特权的基本原理以及在各领域的应用，[86]但明显的难题是，以此得出的观点将与欧洲人权法院在桑德斯案中给出的观点截然相反。成为一个公司的董事长是一个使自己进入特殊领域的绝佳的例子。国家强加义务于那些申请有限责任特权的人，如对申请驾照的人施加义务一样，其合法性容易受到质疑。[87]难以令人满意的是，欧

84　布朗诉斯多德案（[2003] 1 AC 681 at 705）。
85　同上。
86　格林案，同注80。
87　比较公司法律意见特权的待遇：参见本章标题为"法律职业特权能扩展适用于公司吗？"的部分。

洲人权法院随后继承了布朗诉斯多德案的观点。[88]相比法庭以往习惯于不顺从的态度，这种试图不表态反对桑德斯案观点的态度，使得法庭裁判更困难。这可能就是最高法院和欧洲人权法院之间采取的更弹性的遵循先例规则，[89] 从此问题可能更容易解决。

以上问题与逃税之间有何关系？被要求填写纳税申报表的纳税人有义务向国家提供信息。[90]税务海关总署有权在不诉诸法院的情况下[91]对迟延申报或者未提供信息者进行处罚。[92]纳税人是否可以该信息可能使其受到犯罪指控为由拒绝提供？纳税人的义务是相当于驾驶员的义务（布朗案），还是有毒废物承包商的义务（格林案），抑或是公司董事的义务（桑德斯案）？显而易见，一直以来桑德斯案几乎不承认所有在强制权力要求下提供的信息和文件是违反《欧洲人权公约》第6条的推论，但界限何在呢？阿什沃思的观点是，税收和其他行政管理对信息的紧迫要求情形，应该被认为是普遍适用特权的例外。[93]另一种观点可能是将禁止自证其罪特权解释为一种更具契约性的模式，其兼从刑事司法公平性和公民义务的视角审视该问题。鲜有单方面的义务被赋予英国居民，其有义务回答人

---

88 奥哈洛兰诉英国政府案，弗朗西斯诉英国政府案（*O'Halloran v United Kingdom, Francis v United Kingdom* [2008] 46 EHRR 21; 24 BHRC 380）；贾洛赫诉德国政府案（*Jalloh v Germany* [2007] 44 EHRR 32; 20 BHRC 575）（强行服用催吐剂以诱使出示毒品证据——违反《欧洲人权公约》第3条）。

89 女王（依据费萨尔·凯亚姆的申请）诉司法大臣案（*R [on the application of Faisal Kaiyam] v Secretary of State for Justice* [2014] UKSC 66; [2015] 2 WLR 76）；女王诉霍恩卡斯尔案（*R v Horncastle* [2009] UKSC 14; [2010] 2 AC 373）；霍恩卡斯尔诉英国政府案（*Horncastle v United Kingdom* [2015] 60 EHRR 31）。

90 《税收管理法》第8条。

91 参见第七章标题为"民事处罚制度"的部分。

92 《2008年财政法》附表36，第39段。

93 第773页。

口普查，有义务在需要的情况下服兵役，有义务进行出生和死亡登记。[94] 当需要时，纳税申报也属于此类义务。[95]

尽管得出结论的原因不尽相同，但税务局要求提供信息的情况不适用禁止自证其罪的特权，对此基本形成了共识。[96] 宾汉姆勋爵所持的"特殊调控领域"[97] 的主张，甚至可能使特权的有效性根据税收义务的具体性质而相应变化。所得税或资本利得税的申报并不会出现像桑德斯所面临的那么复杂的问题，而受到的威胁却与桑德斯非常相似。因为，调控范围并非所有公民，而仅是那些有申报义务的人。另一方面，增值税的登记制度，可能使其恰好纳入"调控领域"的账户，于是登记者可以被视为主动承担了高于其他公民的接受询问的义务。

在女王诉艾伦案中，上议院否决了纳税申报适用禁止自证其罪特权的建议：

本案件涉及公民纳税以及不欺骗税务局的义务。不言而喻，立法确定的纳税义务，是任何民主国家运行的基石。同样不证自明的是，国家为了正确核定税收义务，必须有权力要求公民申报其每年的收入，并且配套相应的法律责任以保障履行提供信息的义务。[98]

---

94 《1953年出生与死亡登记法》第36条。
95 《2000年调查权监管法》第49条及其在《2016年调查权力法》中的替代条款对强制披露计算机密码作出了类似规定。
96 女王诉艾伦案（*R v Allen* [2001] UKHL 45; [2002] 1 AC 509）。
97 这一特权的理由在奥哈洛兰诉英国政府案、弗朗西斯诉英国政府案中得到批准。
98 赫顿勋爵在判决书第29段的评论。向欧洲人权法院提出的申请被驳回，参见艾伦诉英国政府案（*Allen v United Kingdom [Admissibility]* [76574/01] 74 TC 263; [2002] 35 EHRR CD289）。

第六章 调查权

欧洲人权法院关于《欧洲人权公约》第6条和禁止自证其罪特权的理论体系存在内在矛盾。在JB诉瑞士政府案[99]中,行为人因未按税务局要求递交材料受到了约700—800英镑的罚款,法院认为这是"无视被指控者的意愿"获取证据,相当于不当强制,该结论与桑德斯案相抵触。在香农诉英国政府案[100]中,欧洲人权法院认为,申请人被要求接受税务专员的当面调查,并被迫回答与其被指控案件相关的问题,违反了《欧洲人权公约》第6条,这侵犯了其免于自证其罪的权利。欧洲人权法院因为其他原因未受理金诉英国政府案[101],但对纳税申报与第6.2条和第6.3条权利之间的关系明确表态,认为对未完成纳税申报的处罚仅为经济处罚。这次,欧洲人权法院区分了桑德斯案和JB诉瑞士政府案,并支持了艾伦诉英国政府案[102]。

当要求提供信息的目的并非确定纳税义务时,禁止自证其罪的特权可以适用。在女王诉K案中,[103]法院认为,欺骗税务局的刑事指控,不能基于在经济救济程序中,被告人作出的披露财产声明,或者

99　JB诉瑞士政府案(*JB v Switzerland* 3 ITL Rep 663),载《刑法评论》(2001年),第748页。

100　*Shannon v United Kingdom* [2006] 42 EHRR 31.参见马克·伯杰(Berger, Mark),"自证其罪与欧洲人权法院:沉默权落实的程序问题"(Self-incrimination and the European Court of Human Rights: Procedural Issues in the Enforcement of the Right to Silence),载《欧洲人权法评论》(*European Human Rights Law Review*)(2007年)第5卷,第514—533页。

101　*King v United Kingdom* [Admissibility] [No 1] [13881/02] 5 ITL Rep 963; [2003] 37 EHRR CD1.随后就金诉英国政府案中的拖延问题作出裁决([13881/02] [2005] STC 438; [2005] 41 EHRR 29)。

102　*Allen v United Kingdom* [Admissibility] [76574/01] 74 TC 263; [2002] 35 EHRR CD289.

103　*R v K* [2009] EWCA Crim 1640; [2010] QB 343.

其他强制下的行为（尽管在某些情况下，可能存在其他证据支持对逃税的刑事指控）。离婚诉讼过程中，一方当事人有义务如实披露财产，否则可能面临监禁，在此情况下，本案当事人签署了一份财产声明，披露了自己在瑞士和列支敦士登的银行账户和投资组合。但他没有向税务海关总署申报这些内容。

法院认为，适用于迫使当事人履行披露有罪信息义务的强制措施具有严厉性，既然故意拒绝履行相当于蔑视法庭，那么这种行为将招致程度不轻的监禁刑。国家在刑事诉讼中寻求举证的社会目的是抑制逃税，这是一个重要的社会目标，但是准许获取来自于被告人在刑事处罚威胁下提供的证据，并非是对社会需要的合理、适当回应，并且在辅助救济程序中使用被告人声明中的证据，将剥夺被告人依据《欧洲人权公约》第6条获得公平审判的权利。因此，法官有必要依据《警察与刑事证据法》第78条排除这些证据。这表明，只有直接来自于税务海关总署的询问才能阻却禁止自证其罪的特权。

1.逃避式回答和限制性问题

假如被告人掌握充分的信息能确定其纳税义务，但回答税务海关总署提问时却拒绝提供全面或必要的信息，应如何对待？纳税人不愿说明其收入来源的原因，除了收入是犯罪所得以外，还可能有其他理由。例如，性服务工作者可能很难申到抵押贷款，为了获得贷款可能需要其提供一份纳税申报，假如她在报税单（和贷款申请）的职业信息栏填写"压力缓解顾问"而不是"卖淫"，获得贷款的几率可能增加。当然，如今卖淫本身并非犯罪，但毒贩也可能同样委婉地描述自己的职业。只要纳税人没有利用其描述的职业获得税收优势，并且申报也并非一个彻头彻尾的谎言，这种情况看上去与如实描述自己并无二致。无论如何,税务海关总署总能设计一个简单的评价机制,让纳税人负担证明不真实的义务。

(四)法律意见特权——律师和其他税务顾问

专业法律顾问与客户之间的关系具有保密性,这种保密是一种基于明示或隐含的合同义务,相较于其他信任关系,其更受到保护,例如,客户与银行家或会计师的关系,患者与医生的关系。法律职业特权(LPP)是一个通用术语,涵盖两种不同的特权,即法律意见特权(legal advice privilege)与诉讼特权(litigation privilege),这两种特权可能出现于律师与客户沟通过程中。[104]法律意见特权(LAP)的存在是为了确保法官伦奎斯特所倡导的"律师与其客户之间充分坦诚的交流"以"促进在守法和司法过程中实现更广泛的公共利益"。[105]法律职业特权是普通法的产物,其起源至少可以追溯至16世纪并逐步发展于法官审理案件过程中。[106]其发端于[107]首席法官泰勒勋爵(Lord

---

104 C.帕斯莫(Passmore, C),"法律职业特权的未来"(The Future of Legal Professional Privilege),载《国际证据与证明杂志》(*International Journal of Evidence and Proof*)(1993年)第3卷,第71—86页。

105 首席法官伦奎斯特(Rehnquist)在厄普约翰公司诉美国政府案(*Upjohn Co v United States* [1981] 449 US 383, 389)中的判决,被斯科特勋爵(Lord Scott)在三河城自治会等诉英格兰银行及其主管案(*Three Rivers District Council and Others v Governor and Company of the Bank of England* [No 6] [2004] UKHL 48; [2005] 1 AC 610)第31段中引用。

106 贝尔德诉洛夫莱斯案(*Berd v Lovelace* [1577] Cary 62; 21 ER 33 [solicitor])和丹尼斯诉科德灵顿案(*Dennis v Codrington* [1579] Cary 100; 21 ER 53 [barrister])。

107 哈泽德(Hazard),"律师—客户特权的历史观点"(An Historical Perspective on the Attorney-Client Privilege),载《加州法律评论》(*California Law Review*)(1978年)第66卷,第1061页。诉讼特权似乎是后来才发展起来的,参见卡斯韦尔勋爵(Lord Carswell),三河案(*No 6*),同注105,第96段。

Taylor)对女王诉德比治安法院,B(单方诉讼)案发表的意见。[108]主流权威观点认为,[109]布鲁厄姆勋爵(Lord Brougham)在格里诺诉盖斯凯尔案[110]的判决中首次连贯地描述了法律职业特权的基本原理,霍夫曼勋爵在女王诉所得税专员案中对法律职业特权进行了恰当的阐释。[111]

首先,法律职业特权是普通法长期以来确立的一项基本人权。任何人都有获得法律专业性意见的权利,法律职业特权是其必然结果。只有顾客面对法律顾问能不用顾忌事后他们的谈话内容被泄露并被用于有损于他的事项时,才能做到开诚布公,否则不可能获得有效的意见……其次,法庭通常会对制定法规中的一般词汇予以解释,尽管字面解释可能导致令人吃惊或不合理的结论,比如,有可能导致推翻基本人权的结论,虽然这并非有意为之。因为有意推翻这些权利必然有明示或暗示的表达。

法律职业特权受到《欧洲人权公约》第6条第1款和第3款c项

---

108 *R v Derby Magistrates' Court, ex p B* [1996] AC 487, 504–5.

109 例如,纽伯格勋爵(Lord Neuberger)在女王(基于保诚集团的申请)诉所得税特别专员案(*R [on the application of Prudential plc] v Special Commissioner of Income Tax* [2013] UKSC 1; [2013] 2 AC 185)第23段中的评论。

110 格里诺诉盖斯凯尔案(*Greenough v Gaskell* [1833] 1 My & K 98; 39 ER 618),客户保密制度在指控律师欺诈的诉讼中,保护律师免于出示他所拥有的很可能具有决定性的文件。

111 女王诉特别专员等,摩根·格伦菲尔有限公司(单方诉讼)案(*R v Special Commissioner and another, ex p Morgan Grenfell & Co Ltd* [2002] UKHL 21; [2003] 1 AC 563, paras 7–8)。参见丹尼斯·迪克逊(Dixon, Dennis),"法律职业特权和非律师的建议"(Legal Professional Privilege and Advice from Non-lawyers),载《英国税务评论》(2010年),第83页。

第六章　调查权

的保护,然而其并非绝对,对任何涉及特权材料的干预行为,应当具有迫切需要性并经过法庭严格审查才具有正当性。[112] 法律职业特权在一些法令中得到明确保护,[113]但作为普通法原则,撇开对人权的考量,其可以被制定法取而代之。然而,在鲍曼诉菲尔斯案中,布鲁克法官将获得私密法律意见的权利定义为"一项不可轻易干涉的基本原则",[114] 最高法院在摩根·格伦菲尔案[115]中表明,除非法律明确规定,否则不应该作出限缩法律职业特权的法律解释;因此,不能援引未正式生效的法律[116]强迫任何人出示涉及法律职业特权的文件。更明确的是,法律职业特权所具体保护的内容。[117]法律职业特权保护的是客户免于披露文件,而一旦文件已经出示,则不影响该证据的采信。[118]

将顾客与其律师之间的互动视为一种协商实属误解,协商的结果将是一个机械和确定的答案。而这种互动很有可能是一种观点碰撞,律师们聚在一起表达不同观点。法律职业特权的部分原因也在于此,这些法律观点的集思广益应当是坦率并保密的。

民事和刑事法关于法律职业特权的文献和判例法并无不同。特权的表述本身就隐含着完全权利之意,不论客户是在与律师讨论公

112　霍多尔科夫斯基诉俄罗斯政府案。

113　《警察与刑事证据法》,《2008财政法》附表36第23段,《2005年严重有组织犯罪与警察法》第64条,《2007年法律服务法》第190条。

114　鲍曼诉菲尔斯案(*Bowman v Fels* [2005] EWCA Civ 226; [2005] 2 Cr App R 19)第74段。

115　女王诉特别专员等,摩根·格伦菲尔有限公司(单方诉讼)案。

116　《税收管理法》第20条,现《2008年财政法》附表36第23段。

117　《1987年刑事司法法》不适用于法律职业特权:第2条第9款。依据《2005年严重有组织犯罪与警察法》第64条,法律职业特权可以抵御要求披露信息的指令。

118　女王诉本顿维尔监狱典狱长,奥斯曼(单方诉讼)案(*R v Governor of Pentonville Prison, ex p Osman*〔1990〕90 Cr App R 281, DC)。

司收购的法律后果,还是一项谋杀指控的抗辩。民事争议在上法庭前就极有可能达成解决方案,而刑事案件通常并非如此,法律专业人员在民事和刑事案件中发挥的作用不同。[119]对是否要废除特权的反思需要进一步考察不同特权具有的不同价值。

问题是,特权存在的目的是什么?对于为客户分析拟实施行为的各种法律后果并提出意见的事前律师而言,法律职业特权存在是为了确保客户能遵循法律,而行使特权的范围也受到该目的制约,如此来说合情合理。[120]对于事后律师而言,其工作是分析已经发生行为的法律后果,以至于减轻事件对客户的影响,该立场显然与事前律师有所不同。无论如何,发生的就已经发生了,律师无法让已然的事实完全合法。当事情已经发生时,可以想象律师化身为客户的另一个具备法律知识的自我,不得不接受客户可能错误的行为。然而,当事情还未发生时,律师就不太容易以顾客意图实施违法行为并期望获取最有利的结果为由而享有特权。

(五)诉讼特权

诉讼特权是指在诉讼准备中独立存在而又经常与其他权利发

---

119 参见本章标题为"法律意见特权——律师和其他税务顾问"的部分。

120 琼·拉夫雷(Loughrey, Joan),"法律意见特权与公司客户"(Legal Advice Privilege and the Corporate Client),载《国际证据与证明杂志》(2005年)第9卷,第183—203页;安德鲁·希金斯,"公司滥用法律职业特权"(Corporate Abuse of Legal Professional Privilege),载《民事司法季刊》(*Civil Justice Quarterly*)(2008年)第27卷,第377—406页;安德鲁·希金斯,"法律意见特权及其与公司的相关性"(Legal Advice Privilege and Its Relevance to Corporations),载《现代法律评论》(2010年)第73卷,第371—398页;琼·拉夫雷,《公司律师与公司治理》(*Corporate Lawyers and Corporate Governance*)(Cambridge: Cambridge University Press, 2011),第173页及以下。

生竞合的法律职业特权。当交流的主要目的[121]是正在或预期的诉讼时,诉讼特权保护的是律师与调查员、理算员或医学顾问等第三方之间的交流。律师提供的税收建议通常属于法律意见特权的范畴。在避税计划成功的机会主要依靠诉讼结果的情况下,有可能所有的交流从一开始都是为了诉讼做准备,诉讼特权也可能被适用。

这里有四个涉及法律职业特权的基本问题:

(ⅰ)法律职业特权是绝对的还是可排除的;如果可排除,依据是什么?

(ⅱ)该特权只适用于律师,还是适用于任何具有给客户法律意见资格的人?

(ⅲ)"法律意见"与"非法律意见"有什么不同?

(ⅳ)法律职业特权的范围是否覆盖公司?[122]

1.绝对还是可排除?

在英国法中,法律职业特权适用的范围是清晰的,即在未被制定法排除适用的领域,[123]不能被排除。首席法官泰勒勋爵认为这是一个"利益平衡"问题,在一些与法律职业特权所保护的利益旗鼓相当的利益的对冲下,法律职业特权者的主张被抵消:

假如利益平衡需要在法律职业特权的案件下被考量,那么从16

---

121 程吉斯等诉反重大欺诈办公室主任案(*Tchenguiz and others v Director of the Serious Fraud Office* [2013] EWHC 2297)。

122 安德鲁·希金斯,"公司滥用法律职业特权",载《民事司法季刊》(2008年)第27卷,第377—406页。

123 C的司法审查申请案(*C's Application for Judicial Review*, Re [2009] UKHL 15号;[2009] 1 AC 908);RE诉英国政府案(*RE v United Kingdom*, 62498/11),欧洲人权法院,2016年10月27日。

世纪以来,则对所有适用特权的个案进行利益平衡,而无需顾及客户个人的是非曲直。[124]

法律职业特权是否可排除?应当基于特权的基本理论。有观点主张,至少从16世纪公司的出现开始,这种"一劳永逸"获得特权的方式应该被重新评估。[125]特别是主张特权的一方是公司时,应当注意,有限责任本身就是一种特权,该特权可以以一定对价获得,而其并不凌驾于人权,也没有其他观点认为对价会弱化法律职业特权。例如,在布兰克诉加拿大(司法部长)案[126]中,加拿大最高法院主张在绝对必要的情况下,法律职业特权可以被排除。《2016年调查权力法》第112条允许在"因异常和紧迫使政府必须采取措施"的情况下,可以截取律师和客户之间的通信。

2.法律意见特权与非律师

特权保护的权利来源是什么?是特殊的资格还是特殊的功能?

---

124 女王诉德比治安法院,B(单方诉讼)案,第507页。另见B诉奥克兰地区法律协会案(*B v Auckland District Law Society* [2003] UKPC 38; [2003] 2 AC 736);比较谷迪诉安大略省(惩教事务部)案(*Goodie v Ontario [Ministry of Correctional Services]*[2006] 2 SCR 32 LAP),在"绝对必要"的地方替换。

125 JM.拉夫雷(Loughrey, JM),"令人不满意的僵局:女王(基于保诚集团的申请)诉所得税特别专员案",载《国际证据与证明杂志》(2014年)第18卷,第65—77页。

126 *Blank v Canada [Minister for Justice]* [2006] SCC 39. 戴尔·E.艾夫斯(Ives, Dale E)和斯蒂芬·GA.皮特尔(Stephen GA Pitel),"填补诉讼特权的空白:布兰克诉加拿大(司法部长)"(Filling in the Blanks for Litigation Privilege: *Blank v Canada [Minister for Justice]*),载《国际证据与证明杂志》(2007年),第49页。

在女王诉所得税特别专员案[127]中,特权范围是案件的焦点问题。2004年普华永道会计师事务所,设计了一个避税方案并向市场兜售。后普华永道为客户保诚集团量身调整了该方案,并通过一系列交易付诸实施。税收稽查员认为有必要调查这些交易的细节,故签发通知[128]要求保诚公司提交指定文件。而保诚公司以法律意见特权为由拒绝披露某些文件,因为这些相关交易信息是该公司聘请普华永道提供的法律意见。

最高法院以5比2的(克拉克和桑普顿反对)多数意见认为,法律意见特权并不适用于会计师。纽伯格勋爵持多数票方的意见,其接受了对特权[129]公认的理解以及一些更具体的对持异者有力主张的驳斥理由。对保诚公司的裁决是有实质的技术理由支持的。其中重要的有:首先,基斯委员会[130]沿袭了将法律意见特权仅限于客户与律师的沟通,不能扩大至客户与税务会计师的沟通传统,即使他们的沟通涉及寻求和提供法律意见。[131]对此确实存在修改建议,但建议

---

127 女王(基于保诚集团的申请)诉所得税特别专员案。参见安德鲁·希金斯和阿德里安·祖克曼(Adrian Zuckerman),"关于保诚集团:最高法院将会计师税务咨询的特权问题留给议会,议会应该做的是限制律师税务咨询的特权"(*Re Prudential plc* [2013] UKSC 1: The Supreme Court Leaves to Parliament the Issue of Privilege for Tax Advice by Accountants, What Parliament Should do is Restrict Privilege for Tax Advice Given by Lawyers),载《民事司法季刊》(2013年)第32卷,第313页。也可参见迪克逊,同注111。

128 依据《税收管理法》第20B条第1款,现为《2008年财政法》附表36,但在相关方面保持不变。

129 例如,税务海关专员申请案(*Revenue and Customs Commissioners' Application* [*Section 20 (3) Notice: Plc*], Re [SpC 647] [2008] STC [SCD] 358; [2007] STI 2851 s)。

130 基斯委员会主席金克尔勋爵,同注16,卷1和卷2,第26章。

131 纽伯格勋爵在第33段引用了基斯报告第6.6.9段和97号建议,其中建议进行修改。政府对基斯委员会的回应认为(第165页)有必要进一步考虑,参见国内税收委员会,《税务局和纳税人:针对基斯委员会关于所得税、资本利得税和公司税的建议的回应》。

并未实施。其次，在《2008年财政法》的审议中，[132]该审议实际上是修正立法，议会特别委员会拒绝将提供税收建议的会计师纳入法律意见特权的范围，对《2008年财政法》附表36的第23段的修正未予通过。[133]

1983年，基斯委员会建议将法律职业特权的范围扩大至专业会计师提供税收意见的相关沟通，但这包含了两个限定条件。首先，在"特权行使可能不合理地阻碍了事实认定，而这些事实对于确定纳税人税收义务是不可取代的依据"的情况下，特权应当被否决。[134]其次，法律意见特权不应扩展至公司内部提供建议的专业法律顾问。[135]纽伯格勋爵以一种审慎的态度对这一改变的主张作出了一个标准的司法回应，主张该特权的类型限制或条件应当由议会讨论决定，而不应当提交法院裁决。[136]桑普顿勋爵和克拉克勋爵主张（作为倾向让步的多数派），原则上没有理由限制该特权。克拉克勋爵进而非常清晰地表达了其观点：

在我看来，举个简单的例子就很容易讲清这个道理。假设A和B两个人，有相同问题需要解决，解决方案取决于税法原则在相同或者基本相同的事实中的应用。假设A向英国富而德律师事务所咨询，而B向普华永道会计师事务所咨询。A和B提出了相同的问题，提供给受托者基本相同的事实，也分别收到了法律意见。需要裁决的问

---

132 下议院辩论（Cols 606-8），2008年6月10日。
133 纽伯格勋爵在判决书第36段的评论。
134 基斯委员会主席金克尔勋爵，同注16，卷1和卷2，第26.6.5段。
135 基斯委员会主席金克尔勋爵，同注16，卷1和卷2，第26.6.13段。
136 纽伯格勋爵在判决书第65段的评论。

题是，提供的信息和接受的建议是否能作为法律意见享受特权。A和B是否都能主张特权并且拒绝向税务海关总署披露信息和意见？

在我看来，对这个问题唯一负责任的答案是肯定的。[137]

原则上讲，这的确是应有的结论。区别对待二者并没有站得住脚的理由，英国保诚公司案的裁决令人遗憾并应当依法推翻。

除此以外，对保诚案的各种见解中，竞争论也此起彼伏。该观点认为，将法律职业特权绝对局限于法律专业人员，人为制造了其相对于税务专业人员的竞争优势，这应该是不被允许的。[138]《第四反洗钱指令》[139]的说明（10）规定，提供该指令所涵盖的任何专业服务，同类服务同等对待，并且竞争法也明确反对按资格而不是按功能制造的差异化。

3.什么是"法律"意见？

法律意见与更为普遍的商业或审慎意见可能难以区分，该问题在涉及纳税义务的意见时经常会出现。纳税人很可能会提出，税收支出是一个接受建议下的结果，是决定某项目是否具有商业价值被考量的因素之一。在三河城自治会等诉英格兰银行及其主管案[140]中，上议院对"法律意见"进行了相当广泛的解读，并推翻了上诉法院的判决。上议院认为，"法律意见"的范围应当扩展到那些审慎并且明显依据

---

137 判决书第140、141段。

138 公平交易办公室（Office of Fair Trading），《专业竞争：公平交易总干事的报告》（*Competition in Professions: A Report by the Director General of Fair Trading*）（2001）第47段，参见：http://webarchive.nationalarchives.gov.uk/20140402142426/http://www.oft.gov.uk/shared_oft/reports/professional_bodies/oft328.pdf。

139 欧盟第2015/849/EU号指令（《第四反洗钱指令》）。

140 Three Rivers District Council and others *v* Governor and Company of the Bank of England (No 6).

"相关法律"[141]作出的意见,其中应包括行为受到否定评价者提交的案件质询。[142]因此,当银行依据《银行法》履行接受案件调查的公法义务而做出报告,其调查部门与其律师之间的交流被赋予特权,对此不应受到批评。[143]

4.法律职业特权能扩展适用于公司吗?

在公司语境下,主张适用法律职业特权特别困难。在保诚案中,这是公司的特权,但难以看清这种认定是如何适时而生的。对此也引发了强烈的争议[144],反对者认为,简单地将具有法人资格的公司等同于自然人,赋予其与自然人同等的权利是错误的。而泰勒勋爵提出"利益平衡"论,指出随着有限责任公司的出现,这个问题至少需要被重新审议。[145]尤其是上市公司和大型私营公司,即便没有特权,公司主体也已经有充分的获得关于其事务的准确法律意见的动机。而鉴于司法成本,限制公司主张适用法律意见特权也有其合理的政策原因。

5.给个人和公司客户的建议

法律职业特权可以共享。客户为了实现特权共享,要么必须共同支付咨询费用,要么主张共享特权的人能够证明以下事项:其已经以个人身份进行了法律咨询,其已经向律师表明了身份,与其共享特

---

141 巴拉贝尔诉印度航空案(*Balabel v Air India* [1988] Ch 317 at 330)(泰勒勋爵)。

142 宾汉姆(主席),《对BCCI破产的调查》(*Inquiry into the Collapse of BCCI*)(HC 198, 1992)。

143 上议院的判决第34—38段;第43—45段(斯科特勋爵)。

144 拉夫雷,同注120。

145 安德鲁·希金斯,《公司的法律职业特权:普通法四个主要司法管辖区指南》(*Legal Professional Privilege for Corporations: A Guide to Four Major Common Law Jurisdictions*)(Oxford: Oxford University Press, 2014)。

权的人已经认同了其法律地位,沟通是保密的。[146]

6.公司内部律师

律师来自公司内部还是来自一个独立的事务所是否至关重要?[147] 英国法的传统立场是二者皆适用特权。[148] 丹宁勋爵首先证明这种做法的正当性,尽管公司与其内部法律顾问的沟通是公司的内部行为,然而,提出意见的法律顾问与独立执业的律师所起的作用相同。虽然基斯委员会建议对此进行改变,但是该建议并未被采纳。[149] 而在欧盟委员会对违反欧盟竞争法案件的调查中,观点有所变化,认为与公司内部律师的沟通不适用特权,[150] 这显然是基于与独立律师进行司法合作的理念。另一方面,与公司建立雇佣关系的律师,被认为很少能够妥善处理司法与雇主之间的利益冲突。

该决定导致的现实结果是,企业内部律师尽可能采取口头方式交流公司竞争事务。然而,对该决定的批评并未减弱,批评指出公司内

---

[146] 女王(依据福特的申请)诉金融服务管理局案(*R* [*on the application of Ford*] v *Financial Services Authority* [*Johnson and Owen,Interested Parties*] [2011] EWHC 2583 [Admin])。

[147] 卢卡斯·巴斯丁(Bastin, Lucas),"内部法律顾问的'独立性'是否应该成为他们与雇主之间沟通的法律职业特权的先决条件?"(Should "Independence" of In-house Counsel Be a Condition Precedent to a Claim of Legal Professional Privilege in Respect of Communications between Them and Their Employer Clients?),载《民事司法季刊》(2011年),第33页。

[148] 丹宁勋爵在阿尔弗雷德·克隆普顿娱乐机器有限公司诉海关专员公署案(*Alfred Crompton Amusement Machines Ltd v Customs and Excise Commissioners* [*No 2*] [1972] 2 QB 102; [1972] 2 All ER 353 at 129)中的评论。保诚集团案,同注127,第63段(纽伯格勋爵)和第123段(桑普顿勋爵反对,但并非是基于这一点)。

[149] 基于基斯报告第6.6.9段和97号建议,国内税务委员会回应,"进一步考虑是必要的",见《税务局和纳税人:针对基斯委员会关于所得税、资本利得税和公司税的建议的回应》,第165页。

[150] 阿克苏诺贝尔化学有限公司诉欧洲委员会案(*Akzo Nobel Chemicals Ltd v European Commission* [C-550/07P] [2011] 2 AC 338; [2011] All ER [EC] 1107)。

部律师在确保公司遵守欧盟竞争法方面扮演了重要角色,该决定却更加大了这项重要预防性任务实现的难度。而独立执业律师可能对该决定不胜欣喜,因为这可能拓展他们的业务。他们在开发实力雄厚的跨国公司业务中与那些公司内部的同行相比已经占尽先机。[151]

7.必须是英格兰律师吗?

多年来,在与外国律师的相关沟通中也同样需要援引该特权。劳伦斯诉坎贝尔案是一起英格兰法院管辖的案件,[152]该案中一名苏格兰客户与一名在伦敦执业的苏格兰律师就两人之间的通信主张特权。副御前大臣理查德·金德斯利爵士(Sir Richard Kindersley)认为,"一名英格兰客户咨询一名英格兰律师与一名苏格兰客户咨询一名苏格兰律师适用同样的原则"。[153]令人难以理解的是,为什么这还能成为一个需要讨论的问题。但这个特殊逻辑的推导结果认为,英格兰和威尔士为了实现特殊目的而设置了专门的法律执业资格,因此外国法律执业资格对实现这些特殊目的不具有价值,即便苏格兰的很多税法与英格兰相同,苏格兰的法律执业资格也被认为对英格兰不具有价值。特权纳入外国律师还会引起一个难题,即哪些国家

---

151 罗斯玛丽·帕顿登(Pattenden, Rosemary),"法律职业特权"(Legal Professional Privilege),载《国际证据与证明杂志》(2011年),第79页;贾丝汀·N.斯特凡内利(Stefanelli, Justine N),"扩张的阿兹柯·诺贝尔"(Expanding Azko Nobel),载《国际与比较法季刊》(International & Comparative Law Quarterly)(2013年)第62卷,第485页。

152 劳伦斯诉坎贝尔案(Lawrence v Campbell [1859] 4 Drew 485; 62 ER 186),麦克法兰诉罗特案(Macfarlan v Rolt [1872] LR 14 Eq 580),邓肯案(Duncan, decd, In re [1968] P 306),大西洋保险公司诉家庭保险公司案(Great Atlantic Insurance Co v Home Insurance Co [1981] 1 WLR 529, 535-6),由桑普顿勋爵在保诚集团案判决书第123段引用来表示反对,但并非是基于这一点。

153 判决书第491页。

的法律执业资格可转化,哪些国家不可转化。这个特殊问题应当作为下一步法律意见特权改革的一项内容。

在三河案的诉讼中,[154] 上诉法院[155] 主张法律意见特权与诉讼特权并不类似,其只适用于客户与其法律顾问之间交流产生的书面证据,以及准备用于交流但实际没有交流的书面证据。[156] 英国上议院对该问题置之不理。

(六)"不公正例外"

假如沦为了"不公正例外"(Iniquity Exception),[157] 那么在法律职业特权项下的任何材料都不具有特权效力。法律意见特权和诉讼特权一直以来受到例外的限制,假如其涉及实施犯罪,则不享有特权。近些年来,这个例外还在延伸。史蒂芬法官指出没

---

154 参见阿德里安·祖克曼,"一个巨大的残骸——BCCI-三河诉讼"(A Colossal Wreck—The BCCI-Three Rivers Litigation),载《民事司法季刊》(2006年)第25卷,第287—311页。

155 三河城自治会等诉英格兰银行及其主管案(No 5 [2003] EWCA Civ 474; [2003] QB 1556)。

156 迈克尔·斯托克代尔(Stockdale, Michael)和丽贝卡·米切尔(Rebecca Mitchell),"谁是客户?企业背景下的法律职业特权探索"(Who Is the Client? An Exploration of Legal Professional Privilege in the Corporate Context),载《公司律师》(Company Lawyer)(2006年)第27卷,第110—118页。

157 该表述似乎是通过描述一种信任义务例外而开始的,参见司法部长诉观察者有限公司案(Attorney General v Observer Ltd [1990] 1 AC 109),只是后来才被转移到法律职业特权。在此之前,在从奥洛克诉德比郡案(O'Rourke v Derbyshire [1920] AC 581 at 604)到芝加哥控股有限公司诉库珀案(Chicago Holdings Ltd v Cooper [2005] EWHC 3466 (Ch))的一系列案件中,该特权仅限于"欺诈或非法行为的明确指控"(芝加哥案第9段)。在法律职业特权的背景下,广泛使用"不公正例外"而不是"犯罪/欺诈例外"的说法可以追溯到C的司法审查申请案(C's Application for Judicial Review, Re [2009] UKHL 15; [2009] 1 AC 908)。

有例外将是"可怕"的，[158]但在其被定义之前并未就此展开论述。

在每一个具体案件中，法庭必须认定事实……被指控的人有可能不是在犯罪之后，为获得辩护这一正当目的而找到律师，而是在委托之前以获得犯罪指导或帮助的目的咨询其法律顾问。我们还不能就此说，获得法律意见是在案发前还是案发后[159]的问题对于证据是否可采用总是具有决定作用……当然，使用这项权力时应当特别注意不能妨碍犯人行使其抗辩权，但也不能让肆无忌惮的人获取他们无权获得的信息，应当采取一切措施预防强迫的无必要披露。[160]

这一例外同样适用于诉讼特权。[161]在未决刑事诉讼中，只要有证据证明被告与其代理律师之间存在一个妨碍司法公正的合议，代理律师对所持相关文件适用法律职业特权的主张则可以被否决。就并不需要对该合议与未决裁判事项具有关联性作出任何判断而言，该合议在诉讼中具有独立价值。[162]对财产所有人涉嫌欺瞒个人财产案件的诉讼策略是，申请一个披露目前或之前律师持有文件的命令，这些文件原本可以主张法律职业特权而不披露。[163]

158　女王诉考克斯和雷尔顿案（*R v Cox & Railton* [1884] 14 QBD 153, 165-6）。
159　参见本章标题为"法律意见特权——律师和其他税务顾问"的部分。
160　判决书第175页。
161　科威特航空公司诉伊拉克航空公司案（*Kuwait Airways Corp v Iraqi Airways Co [No 6]* [2005] EWCA Civ 286；[2005] 1 WLR 2734）。
162　女王（依据哈里南·布莱克本-吉斯廷斯和诺特公司的申请）诉米德尔塞克斯市政厅刑事法院案（*R [on the application of Hallinan Blackburn-Gittings & Nott] v Middlesex Guildhall Crown Court* [2004] EWHC 2726 [Admin]；[2005] 1 WLR 766）。
163　SC阿列姆银行诉阿布利亚佐夫案（*SC BTA Bank v Ablyazov* [2014] EWHC 2788；[2014] Lloyd's Rep FC Plus 56）。

第六章　调查权

更早提及"犯罪或欺诈"例外的案件，可以追溯到考克斯和雷尔顿案[164]。目前重要的问题是，成立不公正例外是否需要存在犯罪或者其他违法行为；如果需要，那么实施犯罪或其他违法行为的主体是否必须是律师或其客户，还是二者共同实施？[165]在尤斯蒂斯诉巴克莱银行案中，[166]巴克莱银行申请宣布一项有关的土地交易无效，而这块土地作为借贷担保已经抵押给了尤斯蒂斯先生。涉诉交易是以对尤斯蒂斯先生十分有利的条款达成的，土地估值低于破产相关条款的规定（该条款旨在控制"欺诈债权人交易"）。[167]进言之，因为涉案交易发生在家庭成员之间，家庭成员显然可预见到银行可能采取的措施及其后果，即假如银行债权不能获得清偿，银行可能为其利益行使抵押权，那时他们手中的财产将落空。法院认为，有充分证据证明本案存在恶意损害银行利益的交易。因此，做出否决法律职业特权的指令。接下来的问题是，根据以上调查结果，银行能否取得申请披露的资格，即要求披露被告人与其法律顾问就相关交易咨询的通信材料。

上诉法院承认，该案涉及"向律师寻求合法安排交易的意见"。尽管在这种情况下，被告人显然明白，一旦银行得知其意图，将对其提出质疑。被告人辩解，他本人及其律师从未有过实施犯罪或欺诈的目的：他们以一个光明正大的合法目的，共同公开实施了行为，其目的

164　女王诉考克斯和雷尔顿案。
165　《警察与刑事证据法》第10条第2款规定："为达到犯罪目的而持有的物品不属于享有法律特权的物品。"女王诉中央刑事法院，弗朗西斯和弗朗西斯公司（单方诉讼）案（*R v Central Criminal Court, ex p Francis & Francis* [1989] AC 346; [1989] 88 Cr App R 213）认为，本法所指的意图是客户的意图，而不是律师的意图。
166　*Eustice v Barclays Bank* [1995] 1 WLR 1156 [CA]. 参见安德鲁·布恩（Boon, Andrew），《英格兰和威尔士律师的道德和行为》（*The Ethics and Conduct of Lawyers in England and Wales*）（Oxford: Bloomsbury Publishing, 3rd edn, 2014），第246页。
167　依据《1986年破产法》第423条。

是就如何将其财产转移出银行临时措施所控制范围而谋求和提供意见,这并没有违反相关法规。以税法术语表述,他们是避税者而非逃税者。法院对此作出回应,认为被告人的行为"足以达到公共政策上不公正的程度,故可以要求其披露与其律师之间关于交易的通信信息"。[168]

该案是可能引发避税讨论的一类典型案件。避税者可能咨询其法律顾问把钱放在哪里或者如何处置可以避开税务海关总署的触角。尤斯蒂斯案中,没有证据表明被告人及其律师的行为构成犯罪甚至不法,但是"不公正例外"似乎可以广泛适用于此,其不仅适用于为了进一步实施犯罪目的的沟通,而且适用于违背诚信义务、公共政策和司法价值的沟通。[169]

假如尤斯蒂斯案的判决是正确的,那么适用不公正例外原则,证据必须能够足以支撑初步证明存在不公正事实,基层法院对于不公正的判断,不限于以犯罪为目的,而适用于"更广泛意义的欺诈"。[170]然而,在McE案中,纽伯格勋爵显然将判断尤斯蒂斯案的判决是否正确作为了一个遗留问题。[171]有人认为不必遵守先例,应当将欲遵守

168　上诉法院法官希曼(at 1249D)。
169　参见JSC阿列姆银行诉阿布利亚佐夫案,第68段(帕波维尔法官)。
170　BBGP管理普通合伙人有限公司等诉巴布科克和布朗全球合伙人案(*BBGP Managing General Partner Limited & Ors v Babcock & Brown Global Partners* [2010]EWHC 2176 [Ch]; [2011] Ch 296)。在伦敦布伦特区诉凯恩庄园案(*London Borough of Brent v Estate of Kane* [2014] EWHC 4564 [Ch])中,作为衡平法院助理法官的西蒙·蒙蒂(Simon Monty)在第32段中说:"虽然判例法提到了犯罪或欺诈或不诚实,如欺诈违背信托、诡计或假动作,但很明显,'欺诈'一词的使用范围相对较广,见尤斯蒂斯案(1249D)。因此,以低估价值进行交易的方案就足够了(尤斯蒂斯案),正如为获得抵押贷款而故意进行的虚假陈述(*Nationwide Building Society v Various Solicitors* [No 1] [1999] PNLR 52 at 72),或处置财产,对抗配偶经济救济的诉求(C v C [2008] 1 FLR 715),或雇员违反对其雇主的忠诚义务在竞争业务上成立公司(*Gammon v Roach* [1983] RPC 1 and *Walsh Automation [Europe] Ltd v Bridgeman* [2002] EWHC 1344 [QB])。"
171　McE案(*McE, Re* [2009] UKHL 15; [2009] 1 AC 908)第109段。

自己法律义务的人与那些意欲不遵守法律义务的人区别对待。尽力依法行事的人应当享有法律意见特权。但这并非所谓谈话的禁地，或决定谈话性质的要件。一名律师被顾客咨询如何最低限度地遵守法律，是完全正当的，其意见应该享有特权。[172]

尤斯蒂斯案的问题同样出现在洗钱案件中。《犯罪收益法》第330条第6款规定，一名专业法律顾问或者"相当于专业法律顾问的人"，如果拒绝披露享有法律特权的交流信息，不认为是犯罪。2006年生效的一部法律文件将一个条款嵌入《犯罪收益法》第330条第14款，定义了"相当于专业法律顾问的人"，包括会计师和英国注册税务师学会成员。[173]由此，法律职业特权的适用范围，不仅包括与具有专业资质的人员之间的信息沟通，而且包括为了寻求法律意见与其雇员或合作伙伴之间的信息沟通。[174]

与《犯罪收益法》第330条第6款规定的对监管部门具有报告义务的立场相反，该法第327—329条没有涉及法律职业特权豁免，而在上诉法院（民庭）对鲍曼诉菲尔斯案[175]作出裁决前，对以上条款立场的把握一直存在相当大的不确定性。根据该法第328条，如果一名律师因为与洗钱计划有关，则在任何情况下都具有报告义务，那么第330条规定的免除律师未履行报告洗钱犯罪义务的责任就毫无意义了。鲍曼案中，法庭重新肯定的基本原则是，为了获取法律意见或

---

172 参见艾夫斯和皮特尔，同注126。
173 《2006年〈2002年犯罪收益法〉和〈2003年反洗钱条例（2003年修正）〉令》，第2（5）条。
174 《犯罪收益法》第330条第7款。
175 鲍曼诉菲尔斯案（*Bowman v Fels* [2005] EWCA Civ 226; [2005] 2 Cr App R 19）不赞成P诉P案（辅助救济：犯罪所得）（*P v P [Ancillary Relief: Proceeds of Crime]* [2003] EWHC Fam 2260; [2004] Fam 1）。

者在诉讼过程中发送给法律顾问或出庭律师的信息受法律职业特权保护，由此可以在反洗钱披露机制下免于披露。法院采用了制定法解释的传统准则，裁定无论是通过明示还是默示的方式，《犯罪收益法》第327—329条都不具有推翻作为普通法基本制度的法律职业特权的效力。以此方式，上诉法院确认了，无论财务信息披露义务是来源于《犯罪收益法》第327—329条还是第330条，反洗钱披露制度都不适用于客户与法律顾问和出庭律师间享有法律职业特权的信息往来。

（七）法律职业特权机制（ⅰ）：争端的解决

无论呈递给法官的涉案材料是否享有特权，法官都是民事或刑事诉讼案件的最终裁决者。法官必须审查在证据能力上有争议的文件，以确定这些文件是因享有特权可不予出示，还是因为涉嫌犯罪而不享有特权应当出示。在民事税务调查中，对于材料是否享有特权存在争议的，适用《法律职业特权条例》（LPP Regulations）规定的解决机制。[176] 相关争议文件交由税务法庭裁决。附表36或《法律职业特权条例》中没有任何条款规定，对于未能援引《法律职业特权条例》发起争端解决程序的，其后果是放弃对法律职业特权的主张。该程序被表述为争端解决的程序，而不是法律决议的程序，这为法院介入留下了可能性。刑事案件的救济措施是提起司法审查或侵害之诉，应当由一名与签发逮捕令的法官同级别的法官来主导程序。

---

176 《2009年信息公告：特许通信争议解决条例》（《法律职业特权条例》）第5条第5款和第6条第5款。

（八）法律职业特权机制（ⅱ）：税务欺诈调查的执行

为了查处和扣押逃税证据而进行搜查时，享有法律职业特权的证据是一个主要难点。[177]执行搜查需要依据《警察与刑事证据法》的规定获得授权。[178]搜查令的目标可能是或不是享有特权的材料，在此显然需要一种区分特权材料和非特权材料的机制。《警察与刑事证据法》本身并不允许任何将有争议的材料带离现场进行审查，或直接在现场进行隔离审查的程序。[179]事实证明，在数字世界行使搜查权尤其困难。计算机硬盘上所载有的相关和不相关文件完全是一个整体。[180]

177　关于《警察与刑事证据法》之前的历史和一些法律建议，参见基斯委员会主席金克尔勋爵，同注16，卷1和卷2，第9.16段。

178　经《2015年〈1984年警察与刑事证据法〉（适用于税收和海关）令》第6条修改的《警察与刑事证据法》第8—13条和附表1。

179　女王诉切斯特菲尔德大法官，布拉姆雷（单方诉讼）案（*R v Chesterfield Justices ex p Bramley* [2000] QB 576），区分雷诺兹诉MPC案（*Reynolds v MPC* [1985] 1 QB 881），其中相关立法（《1913年伪造法》）不同于《警察与刑事证据法》，要求有争议的材料尽快提交给治安法官。区分布拉姆雷案与在《税务管理法》第20C条下的女王（依据H的申请）诉英国税务局专员案（*R [on the application of H] v IRC* [2002] EWHC 2164 [Admin]; [2002] STC 1354），但该案件必须被视为与第20C条共存。

180　女王（依据H的申请）诉英国税务局专员案（依据《税收管理法》第20CC条的规定，但在《警察与刑事证据法》规定下将相同）。安德鲁·罗伯茨（Andrew Roberts）在他关于法索尔泰克斯案（*Faisaltex*）的评论（2009年《刑法评论》）第353页中对此表示怀疑，认为："这种方法的问题在于，它并不构成寻求获取证据的侵入性最小的手段。这似乎也不符合《2001年刑事司法与警察法》赋予的权力。如果存储在计算机而非机器本身上的电子文件与正在调查的犯罪有关，文件（一般描述）应该在逮捕令中具体说明。此外，《警察与刑事证据法》第22条第4款规定，如果副本足以作为证据，则不得保留任何内容。如果授权令中规定了电子文件，根据2001年法案第51节，警察将有权没收计算机，因为'有合理的理由认为，房屋中的某些东西可能包含他们有权搜查的东西'。任何相关文件都可以复印。然而，2001年法令规定的扣押权附带有检查被扣押材料的义务，并在合理可行的情况下尽快归还任何不属于搜查令范围的材料。《警察与刑事证据法》第8条没有相应的义务，搜查令条款缺乏具体性可能会使被没收计算机的人处于相当不利的地位。"

112　　　欧洲人权法院认为,在律师事务所执行搜查令时,应当采取"特别保护措施,如第三人在场",以避免职业机密遭受不必要的破坏。[181]在塔马斯诉英国政府案中,[182]欧洲人权法院认为,对纳税人权利的干预应当采取与民主社会防止犯罪和保护国家经济福祉具有必要性和相称性的手段。搜查是经法官签发搜查令授权后进行的,该法官必须有合理理由怀疑行为人实施了税务欺诈,并且证据可能存在于被搜查的场所。法官审查是防止搜查权滥用的重要保障。此外,搜查令还包括一份被调查公司和人员的清单,这份清单的目的是为申请人评估调查小组的行为是否违法或越权提供指引。在女王诉反重大欺诈办公室主任案中,[183]有人指出,在可能涉及法律职业特权问题的搜查中,应当有一名独立的律师在场,那些由执行搜查方(如反重大欺诈办公室)雇用的律师不具有独立性。但是,与被搜查者在同一出庭律师办公室的律师,作为该案中其他被指派的人员具有独立性。[184]

181　涅米兹诉德国政府案(*Niemietz v Germany* [1992] 16 EHRR 97)。

182　塔马斯诉英国政府案(*Tamosius v United Kingdom* [*Admissibility*] [2002] STC 1307; [2003] BTC 169),根据女王诉英国税务局专员,塔马斯和帕特尼斯(单方诉讼)案(*R v IRC, ex p Tamosius & Partners* [2000] 1 WLR 453; [1999] STC 1077)进行上诉,突出了《警察与刑事证据法》和《税收管理法》制度之间的差异,这种差异现已消失。起初,《税收管理法》中并没有规定在搜查令中明确被搜查物品的法定义务。与《警察与刑事证据法》(第15条)相比,旨在确保嫌疑人隐私的保障措施明显较少。基于第20C节的准则,法院拒绝了对搜查令更加具体化的要求(自《警察与刑事证据法》以来,对《税收管理法》进行了至少四次修订的法规未能纳入要求这种具体化的规定)和"上议院在女王诉英国税务局专员,罗思敏斯特(单方诉讼)案中的不可逾越的权力"(摩西法官)。

183　女王诉中央刑事法院案(*R [Rawlinson & Hunter Trustees] v Central Criminal Court*);女王诉反重大欺诈办公室主任案(*R [Tchenguiz] v Director of the Serious Fraud Office* [2012] EWHC 2254 [Admin]; [2013] 1 WLR 1634; [2013] Lloyd's Rep FC 132)。

184　女王(法索尔泰克斯有限公司)诉普莱斯顿刑事法院案(*R [Faisaltex Ltd] v Preston Crown Court* [2008] EWHC 2832 [Admin]; [2009] 1 Cr App R 37)。

虽然执行调查者一般不能扣押法律职业特权范围内的任何材料,但《2001年刑事司法与警察法》第50条和第51条允许当局扣押怀疑包含涉及法律职业特权材料的设备。如果调查人员发现了一台设备,并有合理的理由相信其中可能包含他们正在搜查的材料,他们可以扣押该设备以确定是否存在此类材料。因此,如果无法有效分离设备上的法律职业特权材料与非法律职业特权材料,搜查人员可以扣押设备。该法2001年的规定不仅适用于以电子方式存储的材料,也适用于硬盘存储的材料。[185]

在女王诉反重大欺诈办公室主任案中,[186]依据《反重大欺诈办公室手册》设置了隔离可能涉及法律职业特权材料的程序,旨在通过独立律师的审查保障取得材料行为的合法性。"其目的是确保此类材料在由独立律师审查以确定其是否存在特权之前,不会被调查小组成员阅读。"[187]法院裁定[188],反重大欺诈办公室可以启用其内部技术专家来隔离特权文件。将反重大欺诈办公室的内部律师视为独立律师,并由其确定材料是否属于法律职业特权的范围,是不合法的。但是,在将材料送出进行独立评估之前,让他们对材料是否可能涉及法律职业特权进行初步评判是不违法的。[189]

---

[185] 《2001年刑事司法与警察法》第63条。

[186] *R (on the application of Colin McKenzie) v Director of the Serious Fraud Office* [2016] EWHC 102 [Admin].

[187] 《反重大欺诈办公室手册》(SFO's Handbook)第34段。

[188] 建立在博尔基亚诉KPMG案(*Bolkiah v KPMG* [1999] 2 AC 222)的"中国墙"(Chinese Wall)理念之上。

[189] 女王(依据科林·麦肯齐申请)诉反重大欺诈办公室主任案,第31—34,37,40—41段。

（九）从纳税人以外获得信息

如果有关纳税人的信息是从官方获得，而不是通过强制措施从纳税人处获得，结果将怎样？如果由官方合法掌握的文件被用于起诉纳税人呢？而即使是非法取得的文件，也未必会在随后的刑事审判中排除。[190] 受法律职业特权保护的通信信息如果被检方取得，在刑事诉讼中仍然可以被采纳。[191]

实践中，税务海关总署接受举报者提供的信息，并且有权奖励他们。[192] 而如果举报者获得奖励，陪审团应当被告知这一事实。一个人可能会把文件传给税务海关总署。[193] 如果此人的身份是文件当事人的雇员，则可以要求"吹哨人保护"。信息也有可能通过针对性监控方式收集，其可能通过在商店和餐馆测试和观察客流和货流来评估营业额。以上方法通常与路斯理案[194] 的标准一致。

税务海关总署所承担的日常调查只能依据《警察与刑事证据法》和其他关于调查权的法律。[195] C的司法审查申请案[196] 判定《2000年调查权监管法》的条款超越了法律职业特权，因此，如果根据该法下

190　《总检察长参考（1999年第3号）》（[2001] 2 AC 91; [2001] 1 Cr App R 34）。
191　例如，女王诉汤普金斯案（*R v Tompkins* [1978] 67 Cr App R 181）。
192　《英国海关专员法》（CRCA）第26条取代了《关税与消费税管理法》第165条中与海关事务有关的类似权力，以及与国内税收有关的向告密者支付报酬的更有限的权力（《1980年国内税收管理法》第32条）。参见女王（邱豪斯）诉英国税务局专员案（*R [Churchouse] v IRC* [2003] EWHC 681 [Admin]; [2003] STC 629）和"英国税务机关向举报人支付605000英镑的记录"（UK Tax Authorities Pay Record £605,000 to Informants），载《卫报》2015年6月15日。
193　依据《1998年公共利益披露法》。
194　女王诉路斯理案（*R v Loosely* [2001] UKHL 53; [2001] 1 WLR 2060）。
195　《2000年调查权监管法》，现为《2016年调查权力法》。
196　*C's Application for Judicial Review*, Re [2009] UKHL 15; [2009] 1 AC 908.

达的命令执行窃听,由此获得的信息具有证明力且可以被使用,[197]但该信息需要接受排除审查。[198]

有时,税务海关总署会通过反洗钱领域的强制或受保护的披露制度获取信息。根据鲍曼诉菲尔斯案的裁决,[199]《犯罪收益法》第七部分关于洗钱的主要规定并不排除法律职业特权的适用。但如果符合"不公正例外",[200]法律职业特权将被排除,监管者将承担报告义务,那么,律师将有义务依据《犯罪收益法》的规定向英国国家犯罪调查局报告嫌疑犯罪,如果不履行该义务则构成犯罪。[201]由此"不公正例外"[202]的范围显得至关重要。如果例外情形仅限于犯罪,那么避税将被排除在外。如果例外情形适用的范围更广,也就是说假如巴克莱银行诉尤斯蒂斯案[203]的裁决是正确的,该案适用"不公正例外",那么法律的明确性就明显减弱了。假设律师代表瑞士联合银行的一名员工,[204]如果以尤斯蒂斯案为准则,法律职业特权的认定将会因为计划的性质而不确定。如果律师怀疑其客户可能实施逃税行为,[205]如果女王诉威廉案[206]的判决是正确的(即哪里有逃税,哪里就有洗钱),那么即使客户按照计划进一步实施的行为是合法的,其通信也不会享有特权。

---

197 也就是说,并没有因为《调查权监管法》(RIPA)第17条而被排除在外。
198 依据《2016年调查权力法》第55条及以下。
199 *Bowman v Fels.*
200 参见本章标题为"不公正例外"的部分。
201 《犯罪收益法》第330条。
202 参见本章标题为"不公正例外"的部分。
203 注167。
204 即税务海关总署诉瑞士联合银行案(*HMRC v UBS* [2016] UKSC 13)中的纳税人;参见第三章标题为"避税的解决措施"的部分。
205 "怀疑"一词指的是女王诉达·席尔瓦案(*R v Da Silva* [2006] EWCA Crim 1654; [2007] 1 WLR 303)。
206 参见第九章标题为"洗钱罪的实行犯"的部分。

（十）纳税人保密

国家要求了解一位绅士的财产和收入是一种严重侵犯，应将其最小化。这一传统理念，在所得税制度的发展中受到了冲击。[207] 尽管有些证据记载，在19世纪，对纳税人申报单的处理保密措施不尽如人意，甚至申报单被商人用来包装产品，[208] 但纳税人保密的理念仍旧根深蒂固。由此产生了一项关于披露纳税申报单的非常严格的政策，即除了调查谋杀和叛国罪之外，税务局仅能基于法院命令向警方披露信息，而法院签署这种命令并非例行公事。

除了限制国家侵犯以外，[209] 避免纳税人成为欺诈、绑架或仇富的目标以及便于管理（在雇员之间对工资保密）都是纳税人保密的常见理由。[210] 为便于管理而保密的理由，实际上是在为维护简陋、不透明的管理制度辩护，经常是为了掩盖非法的歧视。[211] 保护私有财产在没有正当理由和正当程序的情况下，免受国家侵犯的理论更

---

[207] 参见第二章标题为"所得税"的部分，以及基斯报告第9.16段及以下。

[208] "纳税申报单被用来包裹奶酪、肉、黄油和鱼。"罗伯特·科利（Colley, Robert），"肖尔迪奇的税收欺诈：1860年国家与公民社会关系研究"（The Shoreditch Tax Frauds: A Study of the Relationship between the State and Civil Society in 1860），载《历史研究》（Historical Research）（2005年）第78卷，第540—562页。

[209] 关于这一点，参见贾森·沙曼（Sharman, Jason），"作为欺诈的隐私：透明时代的个人财务信息"（Privacy as Roguery: Personal Financial Information in an Age of Transparency），载《公共管理》（Public Administration）（2009年）第87卷，第717—731页。

[210] 参见奥斯塔·姆巴（Mba, Osita），"英国税收管理的透明度和问责制：税收保密的性质和范围"（Transparency and Accountability of Tax Administration in the UK: The Nature and Scope of Taxpayer Confidentiality），载《英国税务评论》（2012年），第187—225页。

[211] 参见约书亚·布兰克（Blank, Joshua），"捍卫个人税收隐私"（In Defense of Individual Tax Privacy），载《埃默里法律杂志》（Emory Law Journal）（2011年）第61卷，第265页。

有说服力，而且这个问题确实需要加以解决。一个相关的问题是，这些国家通常都是实施货币管制的国家。在巴拿马文件中出现的莫萨克·冯塞卡事务所的大量客户都来自于这些国家。国际金融行动特别工作组（FATF）尚未承认违反货币管制是洗钱的强制性前提，但将其适时纳入是大势所趋。

向英国国家犯罪调查局披露的信息可能会被转给税务海关总署。[212] 规定国内税务局与英国海关合并为税务海关总署[213]的法律，对资料的用途及保密要求作出了明确规定。税务海关总署被允许将其获得的信息用于其内部所有职能。[214] 禁止税务海关总署向外部披露其掌握的与其职能有关的信息，[215]该禁止披露保留了两种例外情形，第一种是有强制性规定，[216]第二种是向检察机关披露信息的用途是决定是否提起指控，或者建议[217]或同意刑事调查。[218]

英国1989年设立了披露信息罪。[219] 非法披露是一种刑事犯罪。[220] 在女王诉税务海关总署案中，[221] 最高法院认为，[222] 税务海关专

---

212 《2013年犯罪与法院法》第7条第7款第a项。
213 《2005英国海关专员法》。
214 第17条。
215 第18条。
216 第21条。
217 第35条第5款第b项。
218 第18条第2款第h项。
219 《1989年财政法》第182条。
220 《2005英国海关专员法》第19条。
221 女王（依据独创媒体有限公司和阿尔法公司的申请）诉税务海关总署案（R [on the application of Ingenious Media Holdings Plc & Anr] v HMRC [2016] UKSC 54）。
222 推翻女王（依据独创媒体有限公司和阿尔法公司的申请）诉税务海关总署案（[2015] EWCA Civ 173）和女王（依据独创媒体有限公司和阿尔法公司的申请）诉税务海关总署案（[2013] EWHC 3258 [Admin]; [2014] STC 673）。2016年7月审理了向最高法院申请的上诉。

员违反了法案第18条第1款和第2款的规定，在一次非正式的吹风会上向记者披露了原告的信息，导致一些反映通过电影投资实施避税计划的文章被发表，文章中提及了原告的名字。依据机构之间签署的管理信息披露协议，向包括其他政府机构在内的第三方披露信息，[223] 作为打击逃税和避税的一项机制对于加强宣传可能会受到欢迎，但其法律基础必须是安全的。

五、结论

自罗思敏斯特案以来，通过刑事手段收集逃税证据成为趋势。人们已经认识到，某些情况下，这些权力既是必要的又需要严格限制。这一趋势与逃税向其他犯罪看齐并将其纳入刑事司法重要任务的发展方向相一致，当然其中也有安全因素的考量。禁止自证其罪特权的基本原理在税务海关总署和纳税人之间的关系中得到了验证。我们需要对这一特权进行更好的解释，而不是简单地将与国家主体相对的纳税人的地位描述为该特权的例外情形。事实上，法律职业特权的意义可能被夸大了。即使不享有特权，交流也很可能通过口头进行，而在税收方面，无论如何，现有证据表明，查阅律师的客户档案对税务海关总署的价值是有限的。从纳税人以外获取证据而言，逃税调查与其他任何调查面临的法律问题并无不同。

223　第三方披露协议（皇家检察署、税务海关起诉办公室、反重大欺诈办公室、英国警察协会和英国皇家税务海关总署）。http://www.cps.gov.uk/legal/p_to_r/prosecutors convention/。

第七章 起诉及其替代方案

毋庸置疑,并非所有的逃税者都会受到起诉,本章将讨论起诉决定的相关问题以及税务海关总署采取的其他起诉替代方案。

一、起诉决定

决定是否对个案提起诉讼,需要经过"双重"考察程序。首先衡量起诉是否有50%以上的胜诉机率,[1]其次考察起诉是否符合公共利益。[2]这种双重考察程序在部分案件中具有可行性,但不能解决涉案人数较多的案件。假如有一千名涉嫌逃税者,并且有充分的证据证明他们构成犯罪(他们均符合50%的胜诉标准),这种情况下通常并不需要起诉所有人,而只需择其部分起诉。从公共利益的角度考量,结论同样是只需起诉其中部分人,但仍然需要面临现实选择。英国税务局和英国海关之间历史遗留的差异,成为影响起诉的因素。[3]如果走私犯罪的涉案金额达到5位数,往往会引起刑事指控,而所得税

---

[1] 这个考察程序可以灵活应用。
[2] 安德鲁·阿什沃思,"英格兰和威尔士检察官办公室的发展",载《欧洲犯罪、刑法和刑事司法期刊》(2000年)第8卷,第257、269页。
[3] 参见第四章标题为"量刑"的部分。

欺诈的金额达到5位数，则可能不会受到起诉。[4]但问题是，如此选择，依据何在？

考察大量案件后，低至75%的定罪率[5]令人惊讶。

税务海关总署的刑事调查政策[6]表示：

税务海关总署一般会在以下情形考虑启动刑事而不是民事调查程序：

有组织犯罪团伙攻击税务系统或者实施有计划的欺诈，对税基构成严重威胁的，包括预谋；

个人担任信托或管理职位的；

民事调查的过程中做出虚假陈述或提供重大虚假文件的；

实施的避税方案中存在依据虚假或篡改文件，或为提高避税方案的可信度歪曲依据或重要事实的；

涉嫌故意隐匿、欺骗、共谋或舞弊的；

涉嫌使用虚假或伪造文件的；

涉嫌违反进出口禁令和限制的；

涉嫌洗钱的案件，特别是存在由顾问、会计师、律师和其他以

---

4 税务局辩称，提起雷德克纳普案等备受关注的案件有助于说服普通民众正确填写纳税申报单，过去还曾提起对肯·多德和莱斯特·皮戈特的诉讼。"雷德克纳普无罪释放引发了对税务海关总署的质疑"，载《金融时报》2012年2月8日，https://www.ft.com/content/b2cc6d5e-527f-11e1-ae2c-00144feabdc0；参见"税务海关总署：收税员来了"，载《金融时报》2015年8月20日。

5 "定罪率提升至58%后，税务海关总署加大力度打击逃税"（Steps Up Tax Evasion Drive after 58% Rise in Convictions），载《金融时报》2015年12月14日。

6 税务海关总署，《刑事调查政策》（Criminal Investigation Policy），2015，https://www.gov.uk/government/publications/criminal-investigation/hmrc-criminal-investigation-policy。

第七章　起诉及其替代方案

"专业"身份提供方法,使执法部门无法缴获赃款的;

行为人有犯罪或多次违法前科,或者屡遭民事诉讼的;

涉嫌窃取、滥用或非法毁损税务海关总署文件的;

有证据证明存在殴打、威胁或冒充税务海关总署官员的;

涉嫌与税务海关总署管辖案件以外的国内外犯罪有关联的;

决定对案件进行民事欺诈调查还是刑事调查的一个因素是纳税人是否全面且无隐瞒地披露了所犯罪行。

然而,在某些金融犯罪中,税务海关总署通常不会采用民事欺诈调查程序,例如:虚假增值税登记退税欺诈或者有组织税收抵免欺诈。

以上标准取代了曾经的"罪行恶劣"标准,[7]检控人员在个案中被赋予了广泛的自由裁量权。同时,在这些标准之外,还有其他基于各种原因寻求可诉或可不诉的路径。

有观点认为名人更应当受到起诉。这是因为起诉名人引起的社会关注度更高,从而可以发挥更大的威慑作用。[8]然而,事实并非如此。莱斯特·皮戈特是20世纪下半叶最受瞩目的被判定有罪的名人,他是当时唯一因为在《汉萨德英国议会议事录》程序的质询答复

7　女王诉英国税务局专员,米德等(单方诉讼)(*R v IRC, ex p Mead and another* [1993] 1 All ER 772; [1992] STC 482),引自基斯委员会主席金克尔勋爵,《税收部门的执行权力》第1卷和第2卷,第22.1.7和22.1.8段。

8　约翰·布雷斯韦特(John Braithwaite)和彼得·达沃豪斯(Drahos Peter),"零容忍、点名和谴责:是否存在权力犯罪?"(Zero Tolerance, Naming and Shaming: Is There a Case for It with Crimes of the Powerful?),载《澳大利亚和新西兰犯罪学期刊》(2002年)第35卷,第269—288页。

中未如实提供信息而被起诉的人。[9]除此以外,其他对名人的起诉都未成功,可能因为陪审团对名人会产生更多同情。1989年,对肯·多德的指控失败;2012年,对英格兰足球队主教练的有力竞选人、足球经理人哈里·雷德克纳普的逃税罪指控也以宣告无罪告终。[10]该案非但没有在起诉前搜查其住所,[11]而且起诉工作也不尽如人意。检方指控雷德克纳普与前俱乐部主席彼得·曼达里奇在朴次茅斯足球俱乐部任职期间,由曼达里奇将钱汇入雷德克纳普的离岸银行账户,逃税金额总计18.9万英镑,雷德克纳普和曼达里奇都辩称,这笔钱是二人友谊的馈赠,与雷德克纳普的工作无关。切中要害的无罪理由是,该案税款总额的估值降到了8万英镑以下。如果要使基于威慑功能的倾向名人的起诉政策具有可行性,那么至少需要确保实践中对名人的定罪率与总人口的平均定罪率相当。

某一阶段,税务机关曾采取有意按地域和不同经济行业分散起诉的政策。例如,如果碰巧纳税人所工作的地区和行业最近没有案件受到指控,则对其提出指控的可能性更大。该政策的目标是将案件刊载在当地的媒体和专业刊物上。虽然这项政策在早期效果良好,但如今新闻媒体和社交媒体日益多元化,这项政策变得不易实施且似乎已经不合时宜。

---

9 "莱斯特·皮戈特被判入狱三年"(Lester Piggott Jailed for Three Years),http://news.bbc.co.uk/onthisday/hi/dates/stories/october/23/newsid_3755000/3755282.stm。

10 "哈里·雷德克纳普和米兰·曼达里奇逃税罪名不成立"(Harry Redknapp and Milan Mandaric Cleared of Tax Evasion),载《卫报》2012年2月8日。

11 不合法并给人以粗暴的印象,参见女王(依据雷德克纳普的申请)诉伦敦市警察局长案。

（一）公示但不起诉？

能否既不用承担起诉的成本和风险又能保障公众的利益呢？多年来，税务海关总署一直致力于实施对税收不遵从者的"公开谴责"计划和公布在逃名单的工作。[12] 自2009年起，税务机关被允许定期公布[13] 故意不履行纳税义务者的名单。[14] 在少数严重案件中，当故意欠税金额在2.5万英镑以上且纳税人未向税务海关总署履行报告义务时，税务海关总署会公布欠税者的姓名。[15] 除此以外，税务海关总署还发起了境外媒体公布运动，并公布了两张显示刑事调查和特别任务组调查成果的互动图。[16] 这方面的工作还大有空间。

（二）对起诉决定的司法审查

理论上，起诉决定须受司法审查，但检控人员在此拥有较大的自由裁量权。英国税务局的起诉政策体现在一系列案件中，如：女王诉英国税务局专员，米德等（单方诉讼）；[17] 女王诉英国税务局专员，艾伦（单方诉讼）；[18] 女王诉维尔纳案[19]。在米德案中，上诉法院以下述方式回应了对税务机关选择性起诉政策的质疑：

12　https:// www.flickr.com/photos/ hmrcgovuk/sets/72157631087785530/。

13　https:// www.gov.uk/ government/ uploads/ system/ uploads/ attachment_ data/ file/425639/ 150501_ deliberate_ defaulters.pdf。

14　《2009年财政法》第94条。大多数的默认值是四到五位数。https:// www.gov.uk/ government/ publications/ publishing-details-of-deliberate-tax-defaulters-pddd/ current-list-of-deliberate-tax-defaulters。

15　英国财政部，《处理逃税和避税问题》（Cm 9047, 2015），第2.13段。

16　http://hmrcdigitalpilots.com/。

17　R v IRC, ex p Mead and another.

18　*R v IRC, ex p Allen* [1997] STC 1141.

19　*R v Werner* [1998] STC 550.

英国税务局之所以这样做，主要基于三方面原因：第一，他们的首要目标是征收税款，而不是惩罚违法者；第二，他们没有足够的资源去起诉每一个不诚实的逃税者；第三，他们认为对某些案件的起诉是必要的，让纳税人知道如果他们实施了不诚实的逃税行为，就可能会被起诉，从而对纳税人产生威慑，也许这点是更为重要的。[20]

在艾伦案中，法院认为司法审查申请已经超过诉讼时效，但（从随后的诉讼看，这并不意外）[21]指控符合税务机关的工作惯例。在女王诉维尔纳案中，上诉法院将英国税务局在普通法中的起诉权[22]描述为"附属于、支持并受限于其征收税款的职责"。[23]上诉法院法官罗斯（Rose）说：

代表政府的税务机关并没有明确的法定检控权，但在普通法上依据其整体职能，[24]则有这种权力。税务机关有一套按个案的实际情况选择起诉的政策……[25]税务机关有权决定是起诉欺诈型逃税还是

20　*Mead* at 783C.

21　*R v Allen* [2001] UKHL 45; [2002] 1 AC 509. 参见第六章标题为"税法中的禁止自证其罪特权"的部分。

22　如女王诉罗林斯案中所确认的那样，也就是说，因起诉源于任何单独法人享有的私人诉讼权利。

23　女王诉维尔纳案，援引米德案（at 778 B per Stuart Smith），英国税务局通知（ST2/ 88）第2段，基斯委员会主席金克尔勋爵，同注7，第176.1段，和《1987年刑事司法法》第4条第2款，将英国税务专员作为向刑事法院移交诉讼程序的是指定机关。

24　引用米德案，税务声明，《税务民事处罚和刑事诉讼案件》（*Civil Tax Penalties and Criminal Prosecution Cases SP 2/ 88*）（1988年5月10日）第2段，基斯报告（税务部门执法权力委员会）（1983）（Cmnd 8822，第176.1段）以及《1987年刑事司法法》第4条第2款，将英国税务专员作为向刑事法院移交诉讼程序的指定机关。

25　引用米德（单独诉讼）案第492页，斯图尔特·史密斯公爵（脚注补充）。

接受经济和解。税务机关一直认为起诉和接受经济和解是两种可选择的不同路径。税务机关处理涉嫌严重欺诈案件的《1990年执业守则》（作为《公民宪章》[26]的一部分）声明："委员会的政策是起诉最严重的犯罪，其中包括所有类型欺诈，但他们可以选择经济和解作为刑事诉讼的替代方案。"多年来，财政大臣在对议会的声明中已经承认了这些替代方案[27]（参见最近英国财政大臣的声明，该声明呼应了上文所引述的《执业守则》）。[28]

虽然理论上可以对检控人员的不起诉决定进行审查，[29]但仅在极其特殊的情况下这种质疑才能得到法院支持。[30]逃税案的不起诉决定之所以不太可能被成功质疑，是因为如果不起诉决定被推翻，那么原先为了不被起诉而提供相关信息的人（前合伙人、会计等）将可能另谋出路。

26　《公民宪章》（Citizens' Charter）是英国政府成立初期的一项创举。参见安·巴伦（Barron, Ann）和科林·斯科特（Colin Scott），"公民宪章计划"（The Citizens' Charter Programme），载《现代法律评论》（1992年）第55卷，第526页。

27　财政大臣约翰·梅杰（John Major）于1990年10月18日发表的议会辩论（Col 882W）（脚注补充）。

28　*R v Werner* [1998] STC 550 at 555.

29　女王诉皇家检察署署长，乔杜里（单独诉讼）案（*R v DPP, ex p Chaudhary* 1 Cr App R 136）；女王诉皇家检察署署长，曼宁（单独诉讼）案（*R v DPP, ex p Manning* [2001] QB 330）；韦伯斯特诉皇家检察署（*Webster v Crown Prosecution Service* [2014] EWHC 2516 [Admin]）；曼迪·伯顿（Burton, Mandy），"复审皇家检察机关不起诉的决定"（Reviewing Crown Prosecution Service Decisions Not to Prosecute），载《刑法评论》（2001年），第374页。

30　女王诉反重大欺诈办公室主任案（*R [on the application of Bermingham] v Director of the SFO* [2006] EWHC 200 [Admin]; [2007] QB）第63—64段。参见女王诉反重大欺诈办公室主任案（*R [on the application of Corner House Research] v Director of the Serious Fraud Office* [2008] UKHL 60; [2009] 1 AC 756）。

假如税务海关总署实施了相当于违约或违反授权的犯罪行为，纳税人能够证明税务海关总署没有履行对纳税人的法定职责，或滥用权力、超越权限，或者故意不公正执法达到滥用、超越职权的程度，税务海关总署原则上有义务接受司法审查。[31]即便有纳税人知道其他纳税人少缴了税款，他们也没有足够的兴趣推动税务海关总署对别人的税收不遵从行为采取措施。[32]

二、交易

是否提出起诉的决定是经过对起诉和一系列替代性措施进行衡量而作出的，而在其他替代性措施的选择中涉及与纳税人的协议。与纳税人达成协议是不起诉逃税者的一个原因。而英国刑事法的态度历来都反对控辩双方就被告人的法律责任或责任履行方式进行任何公开或经法庭允许的讨价还价。[33]经济诱因与不起诉或不以重罪起诉协议，这两方面之间的关系对税法和刑法而言都是核心问题。假如一个人可以通过支付金钱来避免刑事责任，那么他实际上根本不受刑法约束。法治要求公平地对每个人适用规则，显而易见，允许

31　普雷斯顿诉英国税务专员案（*Preston v IRC* [1985] AC 835; [1985] STC282）。

32　女王诉英国税务专员，全国个体经营者和小企业联合会有限公司（单独诉讼）案（*R v IRC, ex p National Federation of Self Employed and Small Businesses Ltd* [1982] AC617）。

33　参见，如女王诉英诺斯派有限公司案（*R v Innospec plc* [2010] EW Misc 7 [EWCC]）。自从约翰·鲍德温（Baldwin, John）和迈克尔·麦康维尔（Michael McConville）发表《协商正义：被告认罪的压力》（*Negotiated Justice: Pressures on Defendants to Plead Guilty*）（London: Martin Robertson, 1977）以来，实际发生的事情就已经为人所知，变得非常不同。

第七章　起诉及其替代方案

通过支付金钱来避免刑事诉讼，是对法治的破坏。该基本原则明确且没有灰色地带，如果可以通过支付金钱来避免一项规则的效力，那么这项规则的普遍性则受到减损。

然而，在我们生活的现实世界，金融犯罪恰恰催生了某种诉讼交易制度。高昂的调查成本和烦琐持久的陪审团审判，使得刑事起诉很难作为金融犯罪案件通用的裁决方式。[34]因为对逃税者而言，还是需要让其承担某种不利后果，故所有的刑事司法体系都有对检控人与被告人之间达成某种协议结案的安排。诉辩交易一直是英美法系刑事司法的特色。[35]交易可能是非正式的，甚至是秘密的，也可能是公开的，但都需要法院认可。通常情况下，这些交易越不被正式批准，就越以非正式或隐蔽的方式进行。诉辩交易在英格兰和威尔士的法院一直是不言而喻的存在，以至于在个案中无需专门提及认罪后会减轻量刑。[36]此

34　阿尔舒勒（Alschuler），"与抢劫犯的调解：民事案件中审判服务的短缺和双层体系的需要"（Mediation with a Mugger: The Shortage of Adjudicative Services and the Need for a Two-Tier System in Civil Cases），载《哈佛法律评论》（1986年）第99卷，第1808—1859页。

35　阿尔舒勒，"辩诉交易及其历史"（Plea Bargaining and Its History），载《哥伦比亚大学法律评论》（1979年）第79卷，第1—43页；鲍德温和麦康维尔，同注33；克里斯·布兰特（Brants, Chrisje），"合意刑事程序：辩诉及认罪交易和刑事简易程序"（Consensual Criminal Procedures: Plea and Confession Bargaining and Abbreviated Procedures to Simplify Criminal Procedure），载《比较法电子期刊》（Electronic Journal of Comparative Law）（2007年）第11卷，http://www.ejcl.org/111/art111-6.pdf；M.波尔（M Boll），《辩诉交易与刑事诉讼中的协议》（Plea Bargaining and Agreement in the Criminal Process）（Hamburg: Diplomica Verlag, 2009）。

36　这仍然是司法裁量权的问题，而不是法律问题，但减刑的罪犯可能期望将其归功于认罪。《2003年刑事司法法》第144条并未授予减刑的法定权，但法院必须考虑（a）嫌疑人表示欲认罪的诉讼阶段，和（b）表明144条第1款的情况。2016年初，量刑委员会发起了一次关于减刑的咨询：新闻稿，2016年2月16日，http://www.sentencingcouncil.org.uk/news/item/reduction-in-sentence-for-a-guilty-plea-consultation-launched-on-sentencing-guideline。

外，还存在其他可以达成交易的法定情况。[37]

在逃税以外的金融犯罪领域，辩诉交易的压力部分来自于反重大欺诈办公室为了确保定罪而陷入的困境。它经历了曲折的历史［在上世纪八九十年代，对国民西敏寺银行（County NatWest）、健力士公司（Guinness）、蓝箭（Blue Arrow）、巴洛克罗斯（Barlow Clowes）、布恩特沃克（Brent Walker）及麦克斯威尔兄弟（Maxwell brothers）的起诉；[38] 在本世纪，对程吉斯兄弟（Tchenguiz）[39] 和伦敦同业拆借利率（Libor）案的起诉[40]］，其要面对高昂的起诉成本，反重大欺诈办公室尴尬的定位，以及要求废除诉辩交易的呼声。在逃税领域，已有对名人的无罪判决。而相对于其他方式，逃税案件的起诉成本和收益往往表明，如果能够获得经济补偿，起诉应仅限于一小部分案件。

37　《2005年严重有组织犯罪与警察法》确立了一个法定制度，使检察官能够给予嫌疑人豁免权或保证，他们所说的话永远不会被用来指控他们。参见科克（Corker）、大卫（David）、吉玛·图姆斯（Gemma Tombs）和塔玛拉·奇泽姆（Tamara Chisholm），"《2005年严重有组织犯罪与警察法》第71和72条：普通法走向何方？"（Sections 71 and 72 of Serious Organised Crime and Police Act 2005: Whither the Common Law?），载《刑法评论》（2009年），第261页。

38　迈克尔·利维在附录B中对案例的总结：《对严重欺诈的调查、起诉和审判》（The Investigation, Prosecution, and Trial of Serious Fraud）（皇家刑事司法委员会研究报告第14号，1993年）。

39　"新近的庭审败诉使反重大欺诈办公室蒙羞"（SFO Humbled after Latest Trial Collapse），载《泰晤士报》2015年2月13日。

40　在伦敦同业拆借利率操纵丑闻之后，有一人被判有罪，参见女王诉海耶斯案；但2016年1月有一系列无罪释放，参见"清算经纪人是丑闻的替罪羊"（Cleared Brokers "Were Scapegoats" for Scandal），http://www.bbc.co.uk/news/business-35428279，2016年1月28日。第三次审判（R v Mathew, Contogoulas, Merchant, Pabon, Reich [2016]）确实定罪了。

英国海关有权在任何时候终止(继续)起诉。[41]这并不必然影响被告人与税务机关之间协议的结果,但至少会影响到协议的时间,因为英国海关与英国税务局相比,对案件提起指控的时间更晚。

在直接税领域,税务海关总署及其前身在未履行告知和《警察与刑事证据法》规定的其他义务的情况下,通过民事调查和支付来获取信息,在后续的刑事诉讼中,由此获取的证据并不会以违反《警察与刑事证据法》或《欧洲人权公约》第6条而受到排除。然而,在合作之前,纳税人就希望能够保证不会被提起刑事诉讼。为了解决这些冲突,各种尝试在不断进行。

(一)《汉萨德英国议会议事录》程序

税务海关总署及其前身,通过给违法者提供以坦白和支付罚款来避免受到起诉的机会,而大幅节省了司法资源。[42]自《1998年人权法案》实施以来特别令人困扰的一个问题是:通过承诺不起诉而获得的供词能否在随后对纳税人的刑事指控中作为证据使用。

1923年,英国议会首次公布了前英国税务局委员会对税收欺诈

---

41 该权力规定在《关税与消费税管理法》第152条,源自《1952年海关法》第288条。第152(c)款(减轻和减免刑罚等)和(d)款(提前出狱)已被《2005年英国海关专员法》第52(1)(a)条废止。参见阿拉斯泰尔·莫布雷(Alastair Mowbray),"由海关合并诉讼:预计其法律影响"(The Compounding of Proceedings by the Custom and Excise: Calculating the Legal Implications),载《英国税务评论》(1988年),第290页;下议院辩论(vol 151 cc 560-61W),1989年4月26日(彼得·利利,财政部金融事务秘书)。

42 大卫·奥默罗德,"刑事审判中汉萨德英国议事会的邀请和供述"(Hansard Invitations and Confessions in the Criminal Trial),载《国际证据与证明杂志》(2000年)第4卷,第147页。

的调查管辖权。[43]在女王诉巴克案中,[44]税务机关依据以上调查程序取得了信息,其中包括如果纳税人服从协议,"委员会将不会提起刑事指控,而可以接受以经济协议结案"的声明。在宣读了该声明后,被告人出示了两份伪造的账簿,正是这两份账簿误导了税务机关对涉税金额的评估,征收了少于实际发生额的税款。在后来的讯问中,被告人又出示了两份原始账簿和工作文件,以证明之前提供给税务机关的是为了欺骗税务机关而制造的不完整的账簿。随后,被告人做出书面说明,证明实际涉税金额高于已经申报的金额。

刑事上诉法院认为,《汉萨德英国议会议事录》主张通过违反诱供规则获得的证据是诱供,该案中的账簿是诱供取得,[45]不应被采纳。[46]这项裁决的错误之处在于,法官将账簿中的信息视为被告人陈述。巴克一案的事实部分已被制定法推翻,[47]对该判决的反对之声在文献中也一直此起彼伏,[48]而在艾伦案中,[49]法官也反面引证了该判决。

艾伦案是在1990年版《汉萨德英国议会议事录》政策下的裁决。其提出:

43　下议院辩论(Vol 166 cc 2514-16W),1923年7月19日,威廉·乔森-希克斯爵士(Sir William Joynson-Hicks),财政部长(当时的新首相鲍德温自己担任了一段时间的财政大臣,财政部长是一个内阁职位)。

44　女王诉巴克案(*R v Barker* [1941] 2 KB 381; [1941] 3 All ER 33, CCA),在第381页引用了原始语句。

45　艾伯拉姆诉女王案(*Ibrahim v R* [1914] UKPC 1; [1914] AC599)。

46　At 384-5(Tucker J)。

47　《1942年财政法》第34条(现在的《税收管理法》第105条)。

48　"……非常不满意":鲁伯特·克罗斯(Cross, Rupert)和科林·塔珀(Colin Tapper),《克罗斯和塔珀论证据》(*Cross and Tapper on Evidence*)(London: Butterworths, 8th edn, 1995)第535页注4。

49　女王诉艾伦案第32段及以下。它似乎与《警察与刑事证据法》的第76条第4款第a项不符:"(4)根据本条,供词全部或部分被排除,并不影响(a)根据供词而发现的任何事实的可采性。"这一条款的目的是重申普通法。

对于涉嫌实施欺诈的纳税人，委员会可以不提起刑事指控，而接受补缴税款和罚金的解决方案。即使纳税人已经充分供认并全面配合了对案件事实的调查，委员会也不能保证一定不会提起刑事指控而接受经济解决方式。在任何情况下，税务机关对自己所采取的行动保留完全的决定权。但是在考虑是接受经济解决还是提起刑事诉讼时，他们会考虑纳税人是否已经对案件事实进行了充分交代，是否为调查提供了充分便利，以及是否向委员会提供了核查所必要的账簿、文件、资料或信息。[50]

艾伦案认为，该规定保留了对拒不纳税者在供认后仍可能受到起诉的可能性，因为供认是他犯罪证据的一部分，而该程序并不违反《欧洲人权公约》第6条的规定。上议院认为《1998年人权法案》不具有溯及力，因此上诉不能依据《欧洲人权公约》第6条的规定，但可以参考第6条的主张。事实上，上议院否决了使用在《汉萨德英国议会议事录》下获得的材料违反《欧洲人权公约》第6条的主张。赫顿勋爵说："就《汉萨德英国议会议事录》主张的诱供而言，向税务机关提供真实准确的信息才是诱供证据，但两起案件中的被告均未提供真实准确的信息，而是提供了虚假信息。"[51]

上议院认为，国王有权要求公民申报其收入，并可以为了税收目的而对未如实申报的人采取制裁措施。[52]然而，艾伦是说出了关

50　英国财政大臣约翰·梅杰，上议院辩论（Col 882W），1990年10月18日。
51　第34—35段。
52　因此驳回了《税收管理法》第20条第1款的要求侵犯了第6条所承认的禁止自证其罪特权的论点。参见第六章标题为"税法中的禁止自证其罪特权"的部分。

于自己的事实。[53]赫顿勋爵表示，被告已经提供了真实准确的信息，这些信息披露了其先前对税务机关的欺骗行为，如果被告因该欺骗行为受到指控，他可以主张刑事诉讼程序不公平，并进一步提出法庭不应该采纳他的认罪证据，这两点都是强有力的主张。然而，现实结果却与此相反。[54]

受艾伦案的影响，《汉萨德英国议会议事录》的程序再次修订，这次规定：

如果纳税人收到经授权的官员的告知后，对其所有税收违法行为进行了全面而完整的认罪，则该委员会将接受经济解决方案，并且不提起刑事指控。[55]

《汉萨德英国议会议事录》程序在《欧洲人权公约》第6条规定的紧急情况下无法适用的问题，在女王诉吉尔案[56]中再次出现。本案中，合规专员（Special Compliance Officers）在询问中向被告人表明，尽管税务机关不是在进行刑事调查，但会保留今后进行刑事调查的权力。该询问程序没有遵守《警察与刑事证据法执业守则C》的规定。后来被告人受到多项税收欺诈犯罪的指控，其试图根据《警察

---

53 在英国海关专员使用诱供程序的背景下，上诉法院法官波特（Potter）在哈纳和邱诉税务海关总署案（*Han & Yau v HMRC* [2001] EWCA Civ 1048; [2001] 1 WLR 2253 at 2279F-G）表示支持《汉萨德英国议会议事录》的犯罪段落违反第6条第1款的主张是不太可能的，因为第6条第1款的要求是一般性规定，且没有规定准确的国内法律承认和保护这些权利的方法或程序。

54 第34—35段。

55 下议院辩论（Vol 392 c 784W），2002年11月7日（财政大臣戈登·布朗）。

56 *R v Gill* [*Sewa Singh*] [2003] EWCA Crim 2256; [2004] 1 WLR 469.

与刑事证据法》第78条的规定,将其之前的陈述从审判证据中排除,因为他的大量陈述都是在《汉萨德英国议会议事录》规定的询问下做出的,而这些陈述正是指控的依据,检控方力求以谎言作为依据,由此得出被告不诚实的结论。初审法官裁定,合规专员没有《警察与刑事证据法》规定的"刑事调查的职责"。[57] 由于《执业守则C》的规定不适用,因此该被告人陈述可以采纳。在上诉中,上诉法院认为,合规专员的职责确实包含有对刑事犯罪的调查,他们也有责任调查规定范围内的犯罪行为,因此《执业守则C》确实应当适用于本案对被告人的询问。然而,违反《执业守则C》取得的证据并非必须排除。[58] 同时法院认为,税务机关有权依据被告虚假陈述的事实证明被告不诚实的心态。法院还认为,税务机关的行为并未公然无视《执业守则》的规定,[59] 而且被告已经意识到自己有可能受到刑事指控,并在询问中被建议委托专业人员,但其本人选择了不委托。顺理成章,允许使用根据《警察与刑事证据法》第78条本应该排除的陈述作为证据,对诉讼程序的公正性并不存在不利影响。因此,实际上法院认为,税务海关总署开始进行民事调查,之后就不能对相同事实再转为刑事调查,也不能将在民事调查中取得的证据用于刑事诉讼中。

吉尔案后,《警察与刑事证据法》的适用被区别对待,《警察与刑

---

57 第67条第9款。

58 并不是每一次违反《执业守则C》都会因此导致获得的证据被排除,参见:女王诉艾布扎伦案(*R v Absolam* [1989] 88 Cr App R 332);女王诉沃尔什案(*R v Walsh* [1990] 91 Cr App R 161);女王诉基南案(*R v Keenan* [1990] 2 QB 54; [1990] 90 Cr AppR1)。

59 这将会在《警察与刑事证据法》第78条下发生排斥。

事证据法执业守则C》不适用于增值税案件。[60]在另一起案件中,英国海关官员曾向一名接受询问者保证,他们对被询问者的调查并不是以刑事指控为目的的,但他可能会受到民事处罚。因为他们没有《警察与刑事证据法》第67条第9款规定的"调查刑事案件的职责",所以就不需要遵守《执业守则C》,[61]这一推论并不令人满意。

(二)《执业守则9》

因艾伦案,特别是吉尔案的裁判具有不确定性,[62]加之下议院发表了一系列不同寻常的、具有宪法意义的声明(其实不具有法律性质,但因为经常被引用使其实际具有了法律效果)。因此,在个案的处理中,可能出现各种不确定的结果,既可能认定由《汉萨德英国议会议事录》程序获取的证据违反《欧洲人权公约》第6条规定,也可能认定已经获取的证据因违反《警察与刑事证据法》第78条而被排除,还可能上述两种情况同时存在。然而,《汉萨德英国议会议事录》程序被《执业守则9》取而代之,[63]该守则试图通过免除警告和询问录音建立一个脱警的调查程序。

国家审计署在2010年12月的一份报告中,批评了税务海关总署实施的欺诈民事调查程序(HMRC's Civil Investigation of Fraud)。[64]该

---

60 卡恩诉英国海关专员案(*Khan [t/ a Greyhound Dry Cleaners] v Customs and Excise Commissioners* [2005] EWHC 653 [Ch]; [2005] STC1271)。

61 女王诉唐卡斯特案(*R v Doncaster* [2008] EWCA Crim 5)。

62 参见克里斯·欧茨(Oates, Chris)和爱德·德万(Ed Dwan),"汉萨德安息所"(Hansard R.I.P),载《税务》(*Taxation*)2005年9月22日,第686页。

63 https:// www.gov.uk/ government/ uploads/ system/ uploads/ attachment_ data/ file/ 494808/ COP9_ 06_ 14.pdf。

64 主审计长,《税务海关总署管理民事税务调查》(*HM Revenue & Customs Managing Civil Tax Investigations*)(HC 677: 2010–11)。

报告指出，众多已经适用了《执业守则9》的案件都未能实现披露。未披露存在各种原因，包括案件选择不当及纳税人不合作。《执业守则9》规定了纳税人自动起诉豁免，若纳税人未能按照《执业守则9》的规定与税务机关充分合作，即使证据充分，税务海关总署亦不能提起刑事指控。

（三）协议披露机制

从2012年1月31日起，《执业守则9》被协议披露机制（CDF）取而代之。[65]根据该程序，税务海关总署将以书面形式告知当事人涉嫌税务欺诈。此后60天内，纳税人有机会与税务机关达成披露欺诈的协议。在此期间，或在纳税人确认接受披露协议作出披露之前，税务海关总署不会与纳税人或其专业顾问对话（以免影响英国税务海关总署进行刑事调查的能力）。合作的纳税人不再获得自动起诉豁免权。决定不签署披露协议的纳税人将面临税务机关的介入调查，某些情况下是以起诉为目的的刑事调查。如果税务海关总署根据具体情况，决定不进行刑事调查而采用民事调查，那么纳税人由此受到比签署披露协议更重的处罚。签署协议但实际并不招认和披露欺诈行为的纳税人，也将面临刑事调查。

但悬而未决的是，《执业守则9》或协议披露机制的程序是否必然涉及以《欧洲人权公约》第6条第2款和第3款为目的的刑事指控呢？在金果有限公司等诉英国税务海关总署专员案中，[66]初级裁

---

65 娜塔莉·李（Lee, Natalie），《税法：原则与实践》（*Revenue Law: Principles and Practice*）（Haywards Heath: Bloomsbury, 2015），第102页。

66 *Gold Nuts Ltd and Others v Commissioners For Her Majesty's Revenue & Customs* [2016] UKFTT 82 (TC); [2016] Lloyd's Rep FC Plus 24.

判所表示，[67]如果税务海关总署试图通过以强制性权力取得的证据来达到指控纳税人的目的，法官应根据诸如格林环境工业有限公司（单方诉讼）案、[68]贝格哈尔诉皇家检察署署长案[69]及类似案件的裁判指引，考虑该证据应当符合《警察与刑事证据法》第78条和公平原则。在贝格哈尔案中，最高法院使用了《警察与刑事证据法》第78条规定的自由裁量权，但对待根据《2000年反恐怖主义法》强制获取供述的态度则倾向于采用全面排除的规则。在金果公司案中，法庭也认为，在协议披露机制下的披露要求，的确符合以《欧洲人权公约》第6条第2款和第3款为目的的刑事指控。由此可能产生的重要结果是，纳税人可能需要法律意见，该意见不限于会计师通常提供的帮助。

在协议披露下与纳税人的会见，是否有违《警察与刑事证据法执业守则C》以及是否需要履行告知义务？这是吉尔案遗留的突出问题。如果回答是肯定的，那么试图变通最新《汉萨德英国议会议事录》的尝试似乎已经无路可走，并且选择民事而非刑事路径的决定也是不可撤销的。这样一来的结果可能是保留刑事选择权的案件比例增加。

（四）离岸披露机制

就以上机制的刑事方面而言，没有理由因资金存放地点不同而

67　第288段。

68　女王诉赫特福德郡商会，格林环境工业有限公司（单方诉讼）案（*R v Hertfordshire CC, ex p Green Environmental Industries Ltd* [2000] 2 AC 412; [2000] 1 All ER 773）；参见第六章标题为"税法中的禁止自证其罪特权"的部分。

69　贝格哈尔诉皇家检察署署长（*Beghal v Director of Public Prosecutions* UKSC 49; [2016] AC 88）第65段及以下（休斯勋爵）。

适用不同的规则和不同的谈判条件。然而，在特定司法管辖区，已经有了一些特别的、更宽松的措施。列支敦士登披露机制（LDF）受到《税收信息交换协议》（Tax Information Exchange Agreement）以及2009年签署的谅解备忘录的制约。2010年，列支敦士登与英国共同发表联合声明。列支敦士登披露机制针对的是与列支敦士登有关联的英国纳税义务人，但属于税务海关总署《执业守则9》调查对象（即涉嫌严重欺诈或因税务犯罪而被捕）的除外，这部分被排除的纳税人不得参与列支敦士登信息披露。多年来，列支敦士登披露机制允许纳税人以自愿向税务海关总署披露为条件，换取起诉豁免和减轻处罚。所披露的行为只须追溯到1999年4月，而不是通常的以20年为限。

附随文件声明：

> 如何保证不会受到税务刑事调查呢？我们已经同意向我们做出全面、准确和自动披露的人，不会因涉税相关犯罪而受到我们的刑事调查。但是，不适用于相关受益人员的利得或者可能的利得构成《2002年犯罪收益法》所定义的"犯罪所得"。[70]

英国属地披露机制（CDDF）是类似于美国引入《外国账户税收遵从法案》(FATCA)[71]的制度。《外国账户税收遵从法案》要求英国

---

70 列支敦士登披露机制指出，在这方面，犯罪活动不包括逃税（因此，逃税获得的财产不排除在列支敦士登披露机制之外）。根据《犯罪收益法》第340条的广泛解释（参见第九章标题为"对逃税所得进行洗钱"的部分），如果不同时构成洗钱罪，就很难构成逃税罪。

71 参见第八章标题为"对丑闻的国际回应"的部分。

属地（以及其他地方）银行向美国联邦税务局报告其美国客户的账户信息，而英国税务当局坚持要求获得英国居民的相应数据。与此同时，税务海关总署对皇家附属银行的英国客户开启了一次持续到2016年9月结束的特赦。

列支敦士登披露机制和英国属地披露机制于2015年12月停止登记。英国财政部认为，鉴于经济合作与发展组织的银行账户信息自动交换计划将于2016年至2017年开始实施，所以将列支敦士登披露机制和英国属地披露机制提前结束。[72] 2016年，一个新的、有时限的、处罚更严厉的机制建立，其保留了在"适当的案件"中进行刑事调查的可能。[73]

（五）瑞士

无论瑞士银行保密法缘起何处，[74] 瑞士银行业的保密制度一直以来被认为是国际税收最棘手的问题。[75] 正如汇丰银行瑞士分行泄密事件所显示的，直到2006—2008年，瑞士仍然是预谋洗钱者的天

72　税务海关总署，"实施英美协议提高国际税收合规和实施《外国账户税收遵从法案》：数据保护常见问题"（*Implementation of the UK-US Agreement to Improve International Tax Compliance and to Implement FATCA: Data Protection FAQs*），2012年，www.hmrc.gov.uk/ budget-updates/ march2012/ draft-dpa-fatca-faqs.pdf。

73　英国财政部，《处理逃税和避税问题》（Cm 9047, 2015），第3.15段。

74　参见塞巴斯蒂安·盖克丝（Guex, Sébastien）"瑞士银行保密法的起源及其对瑞士联邦政策的影响"（The Origins of the Swiss Banking Secrecy Law and Its Repercussions for Swiss Federal Policy），载《商业历史评论》（*Business History Review*）（2000年）第74卷，第237—266页。

75　参见帕特里克·艾曼格格（Emmenegger, Patrick），"瑞士银行保密与税务领域中的国际合作问题：一颗坚不可摧的坚果？"（Swiss Banking Secrecy and the Problem of International Cooperation in Tax Matters: A Nut Too Hard to Crack?），载《监管与治理》（*Regulation & Governance*）（2015年），在线出版。

堂。[76]英国与瑞士之间签订的税收合作协议已经生效。该协议实际对在2010年年底以前逃税并未披露瑞士银行账户资金的人实行了赦免,同时允许该账户所有人继续持有该匿名账户。这么宽容的政策是国内逃税政策无法企及的。

2015年,英国政府宣布,自2010年以来,仅英国与瑞士签署的瑞士银行账户预提税协议以及列支敦士登披露机制,就给英国税务海关总署带来了约19亿英镑的未缴税款。[77]普遍观点认为离岸披露机制并不成功。据说,英国2012年从马恩岛、格恩西岛和泽西岛披露机制下的预期收益达10亿英镑,[78]而实际收益仅为2500万英镑。[79]

(六)暂缓起诉协议

英国法中的暂缓起诉协议(DPAs),进一步显示了英国法律对诉辩交易自相矛盾的态度。英国的暂缓起诉协议制度是仿效美国[80]成文法[81]的产物。该协议的本质是,检察官为了从被告公司获取对其本身不利的证据,同意对其暂缓起诉的交易条款。但是该协议只能与法人、合伙或非法人组织签订,不能与个人签订。[82]暂缓起诉

---

76 《2012年财政法》第218节和附表36使协议生效。参见菲利普·贝克(Baker, Philip),"财政法注释:第218节和附表36:英国-瑞士鲁比克协议"(Finance Act Notes: Section 218 and Schedule 36: The UK-Switzerland Rubik Agreement),载《英国税务评论》(2012年),第489页。

77 下议院辩论(Col 492W),2014年1月14日(大卫·高格)。

78 "税务海关总署打开秘密账户的行动失败了"(HMRC Move to Prise Open Secret Accounts Falls Flat),载《金融时报》2015年7月24日。

79 https:// www.gov.uk/ government/ publications/ offshore-disclosure-facilities-guernsey/ crown-dependency-disclosure-facility-figures-guernsey。

80 一个典型的错误借用。

81 《2013年犯罪与法院法》第45条。

82 《2013年犯罪与法院法》附表17 第2部分第4(1)段。

罪名清单中[83]列举了若干可以暂缓起诉的税收相关犯罪。[84]

尽管在渣打银行案中，[85]布莱恩·莱韦森爵士（Sir Brian Leveson）极力倡导暂缓起诉协议，但在未来一段时期，暂缓起诉协议的影响可能有限，暂缓起诉条款为税收犯罪提供了一种可能的选择，但并不意味着它始终是最优的选择。暂缓起诉协议的启动，需要以自我报告失败后，刑事调查或起诉面临风险为前提，还需要以专门检控人员负责谈判为条件。为此，英格兰和威尔士法律中关于公司刑事责任能力的内容需要进行重要调整。迄今为止，政府通过修订"认定"公司刑事责任能力的条款或引进"否定阻却"（failure to prevent）犯罪来扩大公司刑事责任能力的尝试均未成功，这意味着检察官很难掌握充分的证据，对被告人定罪造成强烈威胁，[86]因此对被告人而言，达成暂缓起诉协议仍然不是一个有价值的选择。只有那种像渣打银行一样，公司新的管理层就位并且希望和过去划清界限的案件，才可能选择达成暂缓起诉协议将事实"和盘托出"。巴拿马文件案后，"否定阻却"犯罪的提议被重启，并出现在《2017年金融犯罪法案》中。即使暂缓起诉协议被更广泛地适用，并且扩大了公司刑事责任的基础，但其用于税务案件的可能性还是渺茫。

---

83 《2013年犯罪与法院法》附表17第2部分第15段及以下。

84 第2部分第15段及以下。该清单包括共谋诈骗、欺骗税务局、逃税及洗黑钱等最主要的法定罪行，以及与这些罪行有关的其他罪行。

85 反重大欺诈办公室诉渣打银行案（*Serious Fraud Office v Standard Bank* [2016] 1Lloyd's Law Reports: Financial Crime Plus121）。

86 乐购超市有限公司诉纳特拉斯案（*Tesco Supermarkets Ltd v Nattrass* [1971] UKHL 1; [1972] AC 153）。

三、民事处罚制度

该书的绝大部分内容都涉及刑事责任。然而,从所得税设立之初,税务机关对纳税人欺诈行为的基本态度就是避免适用刑事起诉。[87]在目前以及将来可预见的一段时间内,税务海关总署除了对少部分逃税者进行刑事追诉以外,将主要采取刑事以外的其他手段来处理逃税者。大多数逃税案通过非正式方式处理。税务海关总署的处理方式有:评估并追偿税款、清算、跨机构调查、要求提供抵押担保、修改政策法规以及针对风险领域展开调查。在使用这些机制时,逃税者必须支付所逃税款或关税、利息和顾问的费用。[88]不同于刑事罚金,纳税人资金困难不是民事处罚的抗辩理由。[89]

即使是对严重税务欺诈,税务海关总署采取的主要正式制裁措施也是民事处罚,包括补缴应纳税款、支付罚款及利息。"民事"意味着作出制裁的主体是税务局而非法院,并且纳税人的程序性权利少于刑事程序。[90]在这些案件中,逃税者必须向其办案专员缴纳所逃税款或关税、罚金、利息等大笔费用。据称,税务海关总署工作人

---

87 《1842年所得税法》第55条。

88 《税收管理法》第9部分:由于采用复合利率,延迟会增加费用,并为合规创造财务激励。

89 《2008年财政法》附表41第20(2)(a)段。

90 在总检察长诉凯西案(*Attorney-General v Casey* [1930] IR 163)中,爱尔兰自由州最高法院主张,根据《1918年所得税法》,即使被告被指控存在欺诈行为,也无权接受陪审团审判。

员办理每一起刑事案件所花费的时间是民事处罚案件的8倍。[91]

从引入所得税起,民事处罚就一直适用于逃避缴纳所得税。[92]不论逃税数额多少,按应纳税额的倍数处以罚款,这一最初的规定一直沿用到1960年。虽然洛伯恩勋爵(Lord Loreburn)说这些罚款是"不适当或严苛的",[93]但其在维多利亚时代和爱德华时代被广泛适用,[94]里德勋爵阐述了罚金条款得以沿用的一些理由:

> 这些存在于处罚条款中的矛盾与偏颇由来已久。有的起源于1799年、1803年和1806年的《所得税法》,有的甚至起源于1842年的《所得税法》,该法本身就存在严重偏颇。但在那个低税率的时代,基于应纳税款总额的处罚,可能并不算严苛。这种矛盾与偏颇不仅存在于本因一时之需以临时法案形式颁布的条款中,其还未经任何修订就长期存在于法律的相应章节,这些条款是不周延的,而且还被适用于与立法初衷设定的适用情形截然不同的情况。[95]

该制度被确认后,又在欣奇案中受到上议院的猛烈批评,[96]认为

---

91 参见麦克·埃兰(Mike Eland)"税务海关总署使用民事处罚的案例"(The Case for the Use of Civil Penalties by HMRC), http://static1.1.sqspcdn.com/static/f/421792/8468920/1283985016957/Eland+tax+fraud+May+2009.pdf?token=tZwuIvbiARYG7Ja3T8mApw3CZZ8%3D。

92 《1842年所得税法》第103条,《1918年所得税法》第132条,《1952年所得税法》第25条。

93 总检察长诉蒂尔案(*Attorney-General v Till* [1910] AC 50, on appeal from *Attorney-General v Till* [1909] 1 KB 694)。

94 总检察长诉蒂尔案(at 51-2)。

95 第764页。

96 *IRC v Hinchy* [1960] AC 748; [1960] 1 All ER 505.

其偏离了迪普洛克(Diplock)法官和上诉法院[97]的判例精神。上议院认为,"根据本法处以应纳税款三倍的处罚"是指相关年度的全部应纳税款额的三倍。[98] 税务机关主张,该条款授权是严格的,可以防止权力滥用。实践中,税务机关援引欣奇案作为抗辩理由,因为该案赋予税务机关追缴税款的权力,否则该权力将被法律禁止。税务案件的一般追缴时效是6年,如果在此期间税款缴付不足,追缴时效将一直延续到6年以后。因此,税务机关形成了一种操作,即将案件诉至高等法院,到时可主张的金额比实际损失的税款金额还要多。[99] 这种做法对过失行为的处罚失之过重,而对欺诈行为的处罚又失之过轻,[100] 明显违反了多种处罚规则。欣奇案后,民事处罚制度被迅速修订,修订后的条款一直沿用到2007年法令改革。[101]

(一)现行处罚条款

2007年、2008年和2009年的《财政法》分别引入了修订后的处罚条款,旨在通过对那些不如实提供信息、[102] 不报告应税额、[103] 不申

97　*IRC v Hinchy* [1959] 2 QB 357; [1959] 2 All ER 512.
98　在蒂尔案之后,罗拉特(Rowlatt)法官在总检察长诉约翰斯通案(*Attorney-General v Johnstone* [1926] 136 LT 31, 32),以及最高民事法院在检察总长诉麦克拉伦案(*Lord Advocate v McLaren* [1905] 7F 984; 5 TC 110)中的意见。另参见惠特格罗夫特,"欣奇案",载《现代法律评论》(1960年)第23卷,第425—428页。
99　受到上议院批评的做法:参见惠特格罗夫特,同上,第426页。
100　大卫·威廉姆斯,"税务调查,1900—1914",载《英国税务评论》(2005年),第222页。
101　《1960年财政法》第3部分,后来合并为《税收管理法》第10部分。
102　《2007年财政法》附表24。
103　《2008年财政法》附表41。

报[104]或不按时纳税[105]的纳税人处以更严厉的处罚,以纠正纳税人的行为。在增值税中也有类似的规定。[106]像许多增值税欺诈案一样,税务海关总署对涉嫌骗取其退税案件的措施之一就是不按照申请退税额退税。[107]

对错误行为的处罚可能只适用于纳税人严重过失[108]或故意[109]的情况,如是后者,处罚会更重。如果纳税人在纳税申报表上填写的内容是基于一位信誉良好的会计师的意见,那他则不承担责任。[110]当纳税人无合理理由相信其收到的一笔款项是失业补助金而不是应税所得时,处罚其在纳税申报的自我评估中未尽谨慎义务的错误填报行为是合法的。[111]坚持处罚在纳税申报中因未尽谨慎义务"首次"犯错行为的税务政策是不合法的。如果申诉人在税务顾问的建议下,在纳税申报中省略了一笔离职补偿金,税务机关应当考虑不予处

---

104 《2009年财政法》附表55。

105 《2009年财政法》附表56。

106 《增值税法》第60条及以下。

107 基特尔诉比利时政府案(*Kittel v Belgium* [C-439/04] [2008] STC 1537; [2006]ECR I-6161)。

108 在第3(1)(a)段的含义内:如果错误行为是由于人未能采取合理的注意所导致。

109 第3(1)(b)段:若错误行为是人有意为之才应当受到处罚,因此善意信赖专业顾问建议的人将不会受到处罚。然而,即便委托了专业机构,行为人仍然具有在其行为能力范围内尽合理注意行事的义务。钱纳诉税务海关专员案(*Channa v Revenue and Customs Commissioners* [2013] UKFTT 499 [TC])(FTT[Tax])。任何试图隐瞒故意提交错误信息的行为都是加重的因素:3(1)(c)。

110 《2007年财政法》附表24第18(3)段,责任由纳税人承担。汉森诉税务海关专员案(*Hanson v Revenue and Customs Commissioners* [2012] UKFTT 314 [TC]; [2012]WTLR 1769)(FTT [Tax])。

111 哈丁诉税务海关专员案(*Harding v Revenue and Customs Commissioners* [2013]UKUT 575 [TCC]; [2014] STC891)。

罚。[112]如果纳税人后来发现填写错误,其有义务更正。[113]

如表7.1所示,按类别以税收损失的百分比确定罚款等级。[114]

表7.1 惩罚的等级

	过失	故意但不隐瞒	故意并隐瞒
第一类	30%	70%	100%
第二类	45%	105%	150%
第三类	60%	140%	200%

对经市场筹划的离岸逃税,正常的处罚幅度提高到200%。[115]

(二)程序、举证责任和证明标准

《2007年财政法》第三部分附表24规定了民事处罚程序。税务

---

112 泰斯塔诉税务海关专员案(*Testa v Revenue and Customs Commissioners* [2013]UKFTT 151 [TC]; [2013] SFTD723)。

113 第2段。

114 附表24第2部分第4段:第一类适用于国内事项或离岸事项,这里的离岸事项包括(i)争议地区属于第一类领土,或(ii)涉及所得税或资本利得税以外税种。第二类适用于(a)涉及离岸事项,(b)争议地区属于第二类领土,以及(c)涉及的税收为所得税或资本利得税。第三类适用于离岸事项,所涉地区属于第三类领土,并且所涉税种为所得税或资本利得税。如果依据以下情况征税存在潜在的税收损失,则属于涉及离岸事项的错误行为:(a)收入来源于英国以外的地区,(b)资产位于英国以外或者在英国以外的地区持有,(c)行为完全或主要发生在英国以外的地区,或(d)任何与以上描述相当的收入、资产或活动。附表24第21A段授权财政部明确对各领土进行分类。最新的清单规定于《2011年刑罚、离岸收入等(领域指定)令》,后被《2013年刑罚、离岸收入等(领域指定)(修正)令》修订。

115 《2015年财政法》第120条和附表20。税务海关总署,《应对离岸逃税:加强对海外逃税者的民事威慑》(*Tackling Offshore Tax Evasion: Strengthening Civil Deterrents for Offshore Evaders*)(2015年);税务海关总署,《应对离岸逃税:对离岸逃税教唆者的民事制裁》(*Tackling Offshore Tax Evasion: Civil Sanctions for Enablers of Offshore Evasion*)(2015年)。

海关总署向纳税人发出通知,[116]该通知被视为对应纳税款的核定。纳税人可向初级裁判所就应纳税款的核定提出申诉。[117]公司高管可就公司账目中的故意作假行为承担个人责任,[118]民事处罚还可以施加于合伙关系中的合伙人。[119]对于因不如实申报和不申报已被定罪的,民事处罚可不予适用。[120]对税务局而言,适用民事处罚程序的另一个好处是,该程序由纳税人承担证明应纳税款核定不正确的举证责任。举证标准采用民事证据标准,即高度盖然性标准。[121]

(三)民事处罚的人权问题

《欧洲人权公约》第6条第2款和第3款赋予受到刑事指控的被告人一系列权利。那么,进入民事处罚程序的人是否也应当享有这些权利呢?考量这些人权因素的意义在于,一旦认定违反《欧洲人权公约》第6条,税务机关原本的优势地位(举证责任的负担和证明标准、不支付纳税人法律咨询的费用)将丧失。

问题源于恩格尔诉荷兰政府案,[122]在该案中,欧洲人权法院列出三项标准,后来该标准经常被称为"恩格尔标准"。为了实现《欧洲人权公约》的目的,在将一项行为归为"犯罪"之前,必须满足以下三项标准:(a)满足国内诉讼法对于民事与刑事的分类;(b)犯罪的

116　第13段。
117　第15—16段。
118　第19段。
119　第20段。
120　第21段。并比较征收和没收规定下的双重危险处理方法和《犯罪收益法》下的税务管辖权,参见第九章标题为"没收令影响纳税义务(反之亦然)?"的部分。
121　哈瓦伽诉税务海关专员案(*Khawaja v Revenue and Customs Commissioners* [2013] UKUT 353 [TCC]; [2014] STC150)。
122　*Engel v Netherlands* [No 1] [1976] 1 EHRR 647。

第七章 起诉及其替代方案

性质;以及(c)处罚的性质和程度与行为人引起的风险相当。其中第三项标准尤为关键。在厄兹图尔克诉德国政府案中,[123]行为人违反了交通法规,虽然其接受了根据德国法律处以的民事处罚,但反对支付翻译费用,认为这不符合《欧洲人权公约》第6条第3款。欧洲人权法院在作出处罚决定之前,首先重申了恩格尔标准:

> 刑事处罚区别于其他处罚的特征即惩罚性……交通规则是一项针对作为使用道路者的所有公民的规则;其规定了某种行为以及由此产生的惩罚性制裁。事实上,制裁……旨在惩罚和威慑……重要的是该规则的一般特征和兼具威慑和惩罚性的惩罚目的,足以表明所涉行为具有《欧洲人权公约》第6条规定的犯罪性质。[124]

在本狄依诉法国政府案中,[125]纳税人因各种违反海关、外汇管制和税法的行为被法国海关和税务机关起诉并处以罚款。本狄依向法国最高行政法院提起上诉,理由是当局没有审查他全部的海关档案材料,而只是选择了其中特定的部分。在行政诉讼中,他主张因为自己无从了解案件指控所依据的事实,故其公平审判的权利受到了侵犯。欧洲人权法院主张《欧洲人权公约》第6条第1款仅适用于刑事诉讼。尽管法国法律将本案定性为行政诉讼,但其本质还是刑事诉讼,因为处罚的目的不是为了赔偿行为造成的税收损害,而是为了通过惩罚以防止再犯。纳税人未支付税款而被处以监禁,这是非常严厉的处罚。法院坚持主张不能因为案件的形式分类导致《欧洲人权

---

123 *Öztürk v Germany* [1984] ECHR 8544/79.
124 第53段。
125 *Bendenoun v France* [1994] 18 EHRR 54.

公约》第6条第1款被违反。

在EL诉瑞士政府案中,[126]对死者遗产处以罚金被认为具有惩罚性,由此产生第6条第2款的权利。与之相较,HM诉德国政府案[127]决定重新核定实施故意逃税行为的纳税人10年内而非通常采用的4年内的所得税,因该措施缺乏惩罚性因素,被认为不涉及《欧洲人权公约》第6条的规定。在AP诉瑞士政府案中,[128]罚金规模成为差别的关键。在佳思勒诉芬兰政府案中,[129]欧洲人权法院斟酌了因账簿错误而处以的10项共计300欧元附加费是否属于《欧洲人权公约》所规定的刑事目的。法院的主张如下:

恩格尔标准的第二条和第三条是择一即可而非必须同时具备。只要相关行为依其性质应被视为刑事犯罪,或行为人因该行为受到的惩罚从性质和严重程度判断属于一般刑事处罚范畴……不能仅因判处的惩罚缺乏严厉性,就否定其内在的刑事处罚本质。[130]

欧洲人权法院在厄兹图尔克案和佳思勒案中的判断方法在该法院的其他判决中得到应用,包括格兰茨诉芬兰政府案[131]。因此,欧洲人权法院一向主张,轻微的处罚并不妨碍其成为《欧洲人权公约》

126　*EL v Switzerland* [1997] 3 BHRC 348; [2000] WTLR 873.
127　*HM v Germany* [Admissibility] [62512/ 00] 8 ITL Rep.206; [2005] 41 EHRR SE15.
128　*AP v Switzerland* [1998] 26 EHRR 541.
129　*Jussila v Finland* [2006] A/ 73053/ 01; [2009] STC 29.
130　At [31]。
131　*Glantz v Finland* [2014] STC 2263.

规定的犯罪。在乔治乌诉英国政府案中，[132]欧洲人权法院裁定第6条第2款适用于增值税罚金，鉴于罚金的潜在数额、诉讼程序的惩罚性和威慑性以及对减轻处罚的考量，因此判处增值税罚金具有刑事程序的性质。

就国内法院而言，在2007年以前的制度下，[133]税务民事处罚不涉及刑事指控，因此，《欧洲人权公约》第6条第2款和第3款并不适用。[134]在海关专员诉伦敦市治安法院案中，[135]康希尔的宾汉姆爵士表示：

根据我的判断，对刑事诉讼一般的理解是由代表国家的检察官或自诉人提出的一个正式指控，即被告人违反了刑法，而国家或检察官已提起了最终可能会对被告人定罪的诉讼程序。[136]

因此，即使根据《欧洲人权公约》税务处罚可能被归入刑事处罚，[137]在英国法律中，其也并不属于刑事处罚。税务处罚程序并非以刑事犯罪案件为审理对象，由刑事法院审理，由检察官"代表国家

---

132 *Georgiou [t/ a Marios Chippery] v United Kingdom* [40042/ 98] [2001] STC 80.
133 《税收管理法》第97AA条第1款第a项。
134 夏基诉税务海关案（*Sharkey v Revenue and Customs* [2005] STC [SCD] 336; [2005] STI 223），确认了夏基诉税务海关案（*Sharkey v Revenue and Customs* [2006] EWHC 300 [Ch]; [2006] STC 2026）。
135 *C&E Comrs v City of London Magistrates Court* [2000] 1 WLR 2020; [2000] 4 All ER 763.
136 第17段。在女王诉肯辛顿和切尔西（*R [on the application of McCann] v Kensington & Chelsea LBC* [2002] UKHL 39; [2003] 1 AC 787 at 20）案中得到上议院的认可。
137 哈纳和邱诉税务海关总署案（per Mance LJ at [88]）；彭德尔诉税务海关总署案（*Pendle v HMRC* [2015] UKFTT 27 [TC]）。

对被告人违反刑法的行为提出正式指控"。相反,他们被诉至初级裁判所。[138]

在金诉瓦尔登案中,[139]上诉法院法官雅各布(Jacob)运用本狄侬案标准,[140]认为对因欺诈或疏忽提供错误纳税申报或声明的行为进行强制处罚的程序,适用《欧洲人权公约》第6条第2款。其理由如下:

(a)很明显,该制度旨在惩罚不履行纳税义务的纳税人,并予以震慑。

(b)罚款数额可能非常巨大。

(c)罚款的数额与任何行政事项无关,特别是罚款数额不限于处理纳税人相关的行政和其他事项所支出的费用。

(d)罚款数额取决于纳税人的罪责程度,罪责越轻,减轻的幅度越大。减轻处罚本质上是一种刑事而非民事的考量。

(e)通常被认可的是,纳税人不需要证明罚款决定是错误的,对罚款决定上诉时,举证责任在政府。而在对税款核定的申诉中,证明核定错误的责任在纳税人。由此可以看出,对罚款决定与税款核定的申诉在举证责任上有明显区别。[141]

142　　雅各布法官还认为,适用《欧洲人权公约》第6条的事实本身并不对举证责任的分配产生决定性影响。虽然《欧洲人权公约》第6条

138　附表55,第20段。
139　King v Walden [Inspector of Taxes] [2001] STC 822; [2001]BPIR 1012.
140　Bendenoun v France (1994) 18 EHRR 54.
141　第71段。

第 2 款并无明确例外规定，但其所体现的无罪推定原则是可以被取代的。在确定是否准予举证责任倒置时，法院必须考虑到举证责任倒置是否违背立法初衷，以及举证责任倒置是否会对立法本意的实现产生不利影响。国家有义务证明其所采取的法律手段没有超过必要限度。必要性考量的因素应当包括手段的有效性（威慑力），以及公共防御与行为可责之间的公平性。如果惩罚本身具有刑罚性质，则刑罚程序适用于《欧洲人权公约》第 6 条，因此举证责任由税务海关总署承担。[142]

2010—2011 年公共账目委员会的调查数据显示，[143] 2009—2010 年度涉及欺诈行为案件的民事调查中，平均罚款数额为应缴税款额的 21%；超过 1/4 案件的罚金额低于应纳税款额的 10%，大部分低于 30%；14% 的案件根本没有处以罚款。[144] 虽然委员会得出征收率方面存在一些问题的结论，但并没有批评倾向于适用民事处罚的原则。

（四）民事诉讼

除了适用民事处罚制度、含或不含没收令的刑事诉讼[145]和《犯罪收益法》规定的税收管辖权外，[146] 税务海关总署也有可能通过对经济侵权行为提起民事诉讼来追回税款。最后一种路径很罕见，海

142　参见金诉瓦尔登案第 71 段。
143　公共账目委员会主席霍奇·玛格丽特，《税务海关总署：管理民事税务调查》（*HM Revenue & Customs: Managing Civil Tax Investigations*），2010—2011 年第二十七届会议报告。
144　第 12 段。
145　参见第九章标题为"没收逃税犯罪收益"的部分。
146　参见第九章标题为"《犯罪收益法》的税收管辖权"的部分。

关专员诉TNS公司案就采用了该路径。[147]增值税立法包含了追回超额抵免税款的程序,[148]但由于被告人没有在英国进行增值税登记,所以海关专员无法利用通常程序来追诉被告人,于是转而以共同侵权行为起诉,提出195万英镑的损害赔偿。最高法院认为,增值税立法并不排除其他救济途径,可以采取普通法的路径。

---

147 *Customs and Excise Commissioners v Total Network SL* [2008] UKHL 19; [2008] 1 AC 1174.

148 《增值税法》第78条及以下。

第八章 国际因素

本章将探讨犯罪和税收中与国际相关的内容。在国内法深受国际化影响的当下,刑法和税收处在变革的最前沿。在一国无义务协助他国执行税收法律事务的"税务规则"(Revenue Rule)之下,[1]引渡条约和双边法律协助往往不包括税收犯罪。为了解决这一问题,避免双重征税协定应运而生,然而,这是一种相当拙笨的双边措施。传统跨境税收执法制度建立的基础是以请求为前提的信息交换。尽管相关国家和组织在制定跨国法律措施方面尚存明显不足,但近年来已有很大发展。

一、国际逃税问题

如果可以借助海外银行和金融机构将资金转移至英国税务海关总署的管辖之外,那么税务海关总署的工作将无法开展。对在全球

---

[1] 印度政府的埃文霍姆基思勋爵诉泰勒案。参见阿尔布雷希特(Albrecht),"国际法下的强制执行"(The Enforcement of Taxation under International Law),载《英国国际法年鉴》(*British Yearbook of International Law*)(1953年)第30卷,第454页;彼得·哈里斯和大卫·奥利弗,《国际商业税收》,第466页。

范围内运营的公司而言,国际税收的法律框架陈旧而繁杂。[2]早在20世纪20年代,国际联盟(League of Nations)组织构建了不同税收管辖区之间以征税为目的对跨国公司的利润分配制度。[3]从1961年起,经济合作与发展组织开始成为推动该项制度的主导力量。国际税收领域形成了一套利用不同税收管辖区之间的不同税率实现避税的机制。其中最主要的方法之一[4]是"转让定价",[5]该方法起源于国际税收规则,指公司利用相关法律和避免双重征税协定,将公司的组织机构和账户安排在税收义务和税收成本最小的税收管辖区,以实现税收利益最大化。[6]这种行为通常被形象地描述为一种仅受自我利益驱动的寄生。反对该行为的理论基础是,这些组织享受了一国基础设施带来的利益(相对富裕的消费者群体、道路和其他基础设施),

---

2 参见索尔·皮乔托(Picciotto, Sol),《国际税收体系是否适合特定目标,特别是对于发展中国家而言?》(*Is the International Tax System Fit for Purpose, Especially for Developing Countries?*)(Brighton: Institute of Development Studies, 2013);安格拉德·米勒(Miller, Angharad)和琳妮·奥茨,《国际税收原则》(*Principles of International Taxation*)(London: Bloomsbury, 5th edn, 2016)。

3 迈克尔·格拉兹(Graetz, Michael)和迈克尔·奥希尔(Michael O'Hear),"美国国际税收的'初衷'"(The "Original Intent" of US International Taxation),载《杜克法律杂志》(*Duke Law Journal*)(1997年)第51卷,第1021页;《2010年英国税法(国际税收和其他规定法)》(Taxation [International and Other Provisions] Act 2010 [UK])。

4 其他参见简·G.格拉韦尔,《避税港口:国际避税和逃税》(Philadelphia, PA: Diane Publishing, 2013),第8页及以下。

5 普利姆·锡卡(Sikka, Prem)和休·威尔莫特(Hugh Willmott),"转让定价的阴暗面:它在避税和保持财富中的作用"(The Dark Side of Transfer Pricing: Its Role in Tax Avoidance and Wealth Retentiveness),载《会计观察》(*Critical Perspectives on Accounting*)(2010年)第21卷,第342—356页。

6 经济合作与发展组织,2003年。联合国印发了一份供发展中国家使用的DTA模型。它的目标是将一个国家产生的利润保留在该国。http://www.un.org/esa/ffd/documents/ UN_Model_2011_Update.pdf。

但是他们为这些基础设施所做的贡献却微乎其微。一般意义的"税收正义"主张，公司或个人通过结构选择的变通操作，使其获得没有选择变通的正常纳税人无法获得的优惠税率或扣除，这是有害的。

识别所有来自信托和公司的受益所有人的行动，源自2013年八国集团领导人签署的《厄恩湖宣言》（Lough Erne Declaration）。2015年，英国对公司（不含信托）的受益所有人立法。[7] 避税天堂问题引起了美国总统奥巴马的关注，他于2009年表示，位于开曼群岛的一座名为阿格兰屋（Ugland House）的建筑里，注册了大约1.9万家公司，它要么是"世界最大的建筑，要么是世界最大的税收骗局"。[8] 与英国相同，美国在该领域采取的措施也自相矛盾。如果全力以赴实施打击避税港和提高透明度的行动，那么变化将随之而来。

"离岸"隐蔽管辖区（secrecy jurisdiction）经常是资本从发展中国家流向发达国家[9]的必经之地。资本流动侵蚀了资本流出国的税基，而税收是政府最优且最持续的资金来源，因此这种流动非常不利于发展中国家。[10] 与此同时，这种情况还会形成"逐底竞争"（race

---

7 《2015年小企业、企业和就业法》第7部分和附表3，插入《2006年公司法》第21A条。

8 2009年5月4日，总统关于国际政策改革的讲话。

9 卡利·贺加斯泰德（Heggstad, Kari）和菲耶尔斯塔德（Fjeldstad），《银行如何帮助资本从非洲外逃：文献综述》（*How Banks Assist Capital Flight from Africa: A Literature Review*），米歇尔森研究所研究报告（CMI Report）2010年，第6号。

10 经济合作与发展组织，2013年，http://www.oecd.org/ctp/BEPSActionPlan.pdf。关于税收正义联盟（Tax Justice Network）的回应请参见：http://www.taxjustice.net/cms/upload/pdf/OECD_Beps_130327_No_more_shifty_business.pdf。

to the bottom）效应，[11]即监管最少、最低效的税收管辖区能吸引最多企业。"逐底竞争"的形成原因众多，包括避税、逃税、腐败、欺诈、侵占、洗钱、异常行为（caprice）以及理性和非理性投资。资本转移至离岸管辖区（offshore jurisdiction），这些离岸管辖区既可以作为半永久避税港，也可以作为资金流转通道，例如可以由此将资本转移至伦敦或者纽约。[12]

尽管资本流动的问题经常被归咎于其所涉资本的"非法性"，但这里作为流动对象的资本既包括合法资本也包括非法资本。而资本流动对经济的侵害在于其侵蚀了发展中国家的税基，与资金来源的合法性并不相关。如果资本流动是有害的，并且有可能被禁止，[13]那么禁止的措施也不应该依赖刑事指控。早期，坦齐发表了一段颇具影响力的关于洗钱经济的论断，即洗钱的有害之处在于其所涉及的资金流动并非是一种最佳和有效的市场运行方式。[14]该观点成为后

11　经济合作与发展组织，《有害的税收竞争：一个新兴的全球问题》（*Harmful Tax Competition: An Emerging Global Issue*）（Paris: OECD, 1998）；彼得·路透（Reuter, Peter）编，《枯竭的发展？控制发展中国家非法资金流动》（*Draining Development? Controlling Flows of Illicit Funds from Developing Countries*）（Washington DC: World Bank, 2012）。注意"非法"（illicit）这个词。比较安德鲁·P.莫里斯（Morriss, Andrew P）和洛塔·莫伯（Lotta Moberg），"税收卡特尔化：理解经济合作与发展组织对'有害税收竞争'的行动"（Cartelizing Taxes: Understanding the OECD's Campaign Against "Harmful Tax Competition"），载《哥伦比亚税务法律期刊》（*Columbia Journal of Tax Law*）（2012年）第4卷，第1页。

12　阿拉尔·乌尔曼·卡尔逊（Karzon, Allaire Urban），"国际逃税：在美国产生并且由秘密港培育"（International Tax Evasion: Spawned in the United States and Nurtured by Secrecy Havens），载《范德比尔特跨国法律期刊》（*Vanderbilt Journal of Transnational Law*）（1983年）第16卷，第757—832页。

13　彼得·路透，《枯竭的发展？控制发展中国家非法资金流动》。

14　维托·坦齐（Tanzi, Vito），《洗钱与国际金融制度》（*Money Laundering and the International Financial System*）（Washington DC: International Monetary Fund, 1996）。

来国际货币基金组织进一步详尽阐述洗钱的基础。[15]

(一)离岸

"离岸避税港"并非新生事物,[16]但如今却引起人们日益关注,离岸避税行为也受到强烈抨击。[17]2010年税收正义联盟在一篇被广泛引用的题为《再论离岸价格》的报告中提到离岸金融中心(OFCs)隐匿了大约21万亿至32万亿美元的"金融"财富,而这些财富享受了"实际免税"。[18]尽管离岸金融中心拥有部分拥护者,[19]然而持批评

---

[15] 国际货币基金组织,《反洗钱和打击资助恐怖主义(AML/ CFT)——法律部编制的该计划有效性审查报告》(*Anti-Money Laundering and Combating the Financing of Terrorism [AML/ CFT]—Report on the Review of the Effectiveness of the Program Prepared by the Legal Department*)(2011)。

[16] 道格拉斯·J.沃克曼(Workman, Douglas J),"利用离岸避税港以犯罪的方式逃避所得税"(The Use of Offshore Tax Havens for the Purpose of Criminally Evading Income Taxes),载《刑法与犯罪学杂志》(1973年)第73卷,第675—706页。

[17] 威廉·弗尔切克(Vlcek, William),《离岸金融与小国:主权、规模与资金》(*Offshore Finance and Small States: Sovereignty, Size and Money*)(London: Palgrave Macmillan, 2008)。

[18] 詹姆斯·亨利(Henry, James),《再论离岸价格》(*The Price of Offshore Revisited*)(Tax Justice Network, 2012);古尔德(Gould)和詹姆斯·杰克逊(James Jackson),《经济合作与发展组织关于避税港的倡议》(*OECD Initiative on Tax Havens*)(London: DIANE Publishing, 2010)。

[19] 理查德·戈登(Gordon, Richard)和安德鲁·P.莫里斯(Andrew P Morriss),"流动资金:国际金融流动、税收和洗钱"(Moving Money: International Financial Flows, Taxes, and Money Laundering),载《黑斯廷斯国际和比较法评论》(*Hastings International and Comparative Law Review*)(2014年)第37卷,第1—120页。参见里奥·卡茨(Katz, Leo)对大卫·A.维斯巴赫(Wiesbach, David A),"关于避税的十个真相"(Ten Truths about Tax Shelter),载《税法评论》(*Tax Law Review*)(2002年)第52卷,第215页和斯图尔特·P.格林,"逃税何错之有?",载《休斯敦商业与税法杂志》(2008年)第9卷,第221页的批判:"为避税辩护"(In Defense of Tax Shelters),载《弗吉尼亚税收评论》(*Virginia Tax Review*)(2007年)第26卷,第799页。

意见者众多，其中普遍认为离岸金融中心给世界带来太多恶害。[20]例如，索尔·皮乔托认为，离岸金融中心通过虚假的人员和交易，为全球资本流动提供了一个避税港，打乱了国际框架下的国家体系，并对其进行了实质性重构。[21]腐败、避税、逃税和洗钱之间存在着相互作用和千丝万缕的联系。[22]英国政府因处于离岸司法管辖区网络的中心而闻名，这些司法管辖区使得避税、逃税、腐败和洗钱成为了可能。但目前英国的海外领土和皇家属地尚无此迹象。就英国而言，这是18世纪此起彼伏的军事冒险的结果。[23]

对于那些想少交税的人来说，离岸具有三点吸引力。第一，保密性，其体现在对所获得信息的法律保护和不闻不问的文化传统两个方面。从20世纪80年代起，某些金融保密（financial secrecy）方式引起了人们的关注[24]，从此银行保密制度不受挑战的年代已经宣告

20　尼古拉斯·萨克森斯（Shaxson, Nicholas），《宝藏群岛》（*Treasure Islands*）（London: Vintage Books, 2012）；罗宁·帕兰（Palan, Ronen），理查德·墨菲（Richard Murphy）和克里斯蒂安·沙瓦格纽斯（Christian Chavagneux），《税收港口：全球化是如何运作的》（*Tax Havens: How Globalization Really Works*）（Ithaca, NY: Cornell University Press, 2013）；理查德·墨菲，《在这里，税收过低：跨国公司，避税和你》（*Over Here and Undertaxed: Multinationals, Tax Avoidance and You*）（London: Random House, 2013）。

21　索尔·皮乔托，"离岸金融中心：像科幻小说一样"（Offshore: The State as Legal Fiction），载马克·P.汉普顿（Hampton, Mark P）和杰森·P.艾伯特（Jason P Abbott）编，《离岸金融中心和避税港：全球资本的崛起》（*Offshore Finance Centres and Tax Havens: The Rise of Global Capital*）（London: Palgrave, 1999），第43页。

22　萨克森斯，同注20，第103页及以下。

23　罗宁·帕兰（Palan, Ronen），"金融中心：大英帝国，城市和商业导向的政治"（Financial Centers: The British Empire, City-States and Commercially-Oriented Politics），载《法律理论研究》（*Theoretical Inquiries in Law*）（2010年）第11卷，第142—167页。

24　经济合作与发展组织，《银行保密制度的滥用和税收》（*Taxation and the Abuse of Bank Secrecy*）（Paris: OECD, 1985）。

终结。[25]匿名助力逃税，实现匿名的方法包括空壳公司（公司的主要功能是提供资金的载体[26]）、秘密信托、混合实体、律师－当事人保密特权、匿名受益所有权（通过无记名股票或其他证券实现），等等。无记名信用工具（如通过无记名公司股票实现持有股票者控制和获得股息）曾经一直被使用，并且成为巴拿马文件的焦点之一。第二，离岸税收管辖区对相关事项实行低税率。当然，这点仅对意欲缴税的行为人重要。[27]一家确实打算公布账目并接受审计的公司，可能希望低税率。逃税者希望寻求在其母国税务局管辖之外的地方安置资产，在这些地方他们不用考虑利率、管理费以及金融机构收取的其他费用，也无需考虑当地的所得税、公司税以及资本利得税的税率，将资产安置于此的纳税人只要没有缴纳国内税，就没有承担纳税义务。第三，离岸税收管辖区提供稳定的政治环境[28]和金融产品，这种

---

25 经济合作与发展组织，《银行保密的时代已经结束》（*The Era of Bank Secrecy is Over*）(Paris: OECD, 2011)。请参见路易斯·爱德华多·舒埃里（Schoueri, Luis Eduardo）和玛托斯·卡里基奥·巴尔博萨（Mateus Calicchio Barbosa），"透明度：从税收保密到税收系统的简单性和可靠性"（Transparency: From Tax Secrecy to the Simplicity and Reliability of the Tax System），载《英国税务评论》(2013年)，第666—681页。

26 玛丽·艾利丝·杨，《银行保密和离岸金融中心：洗钱和离岸银行业务》；玛丽·艾利丝·杨，"全球离岸金融中心的开发：银行保密和洗钱"（The Exploitation of Global Offshore Financial Centres: Banking Confidentiality and Money Laundering），载《反洗钱杂志》(*Journal of Money Laundering Control*)(2013年)第16卷，第198—208页。欧盟有关企业匿名的立法将重燃人们对信托公司的兴趣，参见：https://twitter.com/GFI_Tweets/ status/601154193160859648?s=02。

27 公司税的税率是关键税率。一些保密司法管辖区的消费税相当高。

28 参见萨克森斯，同注20，第179—181页。

金融产品被沙曼称为"蓄意模棱两可"(calculated ambiguity)。[29]为了个人的资金安全,人们可能希望把资产安置在比起其居住地区,政治更稳定、经济更繁荣的税收管辖区。

多国政府和著名经济学家[30]谴责利用离岸逃避税收义务的行为。避税港导致的一个结果是,以牺牲国内勤勉的企业家利益为代价,使市场向跨国公司的利益倾斜。一家支付国内所得税和公司税而独立经营的咖啡店,如何与缴纳低税甚至不交税的星巴克竞争呢?独立经营的咖啡店可能给顾客提供比星巴克更好的加浓咖啡,但在价格上却无法与星巴克竞争。谴责"星巴克"的主张基于税法上的不公平竞争,这完全类似于利用"空比萨店"洗钱。[31]我们可能还想对公司内部不必要的跨境补贴采取一些措施。因为,无论补贴的来源合法与否,都不影响其危害性。

跨国公司声称,他们为了获取利润,通过组织业务、设立总部和账户以达到最小化纳税义务的效果,这样做是被允许的。因为如果经济合作与发展组织的各成员国政府想要改变征税基础,无论是单独还是联手,都有能力做到。公司的税收筹划是对税法的理性回应。事实上,这也是必须遵守多重税收管辖的个人或公司,面对多重管辖之间税法条款、定义和豁免相互冲突的情形,唯一可能作出的回

---

29 沙曼(Sharman),"离岸与新国际政治经济学"(Offshore and the New international Political Economy),载《国际政治经济学评论》(Review of International Political Economy)(2010年)第17卷,第1—19页。奥威尔(Orwell)称之为"欺人之谈"。

30 "顶尖的经济学家:避税港没有经济正当性"(Tax Havens Have No Economic Justification, Say Top Economists),载《卫报》2016年5月8日。

31 也就是说,不将洗钱行为定为犯罪行为会导致靠犯罪收入补贴的餐厅与不靠犯罪收入补贴的餐厅之间的不公平竞争。这最好作为竞争法问题来处理。

应。[32]由此造成的损失和损害,不应当迁怒于企业,而应当由立法者负责。

(二)对丑闻的国际回应

如果需要对离岸采取补救措施,那么三个识别标准中的前两个(保密性和低税率)将受到挑战。[33]对此的应对方式是,通过提高透明度和信息披露来解决以匿名或者其他方式模糊资产受益所有人的问题。[34] 2013年,二十国集团确立了国际社会应当遵循的原则:

1.解决避税问题,尤其是税基侵蚀和利润转移,以确保经济活动发生地的税收利益。

2.提高国际税收透明度,促进全球信息共享,使离岸投资纳税人遵守其本国纳税义务。

3.确保发展中国家从G20税收议程中受益,尤其是在信息共享方面。[35]

经济合作与发展组织的税基侵蚀和利润转移方案[36]以及美国政

---

32 亨利·奥道尔(Ordower, Henry),"全球税收统一的乌托邦愿景"(Utopian Visions toward a Grand Unified Global Income Tax),载《佛罗里达税收评论》(*Florida Tax Review*)(2013年)第14卷,第361页。

33 约翰·克里斯藤森(Christensen, John),"隐藏的亿万财富:秘密、腐败和离岸连接"(The Hidden Trillions: Secrecy, Corruption, and the Offshore Interface),载《犯罪、法律和社会变革》(2012年)第57卷,第325—343页。

34 这些细节与原则同样重要。

35 http://www.g20.utoronto.ca/2013/2013-0906-declaration.html#aml。

36 http://www.oecd.org/ctp/beps.htm。

府的《外国账户税收遵从法案》[37]均要求全世界的银行向美国披露受益所有人为美国公民的银行账户,这是强制披露信息的范例。[38]作为洗钱制度修订的一部分,欧盟根据最新的反洗钱规则(AML)要求公司和信托的最终所有者必须列入欧盟国家公开的登记名录。[39]2011年,经济合作与发展组织启动了一项关于税收和犯罪的行动倡议,其中包括论坛、行动计划[40]和其理事会建议[41]。这似乎成为促成2012年国际金融行动特别工作组修订建议被采纳的原因。[42]

2015年10月,经济合作与发展组织发布了[43]税基侵蚀和利润转移的一揽子计划。[44]该计划在反避税机制方面的重大变化是,引入

---

[37] Foreign Account Tax Compliance Act 2010.

[38] 苏珊·摩尔斯(Morse, Susan),"寻求帮助,山姆大叔:全球税收报告的未来"(Ask for Help, Uncle Sam: The Future of Global Tax Reporting),载《维兰诺瓦法律评论》(*Villanova Law Review*)(2012年)第57卷,第529—550页;伊泰·格林贝格(Grinberg, Itai),"对离岸账户征税的斗争"(The Battle Over Taxing Offshore Accounts),载《加州大学洛杉矶分校法律评论》(*UCLA Law Review*)(2012年)第60卷,第304—506页。FATCA并不是普遍受欢迎的,例如:弗雷德里克·贝伦斯(Behrens, Frederic),"大锤敲坚果:《外国账户税收遵从法案》为什么不会起作用"(Using a Sledgehammer to Crack a Nut: Why FATCA Will Not Stand),载《威斯康星法律评论》(2013年),第205—236页;肖恩·德纳尔特(Deneault, Sean),"《外国账户税收遵从法案》:向错误方向迈出的一步"(Foreign Account Tax Compliance Act: A Step in the Wrong Direction),载《印第安纳国际和比较法评论》(*Indiana International & Comparative Law Review*)(2014年)第24卷,第729页。

[39] 《第四反洗钱指令》第3条。

[40] 经济合作与发展组织,《2013年税基侵蚀与利润转移行动计划》(BEPS Action Plan 2013)。

[41] 2010年理事会关于促进税务和其他执法部门合作打击严重犯罪的建议。

[42] 金融行动特别工作组建议3第4段的解释性说明。见"罪行类别"的定义。

[43] http://www.oecd.org/tax/aggressive/。

[44] 参见克里斯蒂安娜·帕纳伊(Panayi, Christiana),《国际和欧洲税法的前瞻问题》(*Advanced Issues in International and European Tax Law*)(Oxford: Hart, 2015),第2—4章。

了不同税收管辖区之间的信息交换和更紧密的互相协作制度。[45]经济合作与发展组织制定了《税基侵蚀与利润转移行动计划》,[46]并修订了《经济合作与发展组织税收协定范本》第26条的措辞,目的是使税务机关可以向其他国家要求提供与纳税人"预期相关"的任何财务信息。[47]税收透明度和信息交换国际论坛(The Global Forum on Transparency and Exchange of Information for Tax Purposes)密切关注着税收透明度的标准、应请求的税收信息交换(EOIR)和自动信息交换。[48]依照《2006年公司法》第113条的规定,公司有义务使股东名册始终处于社会公众可查阅的状态。公众有权查阅公司信息,可以视为公司以隐私权减损作为使用公司结构所付出的代价。欧盟第2014/107/EU号指令规定在欧盟范围内开始执行2014年7月世界经合组织金融账户信息交换国际标准,其中信息的范围不仅包括利息收入,还涵盖股息和其他类型资本收入,以及收入来源账户的年度余额。该指令自2016年1月1日起生效。2015年4月1日,英国开征利润转移税,[49]俗称"谷歌税"(Google tax),并计划在5年内使该税

---

45 经济合作与发展组织,《税收事务行政互助公约》(Convention on Mutual Administrative Assistance in Tax Matters)。

46 经济合作与发展组织,《税基侵蚀与利润转移行动计划》(*Action Plan on Base Erosion and Profit Shifting*)(Paris: OECD Publishing, 2013)。

47 http://www.oecd.org/ctp/exchange-of-tax-information/120718_Article%2026-ENG_no%20cover%20(2).pdf。

48 菲利浦·贝克尔(Baker, Philip),"税基侵蚀与利润转移的项目:披露激进的税收筹划方案"(The BEPS Project: Disclosure of Aggressive Tax Planning Schemes),载《国际税收》(2015年)第43卷,第85—90页。

49 《2015年财政法》第3部分。参见丹·奈德尔(Neidle, Dan),"被转移的所得税——设计上的缺陷"(The Diverted Profits Tax—Flawed by Design),载《英国税务评论》(2015年),第167—171页;菲利浦·贝克尔,"被转移的所得税——部分回应"(The Diverted Profits Tax—A Partial Response),载《英国税务评论》(2015年),第167—171页。

的征收额增加10亿英镑。英国的公司税税率为20%,财政部希望通过高出公司税5%的利润转移税税率,使企业的避税结构瓦解。2015年3月的预算方案对此进一步提出了改进措施。[50]

就跨国公司的国际税收体系而言,反避税领域面临着寻求改变的巨大压力。随着跨国公司的税收待遇被公开,"改革方案"被提上了政治议程。[51]正如"激进对非激进的"避税问题仍然悬而未决一样,[52]税收管辖区之间竞争的利弊以及程度也无定论。欧洲法院对爱尔兰公司税税率是违反欧盟规则的国家援助的裁决,再次把该问题推上了风口浪尖。[53]

即使采取离岸方式,逃税也不同于避税,逃税是犯罪。[54]纳税人通过少报或不报收入、资本利得、其他应税事项或者以少缴税款为目的而虚假陈述,以获得财产。要么该资产早已存入离岸银行账户或者其他投资工具,要么纳税人将资产转入到离岸银行账户或其他投资工具,受益所有人与该项资产之间则不可能或不太可能建立起关联,从而阻碍了向受益所有人征税。因此,在世界上任何一个税收管

---

50 《2015年财政法(No2)》第3部分。

51 帕兰、墨菲和沙瓦格纽斯,同注20,《税收港口:全球化是如何运作的》;墨菲,同注20;公共账目委员会主席玛格丽特·霍奇,《避税——谷歌》(*Tax Avoidance—Google*),2013—2014届会议第九次报告。同时参见玛格丽特·霍奇,《慈善委员会:杯子信托与避税》(*Charity Commission: The Cup Trust and Tax Avoidance*),2013—2014届会议第七次报告。关于2010年至2015年公共账目委员会的工作,参见普利姆·锡卡(Sikka, Prem),"对于避税不作解释"(No Accounting for Tax Avoidance),载《政治季刊》(*Political Quarterly*)(2015年)第86卷,第427—433页。

52 参见第三章标题为"反避税的法律体系与成文法解释"的部分。

53 法院于2016年4月23日星期五同意了欧盟委员会之前的两项裁决,即对位于阿斯基顿(Askeaton)的阿格尼什(Aughinish)氧化铝工厂的税收减免认定为非法国家援助。爱尔兰诉欧盟委员会案(*Ireland v European Commission* [2016] ECLI: EU: T: 2016: 227)。

54 参见第三章。

辖区，只要可能使用不可追溯的无记名证券、股票、其他金融工具或者法律手段（信托、空壳公司）以伪装、隐匿资产受益所有权人的身份，那么将有大量资金涌入这些税收管辖区，同时导致大量税款流失。税收管辖区的保密机制给税务机关带来的困难不仅仅是隐匿犯罪。如果有可能将资金隐匿于保密税收管辖区的银行账户，那么税务机关核查收入和财产（支出加储蓄）的通常机制将因为这些无迹可寻的财产而失效。以税收管辖区之间信息交换为基础的反避税计划也将对反逃税发挥作用。所有这些措施构成了隐蔽性持续消解机制的一部分，该机制旨在加大逃避税难度，同时也是对不愿纳税主体的回应。没有人能提供一种立竿见影的反逃税避税的解决方案。

（三）离岸逃税所涉之罪

英国的纳税申报需要纳税人填报全球范围内的收入和资本收益。也就是说，只要行为属于英国刑事法院的司法管辖，[55]那么故意不申报就是犯罪。然而，截至2015年的5年内，仅有11起离岸逃税案件受到指控。[56] 2015年英国大选期间，"无避税港"（No Safe Haven）作为选举联合计划的组成部分，税务海关总署就离岸逃税犯罪处理问题进行了专门咨询。明显区别于以往的两项新犯罪出现，

---

55 根据《1993年刑事司法法》，舞弊（Cheat）是一种集体犯罪。故意从任何地方提交不正确的英国纳税申报单，显然会引起司法管辖权的行使。
56 公共账目委员会主席梅格·希利尔（Hillyer, Meg），《2014—2015年税务海关总署绩效》（*HM Revenue & Customs Performance in 2014–15*），2015—2016届会议第六次报告，结论9。

一个是离岸逃税,[57]另一个是公司未阻止其员工离岸逃税。[58]离岸逃税罪与《2016年财政法》的要求基本一致,[59]而刑事责任范围扩大到了纳税人的过失行为。

离岸逃税罪[60]仅适用于所得税和资本利得税。其可能承担刑事责任的情形扩展至三种(每一种情形都会导致少报或少缴与海外收入、资产或行为相关的税款)。其分别是:未告知英国税务海关总署应课税事项、未提交纳税申报和提交不属实申报。该犯罪并非仅适用于未申报投资收益,其对象包括所有海外收入和资本收益。入罪标准分别适用于每个纳税年度,并且最高可以判处6个月监禁刑。[61]

"不干涉琐事"(de minimis)的抗辩似乎是新罪的一个特别之处,这是因为该罪仅适用于逃税额达到一定金额以上的行为。[62]一直以来,不时有建议提出将"不干涉琐事"的抗辩引入刑法,但通常

---

[57] 税务海关总署,《解决离岸逃税:离岸逃税者的新刑事犯罪:对回应的摘要》(Tackling Offshore Tax Evasion: A New Criminal Offence for Offshore Evaders: Summary of Responses)(London: HMRC, 2015),对税务海关总署回应的答复,参见:《解决离岸逃税:一种新的刑事犯罪》(Tackling Offshore Tax Evasion: A New Criminal Offence)(London: HMRC, 2014)。

[58] 税务海关总署,《打击海外逃税:一种未能防止对逃税提供便利条件的新型企业犯罪》(Tackling Offshore Tax Evasion: A New Corporate Criminal Offence of Failure to Prevent the Facilitation of Evasion)(London: HMRC, 2015)。

[59] 《2016年财政法》第166条,插入《税收管理法》第106B条。

[60] 《税收管理法》第106B条。

[61] 《1970年税收管理法》第106G条。关于过失犯罪是否可以被判处监禁的文献有很多。

[62] 最初的方案是有5000英镑的限制,随后提高到25000英镑。《税收管理法》第106F条第2款。

都遭到否定。[63]该抗辩如果适用于刑法,则可能包括盗窃小额财物、持有微量毒品、轻微超速以及与参与者年龄有关的轻微违法。尽管这些事项可能会影响检控裁量,但刑法理论的传统立场认为不能以"不干涉琐事"的事由对这些犯罪进行实质的出罪抗辩。而出乎预料的是,引入该抗辩的建议出自税务海关总署。税务海关总署以往从来未提议将"不干涉琐事"作为不履行小额纳税义务案件的抗辩事由,可见新罪抗辩事由的特殊性,这是因为衡量其刑事责任的主要标准就是其纳税义务。

就刑事责任的归责原则来说,该罪并非严格责任。被告证明其合理谨慎处理税收事务,[64]是一种肯定抗辩。但是,不同于国内犯罪,该罪不要求具有不诚实或者任何更积极的可归责要素。至于裁量,法庭则要考量相应的民事处罚,以确保受到民事处罚的主体不会比被定罪者受到更严厉的对待。[65]

引入这种新的归责原则可能会出现两种情况。情况之一,承认使用离岸账户纳税人的特殊性,警告其正在实施的行为可能会构成逃税且其行为将要受到特殊监管。因此纳税人的义务,甚至刑法义务,可能都会相应增强。在这方面的法律安排几乎是合同式的。法

---

63 保罗・罗宾逊(Robinson, Paul),"刑法辩护:系统分析"(Criminal Law Defenses: A Systematic Analysis),载《哥伦比亚法律评论》(1982年)第82卷,第199—291页,第258页,《模范刑法典》不干涉琐事抗辩。也可以参见道格拉斯・胡萨克(Husak, Douglas)"不干涉琐事的刑事辩护"(The De Minimis "Defence" to Criminal Liability),载《刑法哲学基础》(*Philosophical Foundations of Criminal Law*)(Oxford: Oxford University Press, 2011),第13章。

64 "根据本条被控触犯一项罪行的人,如能证明他尽到合理小心以确保申报表准确的义务,即可作为抗辩。"《2016年财政法》第166条,插入《税收管理法》第106D条第2款。

65 《2016年财政法》第166条,插入《税收管理法》第106B条及以下。

律规定:"如果你没有做离岸银行业务,那么对税务海关总署撒谎则构成犯罪;如果你做了离岸银行业务,那么犯罪门槛降低,你任何疏忽下的错误行为将构成犯罪。"

情况之二,引入该罪可能被视为一个不良的开端,由此致使逃税刑事犯罪的构成标准降低。英国刑法的扩张史就是对那些表现出危险的案件制定新的刑事责任,为了法律的统一性,再将其普遍扩张适用于后来案件。很多特殊、严厉的规则,制定之初只是为了应对一个现实急迫的威胁;之后,为了统一和便于管理,又或为了应对这种威胁的持续存在而沿用,继而被扩张运用于更广泛的领域。因此,这可能预示着不诚实责任标准将退出历史舞台,取而代之的是过失责任标准。假如这种情况发生,将不会是一个循序渐进的过程。无论发生哪种情况,我们都不期望引入新罪会导致起诉案件骤增。

无论如何,要想宏观上使提高受益所有权人透明度的独立手段起作用,就要增加每年起诉案件的数量,也只有这样才能证明法律修改的合理性。否则,如果立法工作只是"象征性"的,那么不颁布新法则是更好的选择。

(四)未阻止犯罪

另一项罪行指的是公司未能防止雇员参与海外逃税[66]或更广范围的经济犯罪。[67]《2010年反贿赂法》下的犯罪以及追究专业顾问法律责任的理念都是这一责任模式的体现。根据《2010年反贿赂法》第7条,公司采取了"充分程序"确保其员工不实施犯罪构成一种肯

---

66 税务海关总署,同注58。
67 2014年9月2日,总检察长杰里米·赖特(Jeremy Wright)在第32届剑桥国际经济犯罪研讨会上的主题演讲。

定抗辩。关于"充分程序"具体内容的指导意见也随之出台。[68]

就逃税而言,以一所大型会计师事务所为例,如果其营销了一项可以实现逃税的产品或技术,那么其将承担未能阻止员工利用该产品或技术逃税或帮助逃税的责任,除非其采取了"充分程序"阻止其员工实施该行为。从2015年大选中保守党政府的磋商[69]和回应可以看出该项提议未被采纳。而对于更为普遍的金融犯罪的态度亦是如此。[70]自大选以来,政府表现出以更为宽松的政策应对企业不当行为以及"终结抨击银行家时代"(end of banker-bashing)[71]的态度。

巴拿马文件和2016年伦敦反腐败峰会引发了对该提案态度的峰回路转,提案被恢复和修订,[72]并写入《2017年金融犯罪法案》的第3部分和《2016年财政法》第162条的授权民事处罚条款。[73]

---

68 司法部为了防止关联人员行贿,颁布了有关商业组织行动程序的指南(《2010年反贿赂法》第9条),特别是关于企业如何依据《2010年反贿赂法》第7进行"适当程序"抗辩。司法部,《防止关联人员行贿商业组织行动程序指南(2010年《反贿赂法》第9条)》(*Guidance about Procedures which Relevant Commercial Organisations can Put into Place to Prevent Persons Associated with Them from Bribing [section 9 of the Bribery Act 2010] [2011]*)。

69 税务海关总署,同注57。

70 "司法部撤销'未防止经济犯罪'犯罪计划"(MoJ Drops "Failure to Prevent Economic Crime" Offence Plans),载《法律公报》(*Law Gazette*)2015年9月29日。

71 "乔治·奥斯本暗示结束对银行家的抨击"(George Osborne to Signal End to "Banker Bashing"),载《金融时报》2015年6月5日。

72 "公司面临公司欺诈的刑事责任"(Companies Face Criminal Liability for Corporate Fraud),载《金融时报》2016年5月12日。

73 《2016年财政法》第10部分。

(五)逃税的引渡

在旧有法律下,引渡适用"税务规则"。[74] 因为引渡会导致纳税人在一个司法管辖区的税收责任由另一个司法管辖区法院强制执行,故税收犯罪被排除在引渡犯罪清单之外。由此,《欧洲引渡公约》第5条[75] 排除了税收犯罪适用引渡,除非当事各方达成明确协议。20世纪90年代早期,该规则发生了变化。[76]《2003年英美双边引渡条约》首次[77] 将逃税包含在引渡犯罪之列。如今,从瑞士引渡逃税者成为可能。[78]《2003年引渡法案》中并未将税收犯罪与其他犯罪予以区别对待。[79] 目前,《欧盟逮捕令》(EAW)下的

---

74 这些权限在舍莫尔诉财产资源公司案(*Schemmer v Property Resources Ltd* [1975] Ch 273; [1974] 3 All ER 451)中进行了探讨;女王诉本顿维尔监狱典狱长,胡布汉达尼(单方诉讼)案(*R v Governor of Pentonville Prison, ex p Khubchandani* [1980] 71 Cr App R 241);女王诉大都会首席地方法官,内政部国务秘书(单方诉讼)案(*R v Chief Metropolitan Stipendiary Magistrate, ex parte Secretary of State for the Home Department* [1989] 1 All ER151)。

75 《1957年欧洲引渡公约》。

76 《1993年欧洲引渡公约(税收犯罪)令》。参见《欧洲引渡公约(税收犯罪)令2001》,该命令实施了《公约第二附加议定书》(the second additional protocol to the Convention),根据该附加议定书,该规则已被废除。

77 参见布鲁斯·扎加里斯(Zagaris, Bruce),"美国为引渡税收罪犯所做的努力"(US Efforts to Extradite Persons for Tax Offenses),载《洛约拉洛杉矶国际和比较法评论》(*Loyola of Los Angeles International and Comparative Law Review*)(2002年)第25卷,第653页。

78 布鲁斯·扎加里斯,"瑞士最高法院确认对逃税引渡至德国的国际执法"(Swiss Highest Court Affirms Extradition to Germany for Tax Evasion International Enforcement),载《判例报道》(*Law Reporter*)2010年7月。雷蒙德·伍利(Raymond Woolley),因增值税欺诈罪在服刑期间被判定逃脱,在2009年从瑞士引渡到英国。参见:税务海关起诉办公室,《2008—2009年报》,第18页。

79 至于指控,参见《2003年引渡法案》第64条第8款。

引渡制度已经建立,其中的税收犯罪与一般犯罪并无差异。[80]就英国的引渡制度而言,由于对税收欺诈行为的认定具有不确定性,由此产生了一些双重犯罪条款的判例法。[81]税收犯罪双边法律互助条款的执行似乎已经不存在任何困难。

(六)证据收集

随着"税务规则"影响力的消失,协助其他国家起诉逃税者并获取可以用于起诉逃税的信息成为义务。这种转变始于挪威申请案[82],允许外国税务机关申请证据,并非执行国外的法律,而仅仅是证据收集。目前,英国参与的双边法律互助协议同等适用于逃税及其他犯罪。

二、结论

逃税和避税行为对国家有重要影响,加之其涉及金额巨大,意味着在税收与刑事司法关系中,国际因素的重要性将持续增强。一只有若干孔洞的漏水浴缸,如果仅堵住其中一个洞,那么水将会从其他洞流出,但如果对任何洞都不采取措施,那么水就会以几乎相同的速度从每一个洞流出。只有当最后一个洞被堵住的时候,才会止漏。

---

80 女王诉里夫案(*R v Leaf* [*Ian*] [Unreported, December 1, 2005] [Crown Ct])。同时参见女王诉金士顿刑事法院案(*R* [*on the application of Commissioners of HMRC*] *v Crown Court at Kingston* [2001] EWHC Admin581)。

81 莫罗诉美国政府案;赫特尔诉加拿大政府案(*Hertel v Canada* [2010] EWHC 2305 [Admin]; Davis v Germany [2013] EWHC710)。

82 *State of Norway's Application*, Re [1990] 1 AC723.

国际资本流动亦如此，只有当最后一个漏洞被治理，措施才会明显显效。过去的10年间，巨大的变化已经发生，国家可以获取银行账户信息、引入税收信息交换机制，还进行了其他识别财产受益所有人的尝试。以上措施可能部分发挥防止避税的作用。但尚无定论的是，税收征管中刑事司法是否应该更多介入。时至今日，海外逃税行为受到起诉的案件仍寥寥无几，以至于除了经济合作与发展组织的宏观避税政策以外，很难观察到这方面的任何微观进展。

第九章　税收和刑法的交叉问题

本章将讨论随着税收与刑事司法之间的关系日益密切而产生的诸多问题。这些问题因受到国际社会越来越多的关注而凸显重要。

一、对犯罪所得课税

应在何种情况下对犯罪所得课税？[1]一些其他司法管辖区域规定对犯罪所得不课税，这是因为在刑事司法程序中它们要么作为犯罪所得被没收，要么不被没收，但刑事责任对纳税义务并无影响。英国却从不赞成此观点，因为有些犯罪所得以交易所得的形式缴纳了所得税，其他一些犯罪所得则要缴纳增值税。

（一）所得税

税务机关从来就不热衷于对非法行为征税。因为如果纳税人被定罪并有剩余财产，容易实现追缴税款，但通常情况是其全部款项都将被没收。如果纳税人没有被定罪，税务海关总署则通常认为自己

---

[1] 参见理查德·科里（Cory, Richard），"对犯罪所得征税"（Taxing the Proceeds of Crime），载《英国税务评论》（2007年），第356页。

在刑事证据收集中不起重要作用。

然而，其他地方却并非如此。例如，美国著名的艾尔·卡彭逃税案。[2] 卡彭被税务机关怀疑有大规模诈骗行为。[3] 从法律上讲，1927年以前，卡彭从犯罪活动中获得的收益并不需要在纳税申报表上填报，因为此间其可以适用禁止自证其罪特权不披露收入来源，[4] 尽管如此，当时的美国联邦最高法院仍然裁定，要求个人在联邦所得税申报中申报收入并不侵犯个人保持沉默的权利。[5] 后来，检察官和其他执法部门的官员们对卡彭的诈骗罪起诉都遭遇了困难。其中部分原因在于卡彭与其所受益的街头犯罪没有直接联系，另外的原因在于伊利诺伊州刑事司法系统腐败。对逃税犯罪的成功起诉不禁使一些人想到税收系统可能是一件打击犯罪的利器。[6] 然而，这种"借口起

2　卡彭诉美国政府案（*Capone v United States* 56 F 2d 927 [1931], cert denied, 286 US 553 [1932]）；美国政府诉卡彭案（*United States v Capone* 93 F2d 840 [1937], cert denied, 303 US 651, 82 LEd 1112, 58 SCt 750 [1938]）。

3　约翰·科伯勒（Kobler, John），《卡彭：艾尔·卡彭的生活和世界》（*Capone: The Life and World of Al Capone*）（Boston, MA: Da Capo Press; reprint edn 1992）。

4　美国政府诉沙利文案（*US v Sullivan* 274 US 259 [1927]）。

5　加纳诉美国政府案（*Garner v US* 424 US 648 [1976]）。

6　罗素·贝克（Baker, Russell），"征税：犯罪的潜在毁灭者"（Taxation: Potential Destroyer of Crime），载《芝加哥肯特判例汇编》（*Chicago-Kent LR*）（1951年）第29卷，第197页；米歇尔·加伦特（Gallant, Michelle），"税收及犯罪收益：治理不良金融新方式？"（Tax and the Proceeds of Crime: A New Approach to Tainted Finance?），载《反洗钱杂志》（2013年）第16卷，第119—125页；艾米·布奇（Bucci, Amy），"对非法麻醉品征税：是对第五修正案权利的侵犯还是禁毒战役中的新路径？"（Taxation of Illegal Narcotics: A Violation of the Fifth Amendment Rights or an Innovative Tool in the War Against Drugs?），载《公民权利与经济发展杂志》（*Journal of Civil Rights and Economic Development*）（2012年）第11卷，第22页；帕梅拉·H.布西（Bucy, Pamela H），"刑事税收欺诈：凶手、老鸨和窃贼的倒台"（Criminal Tax Fraud: The Downfall of Murderers, Madams and Thieves），载《亚利桑那州法律杂志》（*Arizona State Law Journal*）（1997年）第29卷，第639页。

诉"[7]是建立在卡彭应该对他的收入（非法收入）负有纳税义务的基础之上。

以税收起诉为"借口"的案例不止于此。美国司法部对国际足球联合会进行调查，2015年5月，足联高级官员在苏黎世被捕，[8]司法部还从联邦税务局的调查中了解到一项重要信息，即作为该案受贿者之一，美国人查克·布拉泽（Chuck Blazer）没有就受贿款纳税。此外，被怀疑涉嫌恐怖主义以及敲诈勒索的托马斯·墨菲，[9]于2016年在爱尔兰被认定逃税罪。

尽管对该问题尚缺乏明确权威的观点，英国法律对非法交易利润所得征收所得税的态度是明确的，无论是不正当收入还是非法收

---

7 "借口起诉"（pretextual prosecution）是指检察官怀疑存在另一种犯罪，通常是更严重的犯罪，但对此缺乏可采信的证据。参见哈里·利特曼（Litman, Harry），"借口起诉"（Pretextual Prosecution），载《乔治敦法律杂志》（*Georgetown Law Journal*）（2003年）第92卷，第1137页；丹尼尔·C.里奇曼（Richman, Daniel C）和威廉·J.斯顿茨（William J Stuntz），"艾尔·卡彭的复仇：论借口起诉的政治经济学"（Al Capone's Revenge: An Essay on the Political Economy of Pretextual Prosecution），载《哥伦比亚法律评论》（2005年）第105卷，第583—640页；斯科特·希米克（Shimick, Scott），"海森堡不确定性原理：从《绝命毒师》臭名昭著的反英雄情景下看刑事税收借口起诉"（Heisenberg's Uncertainty: An Analysis of Criminal Tax Pretextual Prosecutions in the Context of *Breaking Bad*'s Notorious Anti-hero），载《塔尔萨法律评论》（*Tulsa Law Review*）（2014年）第50卷，第43页。

8 "国际足联逮捕事件：内部高层人事和隐匿现金是如何帮助美国立案的"（FIFA Arrests: How a Well-placed Insider and Stashed Cash Helped US Build Case），载《卫报》2015年5月27日。

9 "托马斯·墨菲如芝加哥黑帮般因税收入狱"（Thomas "Slab" Murphy Jailed over Tax Like Chicago Gangster），载《爱尔兰时报》（*Irish Times*）2016年2月26日。

入都应缴纳所得税。[10]因此，在美国诸如禁酒令期间出口威士忌的收入[11]、性工作者的收入[12]都应缴纳所得税。这一点确实也与美国法律相吻合。[13]而法律对增值税的规定却显现出更多细微差别，因为欧盟法的特殊情况，提供有争议的货物、服务，并非在每个欧盟成员国都是犯罪。[14]

---

10 罗杰·科克菲尔德（Cockfield, Roger）和玛丽·穆赫兰（Mary Mulholland），"非法交易的影响"（The Implications of Illegal Trading），载《英国税务评论》（1995年），第572页。萨瑟恩（税务稽查员）诉AB公司案（*Southern [Inspector of Taxes] v AB* [1933] 1 KB 713）：纳税人从事街头投注和现款投注业务是完全非法的。在曼恩诉纳什（*Mann v Nash* [1932] 1 KB 752）案中，法院认为，在《1918年所得税法》附表D的案例一中，被告进行了一项"交易"，虽然该交易是非法的，但这一事实并不妨碍由此产生的利润应缴纳所得税。

11 伍德沃德及希斯科斯诉英国税务局专员案（*Woodward and Hiscox v IRC* [1932] 18 TC 43）。

12 参见英国税务局专员诉亚肯案（*IRC v Aken* [1990] 1 WLR 1374; [1990] STC 497），通过指出卖淫在事实上并非非法而明确保留这一点，但质疑爱尔兰最高法院在海耶斯诉达根案（*Hayes v Duggan* [1929] 1 IR 406）中的裁决。《犯罪收益法》中的税收管辖权（参见本章标题为"《犯罪收益法》的税收管辖权"的部分）作用十分有限，如果所得税不适用于非法收入的话。尽管商业性工作者很少因逃税被起诉，但在女王诉奥特斯案（*R v Asutaits*），被告在定罪后被判入狱，载《每日电讯》2012年7月10日。

13 比较詹姆斯诉美国政府案（*James v United States*）：最高法院认为，为了征收联邦所得税的目的，必须将贪污者的非法所得计入其"总收入"中。詹姆斯诉美国政府案（366 US 213 [1961]），推翻了专员诉威尔克斯特案（*Commissioner v Wilcox* 327 US 404 [1946]）。就美国联邦所得税而言，收入不按来源征收，而是作为财富的（非资本）增值。

14 欧盟法院认为，非法进口毒品不产生增值税：爱因波格诉弗莱堡海关总署案（*Einberger v Hauptzollamt Freiburg* [1984] ECR 1177），参见女王诉古德温案，女王诉塞特龙及其他案（*R v Citrone and another* [1998] STC 29），载《刑事法律评论》（*Criminal Law Review*）（1999年），第327页。但是，合法服务与非法服务相比，非法服务不具有竞争优势，参见：波洛克诉海关专员公署案（*Polok v Customs and Excise Commissioners* [2002] EWHC 156; [2002] STC 361 [prostitution]）；另参见安·芒福德（Mumford, Ann），"增值税、税收和卖淫：女性主义视角下的波洛克"（VAT, Taxation and Prostitution: Feminist Perspectives on Polok），载《女权主义法律研究》（*Feminist Legal Studies*）（2005年）第13卷，第163页。

(二)非法支出的扣除?

在对不正当行为产生的利润课税的情况下,合法的[15]经营支出[16]可以依法扣除。如果犯罪以正常商业营利模式实施,那么,至少基于税收目的,[17]应当像合法交易或者职业一样,允许支出费用扣除。[18]因此,尽管在涉及非法经营(比如购买毒品、收保护费等)导致没收的案件中允许扣除经营支出的做法受到强烈反对,但为了征收所得税的目的,这些费用应当被允许扣除。或许对证明扣除费用的证据会引起争议,或许对于纳税者而言难以提供支出费用的评估报告,在此过程中,企业的举证责任和纳税人公信力的缺失都会有助于税务机关,但从原则上讲,扣除应当被准许。

公司可以从应税利润中扣除海外行贿款项,最早可能追溯至1992年,最有可能是从2000年开始,而当时证明相关扣除项目的机

---

15 这一问题十分重要是因为在海外对政府官员进行贿赂都是可以被扣减的,直到《1992年财政法》和《1993年财政法》引入了《1988年所得税与公司税法》第577A条。反对允许这种贿赂的国际行动可以追溯到经济合作与发展组织《巴黎公约》,即《经济合作与发展组织打击国际商业交易中贿赂外国公职人员公约》,巴黎,1997年12月17日(Cm 3994)。

16 关于税收的条款(《2005年所得税(交易及其他所得)法》第5条)适用于行业、专业或职业的"利润"。这显然与收益是不同的。

17 参见本章标题为"非法支出的扣除?"的部分。

18 科克菲尔德和穆赫兰,同注10。

制已经相当健全。[19]现行相关法律,[20]不允许为犯罪行为支出的费用作为成本扣除;如果支付发生在英国以外,在英国境内任何地方实施的配合支付行为构成犯罪,相应的费用也不允许扣除;在要求之下的支付,如果该要求构成勒索,或构成苏格兰或北爱尔兰地区法律规定的与勒索相当的犯罪,此种情况下付款产生的费用,同样不允许扣除。[21]所得税法[22]并没有呈现出其本应具有的明确性,但解释法律应当遵循的原则是确保英国遵守其条约义务。[23]"付款构成刑事犯罪"是一项重要的限制。购买一辆汽车或者(合法)[24]证券,并不会构成犯罪,故为此支付的费用可以被扣除。

纳税人面临的一个现实困境是,当他们承认犯罪时,任何费用评估都会被证伪,尽管这种证伪没有现实根据。一旦纳税人承认从非法活动中获利,那么他提供的任何证据都会被认为是欺诈的一

---

19 目前尚不清楚这是否能归功于《1992年财政法》和《1993年财政法》引入的《1988年所得税和公司税法》第577A条。根据2006年之前的法律,自2002年4月1日颁布《2002年财政法》第68条第2款以来,这一点是毫无争议的。

20 《2005年所得税(交易及其他所得)法》第55条。起草的规定非常特殊,似乎比起付款本身更直接适用于付款所涉及的支出,但是采用了《2005年所得税(交易及其他收入)法》第27条所规定的"支出"(expenses)的扩展定义("《所得税法》中……提及收支是指在计算利润时作为借方或贷方考虑的任一项目"),非法支出将不属于允许范围内的支出。

21 第55条第2款。

22 《2005年所得税(交易及其他收入)法》第55条,请阅读《2005年所得税(交易和其他收入)法》第27条:"《所得税法》中……提及收支是指在计算利润时作为借方或贷方考虑的任一项目。"案件中的现金将属于支出,并根据《2005年所得税(交易和其他收入)法》第55条扣除。

23 经济合作与发展组织,《关于反对外国公职人员贿赂款税前扣除的建议》,1996年4月11日通过;经济合作与发展组织,《关于进一步打击在国际商业交易中贿赂外国公职人员的税收措施理事会的建议》,2009年5月25日通过;《2005年联合国反腐败公约》(UNCAC)第12条第4款。

24 即不扩展到携带枪支或其他非法武器。

部分。

最后一个问题是,在计算交易收入时,用于刑事指控辩护、没收程序、民事补偿程序的费用是否可以从利润中扣除。就对利润课税的目的而言,对抗法律诉讼的费用[25]和支付的罚款[26]不能被扣除。

二、没收逃税犯罪收益

没收是定罪之后的法律程序。在该程序中,法庭对被告人从犯罪中所获得的收益及其手段进行调查,最终责令被告人支付一笔能代表其犯罪所得的款项。[27]起初,没收令并不被认为可以或需要用于弥补未征收的税款。未履行纳税义务的人会推迟支付税款,税收之债一直处于应付状态。[28]税务机关有充分的权力以罚款和滞纳金的形式去征收这笔税款。[29]税务机关是破产的优先债权

---

25 史密斯土豆房地产有限公司诉伯兰德案(*Smiths Potato Estates v Bolland* [1948] AC 508; 30 TC 267)。

26 麦克奈特(英国税务稽查员)诉谢泼德案(*McKnight [Inspector of Taxes] v Sheppard* [1999] 1 WLR 1333; 71 TC 419);迈凯轮竞技有限公司诉英国海关专员案(*McLaren Racing Ltd v Revenue and Customs Commissioners* [2014] UKUT 269 [TCC]; [2014] STC 2417)。

27 彼得·奥尔德里奇,"没收的边界"(The Limits of Confiscation),载《刑事法律评论》(2011年),第827—843页。

28 彼得·奥尔德里奇,"逃税罪是洗钱罪的上游犯罪吗?"(Are Tax Evasion Offences Predicate Offences for Money laundering Offences?),载《反洗钱杂志》(2001年)第4卷,第350—359页;彼得·奥尔德里奇和安·芒福德,"逃税及《2002年犯罪收益法》"(Tax Evasion and the Proceeds of Crime Act 2002),载《法律研究》(*Legal Studies*)(2005年)第25卷,第353—373页。

29 《税收管理法》第6、第9、第10部分,及第七章关于"民事处罚"的内容。

人。[30] 由此认为税务机关已经拥有充分的权力，既可以通过民事处罚、加收利息或扣押，又可以通过提起诉讼来追缴未缴税款和利息，这可能是一个表面化、简单化的结论，在这方面还有很多需要讨论之处。

就没收而言，逃税可能不同于其他获利型犯罪。典型的逃税案件就是延期履行国家税收之债。只有当迟延履行的税收之债被与犯罪所得同等对待时，才能主张逃税获取的利润可以被没收或洗白。本书中出现的各种关于逃税罪的矛盾观点再次清晰可见。一方面，税具有特殊性（以至于我们需要写入法律一个公认的条款并产生相应的义务）；另一方面，它也不具有特殊性（因此将逃税罪与其他严重犯罪一样作为洗钱的上游犯罪是正确的）。

在洗钱制度提高担保金额的压力下，税务诉讼呈现出采用没收令的趋势。[31] 将税收纳入没收制度并非由税务机关驱动，而是由反洗钱行业（AML）驱动的。逃税案件可能发出没收令的规模之大，即使毒品犯罪也无法与之相比，以至于其深深吸引了那些以没收为业的人。女王诉艾哈迈德案[32]签发的两份原始没收令的金额分别是9200多万英镑，如果该命令得以实现，没收数额将超过该年所有其他没收、民事追回和罚没的总额。

对逃税者使用没收令的做法，引起了解释和适用相关法律以及《欧洲人权公约》《第一议定书》第一条[33]的一系列复杂问题。一些

---

30 《2002年企业法》第251条。

31 本章探讨了与扩大犯罪洗钱活动有关的国际影响力，该节的标题是"对逃税所得进行洗钱"。

32 *R v Ahmad* [CA] [2012] EWCA Crim 391; [2012] 1 WLR 2335.

33 参见彼得·奥尔德里奇，"犯罪收益法的两个关键领域"（Two Key Areas in Proceeds of Crime Law），载《刑事法律评论》（2014年），第170—188页。

第九章　税收和刑法的交叉问题

逃税者[34]将获得"财产",[35]而另一些典型案件中的申报或少申报的逃税者将不能保留其财产,相关法条如下:

第76条　行为和受益……

(4)如果一个人所获得的财产是通过一行为或者与一行为相关联,则其是行为的受益人。

(5)如果一个人所获得的经济利益是通过一行为或者与一行为相关联,则其是该行为的受益人,收益金额为该经济利益相当的金额。

(6)因关联行为而获得的财产或经济利益,包括通过关联行为和其他行为获得的财产或经济利益。

(7)受益人获得的利益是其所获得的财产价值。

"经济利益"(pecuniary advantage)这一表述可谓历经曲折,在此语境下使用具有粉饰的效果。[36]现行表述具有可以涵盖无法轻易识别或量化情形的优势。没收条款起草者遇到的问题是,有些案件的被告似乎从犯罪中受益,但难以确定其中的因果关系和财产。该问题可以追溯到《1968年盗窃法》之前就存在的以虚假借口获取财产的判例。该案被告人在工作中通过提供虚假资质而获得取得财产

34　要求退税或抵扣增值税进项税的人。

35　其中包括金钱:第84条第1款a项。除此之外,根据第84条第2款,(a)如果某人持有财产利益,则该财产为他持有;(b)如果某人获得财产利益,则该财产即为他获得。

36　参见彼得·奥尔德里奇,"走私、没收和追缴"(Smuggling, Confiscation and Forfeiture),载《现代法律评论》(2002年)第65卷,第781—791页。

权利的行为，被认定不是通过欺骗获得财产（因为远因性）。[37]而后，一个可以涵盖通过欺骗获得债务延期行为（不包括获得保险、其他权利和投注）的单独犯罪[38]被设立。由此带来的是"司法噩梦"，[39]诉讼难、[40]把问题推给法律改革机构、[41]立法泛滥[42]以及刑法扩张。[43]另一个选择是，不将债务延期案件犯罪化。《1968年盗窃法》颁布之时，没有其他不法行为的不诚实借贷将不承担刑事责任。《2006年欺诈罪法》对欺诈犯罪的扩张可以证明欺诈法发生了变化。

根本性错误的拐点发生在早期的女王诉史密斯案[44]中，该案判决的依据是2003年前的立法，但相关条款与《犯罪收益法》第76条相同。案情如下，史密斯驾驶一艘满载烟草香烟的船驶入亨伯河口，经伊明赫姆（Immingham）海关、赫尔（Hull）海关（这是应纳税的地点），[45]后到达古尔（Goole），古尔没有海关。史密斯因欺诈逃避缴

37　女王诉路易斯案（*R v Lewis*）（萨默塞特巡回法院，1922年，罗拉特法官）。

38　《1968年盗窃法》第16条。

39　上诉法院法官埃德蒙·戴维斯（Edmund Davies）在女王诉罗伊尔案（*R v Royle* [1971] 1 WLR 1764）中的表述。

40　皇家检察署署长诉特纳案；皇家检察署署长诉雷案（*DPP v Ray* [1974] AC 370; [1973] 3 All ER 131）；伦敦警察厅总监会诉查尔斯案（*MPC v Charles* [1977] AC 177; [1976] 3 All ER 112）。

41　刑法修订委员会，第13次报告，《〈1968年盗窃法〉第16部分》（Cmnd 6733, 1977）。

42　《1978年盗窃法》《2006年欺诈罪法》。

43　特别是对不诚实借贷的刑事责任表现出犹豫不决的态度，具体体现在《1968年盗窃法》第11条和第12条所规定的特定犯罪，而如今这种犹豫不决已不复存在，对于更普遍的撒谎行为亦如此。

44　女王诉史密斯（大卫·卡德曼）案（*R v Smith [David Cadman]* [2001] UKHL 68; [2002] 1 Cr App R 35）。对于同期的反应，参见奥尔德里奇，同注36。

45　有关管理这一"噩梦"法律领域的困难，参见女王诉巴杰瓦案（*R v Bajwa* [2011] EWCA Crim 1093; [2012] 1 WLR 601）。

第九章　税收和刑法的交叉问题

纳消费税被判监禁,船只和烟草被没收。[46]他随后就涉及烟草税的没收程序向上议院提起上诉。关于没收总额存在两点争议。第一,本案被告并没有实际获得任何东西,这一事实是否可以否定本案具有没收法意义上的收益从而阻却适用没收程序?对此上议院认为,从其经过纳税地点直到被逮捕为止,都是在通过逃避履行纳税义务而获利。也就是说,债务履行从其经过纳税地点被推迟到他驶入上游。到目前为止这种推理是妥当的,显然符合立法者的本意。如果能够证明当时存在这种行为,他就会被以欺诈手段逃避纳税义务定罪。[47]第二,关于"经济利益"的价值是一直被回避的问题。如果简单、原则性地解读,法律规定的相关价值应该是因延期获得的价值,而不是债务本身的价值;然而,上议院认为,法律所指的"利益价值"是税收债务的价值。[48]从此上议院观点一直被遵循。[49]大量判例法诞生,并且相关条款已被最高法院多次审议。女王诉菲尔茨案和女王诉艾哈迈德案[50]已经充分解决了史密斯案中提及的法律问题,最高法院甚至认为该问题并不值得公开商榷。这项决定产生的影响是

46　与《关税与消费税管理法》第170条第2款相反。

47　《1968年盗窃法》第16条第2款a项规定的罪行。第16条第2款a项已被《1978年盗窃法》废止。"经济利益"的定义在《1968年盗窃法》第16条第2款中有所规定,但就"经济利益"的自然含义而言,其适用于犯罪立法的收益,其含义是自然的。引自罗杰勋爵(Lord Rodger),史密斯案([2001] UKHL 68; [2002] 1 Cr App R 35)第20段。

48　参见修改《犯罪收益法》的失败尝试,下议院辩论(Col 639)2002年2月26日,上议院辩论(Col 57 et seq)2002年4月22日。

49　比如女王诉卡卡德案(*R v Kakkad [Freshkumar]* [2015] EWCA Crim 385; [2015] 1 WLR 4162),女王诉泰瑟姆案,以及(尽管意见不一致)休斯勋爵诉哈维案(*R v Harvey* [2015] UKSC 73; [2016] 1 Cr App R [S] 60)。

50　女王诉菲尔茨案(*R v Fields*),女王诉艾哈迈德案([2014] UKSC 36; [2015] AC 299)。

极大地"膨胀"了逃税适用没收令的规模。结果是，以物质刺激启动起诉和没收程序，对本不该起诉的案件，人为制造以逃税罪起诉的理由。[51]

（一）没收令中的扣除

最高法院曾多次驳回犯罪支出应允许从没收令中扣除的提议：

试图调查犯罪分子之间的金融交易通常是不切实际的，这将使得没收程序能够被轻易逃避。尽管禁止扣除的主张可能涉及通过没收令剥夺被告财产的数额大于其实际犯罪所得的净额，但其符合立法目的，并是实现这一目的的适当手段。[52]

在英国就业及养老金事务部诉理查兹[53]利益欺诈案中，因考虑到国家福利是应给予诚实行事并提出真实申请的人，所以不允许扣减核定（《2005年犯罪收益法》）的福利。类似的税务欺诈处理方法是将纳税申报表视为引起纳税人法律责任事实的完整陈述，并且无论如何对纳税申报表中有利于被告事实陈述的方面不予考虑（申请免税额，在计算收入或利润时扣除允许的费用，等等）。[54]

涉及欺诈逃避消费税的女王诉卢桑案[55]中，上诉人支付了1万英

51　因为它们属于资产追回激励计划（ARIS），参见本章标题为"谁得到钱？被激励的刑事执法部门"的部分。

52　第26段。

53　Department for Work and Pensions v Richards [2005] EWCA Crim 491.

54　女王诉菲尔茨案，女王诉艾哈迈德案和女王诉哈维案只解决了例外的产物，并不能解决更加常规的问题。

55　R v Louca [2013] EWCA Crim 2090; [2014] 2 Cr App R [S] 9.

镑购买一批走私香烟。上诉法院认为,香烟的价值构成他所获利的一部分:"根据第76条第7款的规定,其利益是所获得财产的价值。因为利益不能等同于利润,他无权扣除为购买香烟所支付的费用,所以我们认为他的上诉理由不成立。"[56]

哈维案[57]建立了一个普遍反对扣减的特别例外。该案被告拥有一家设备租赁和承包公司,该公司定期收购并出售被盗的机器设备。法官评估了被盗设备的租金收入,并签发了大约230万英镑的没收令。哈维辩称,租赁设备所得款项的增值税已交付英国税务海关总署,应从没收额中扣除。上诉法院否决了该项扣除的主张。[58]没收令的数额远远高于犯罪获利数额。最高法院基于没收令的目的,依据《第一议定书》第一条,[59]制定了不得扣除的例外情况,这种情况涉及面很窄。最高法院主张,当增值税销项税额已计入英国税务海关总署时,如果在"违法者获得"增值税的基础上计算没收令的数额,将不成比例。休斯勋爵和图尔森对此表示异议,他们认为,将公司从其犯罪行为中获得的全部收入视为被告所得,与该计划的适当目标并非不成比例。

女王诉艾迪肖案[60]中,上诉人经营了一家生产假伏特加的工厂,液体被装瓶出售给零售商,这样就避免了按照《1979年酒类征税法》

---

56 罗伊斯(Royce)法官,第13段。
57 女王诉哈维案(*R v Harvey* [2015] UKSC 73;[2016] 1 Cr App R [S] 60)。
58 女王诉哈维案([2013] EWCA Crim 1104)。
59 特别是女王诉瓦亚案(*R v Waya* [2012] UKSC 51;[2013] 1 AC 294)以及女王诉艾哈迈德案、女王诉菲尔茨案。
60 *R v Eddishaw* [2014] EWCA Crim 2783;[2015] Lloyd's Rep FC 212.

缴纳本应缴纳的税款。被告对共谋骗取税款认罪。[61] 在随后没收程序的审理中，检察官要求提供假若伏特加是真品并出售本应支付的税款数额。但问题是，根本就没有到期税收，因为英国海关从来就没有要求其缴纳税款。有鉴于此，检方转换了思路，以销售瓶装假伏特加所得款项和未售出的价值计算上诉人获得的利益。法院认为，上诉人对第76条第4款的理解过于狭隘。上诉人以其经营企业的名义，专门从事瓶装并销售应纳税液体而不纳税的行为。生产、持有以及出售的伏特加酒与共谋欺骗税务海关总署具有因果性或相关性，对这部分事实他已表示认罪。法院认为，第76条第4款的范围相对较广，但该条的目的本应是为了获取在犯罪过程中产生的有形物品。该决定难以用条文来解释，但却表明了一种司法态度。就诉讼费用而言，《犯罪收益法》的政策是，作为诉讼标的的资金不应用于支付诉讼费用。如此一来，伪造货物相关的费用更适合支付诉讼费用。

《2015年严重犯罪法》在《犯罪收益法》第6条第5款之后引入了一条新规定，即："第（b）段[62]仅在要求被告支付的赔偿金额不成比例的情况下或与此程度相当时适用。"[63]该补充性解释表明，[64]其旨在赋予女王诉瓦亚案[65]法定效力。但除非推翻史密斯案或者改变收益计算的基础，以确立针对如果没有发生该犯罪的情况下更现实的收益量化标准，否则对逃税所得价值夸大的现状不会产生任何影响。

---

61 在通谋的利益归属上所存在的一个普遍问题。为此，法院似乎无视犯罪预备和犯罪实行之间的区别。

62 第6条是规定处以没收令的义务。

63 《2015年严重犯罪法》附表4，第19段。

64 第352段。

65 *R v Waya*.

（二）没收令影响纳税义务（反之亦然）？

没收令的签发和履行是否事实上免除了纳税义务？税款已经缴纳是否事实上妨碍了没收令的签发？没收令是根据总收入来评估的，而纳税义务只有通过支付和征收才能消除，这种观点的逻辑是，针对逃税签发的没收令不能免除纳税责任，反之，税款的缴纳不影响没收令的执行。显然，这种结果是残酷的，为了避免这种结果产生，各方建议纷至。在女王诉爱德华兹案[66]中，上诉法院收到一份将不会主张税款的承诺，随后最高法院承认这是现行法律下最好的结局。[67]

反之，执行没收令的事实是否可以减轻被告的纳税义务呢？在马丁诉税务海关总署专员案[68]中，被告人因商标侵权被定罪，法院签发了没收令。针对被告人的税务核定就此展开，被告人声称没收令金额的确定已经考虑了其犯罪生活方式（criminal lifestyle），其纳税义务应当随着没收令的执行而免除。法庭同意了税务海关总署不在法庭诉讼中追缴税款的保证，以确保避免"双重追缴"的情形，即没收令的金额与未缴纳税款追缴额相匹配，但是法庭接着表明没收令并不妨碍税务海关总署在时效内对相关税务事项进行调查。法院认为，《犯罪收益法》关于没收令的条款不应如此解释，否则将妨碍税款适当征收。[69]

---

66 女王诉爱德华兹案（*R v Edwards* [2004] EWCA 2923; [2005] 2 Cr App R [S] 160），第24—25段。

67 哈维案，第29段。

68 *Martin v Commissioners for HMRC* [2015] UKUT 0161 [TCC].

69 参见税务海关专员诉考斯曼案（*Revenue and Customs Commissioners v Crossman* [2007] EWHC 1585 [Ch]; [2008] 1 All ER 483）。

而这与上议院在欣奇案[70]中对英国税务局政策的态度形成了鲜明对比,而且该领域案件的结果难以令人满意。如果税收和逃税没收令涉及同一交易,二者在法律程序上应当互斥,而不是一个需要通过让步和酌情裁量处理的问题。

(三)没收令还是赔偿令?

赔偿令先于没收令。[71]其理念是,在有明确受害人的情况下,受害人应首先得到赔偿,从而可以避免走入不得已提起诉讼的困境。至少在1990年之前,税务机关的权力范围更大。要求税务机关的法律顾问不要寻求在税收起诉中利用法院权力追偿税收损失,是当时存在的不成文指令。[72]而现在,英国税务海关总署可以签发税收损失赔偿令,[73]这使得没收的使用在这些案件中更为特殊。

三、谁得到钱? 被激励的刑事执法部门

国家的收入并非完全用于支付实现税款的一般目的,而是还要

---

70 参见本章标题为"对犯罪所得课税"的部分。英国税务局提出可以在认为适当的情况下放弃合理性去执行罚款规定的主张,并未得到上议院的认同。
71 分别规定于《1973年刑事法院权限法》及《1986年毒品交易犯罪法》。
72 感谢理查德·沃尔特(Richard Walters)提供的这一事实。
73 税务海关起诉办公室诉达菲案(*Revenue and Customs Prosecution Office v Duffy* [2008] EWHC 848 [Admin]; [2008] 2 Cr App R [S]103; [2008] Criminal Law Review 734)。在上诉法院审理的女王诉戴蒙西案(*R v Dimsey*);女王诉艾伦案(*R v Allen* [2000] 1 Cr App R [S] 497)中注意到了此区别却并未进行探讨。

从中给负责调查和起诉的机构分一杯羹,[74]这种用财政措施激励执法机构的做法,一直备受争议。资产追索局(ARA)被撤销之时,将追索款项存入统一基金[75]的规定也同时被废除。随后,内政大臣制定实施了资产追回激励计划。[76]

一直以来,英国法律对激励性执法(即负责执法的机构收到追回资金一定比例的返还制度)存疑,而任何激励性刑事执法都存在违宪的可能性。据说詹姆士国王在1689年的《权利法案》说明中已经做出了"定罪或判决之前进行的罚款和没收将部分或全部让与罚没机构的承诺"。但是作为回应,该法案第12条规定,"定罪前,一切对特定人的让与以及对罚金与没收财产的承诺,皆属非法和无效"。国王向涉及起诉的人承诺他们会从中受益,似乎激起了人们的不满。[77]而

---

[74] 玛丽·法恩(Fan, Mary),"规范刑事司法:数字承诺中的危险"(Disciplining Criminal Justice: The Peril amid the Promise of Numbers),载《耶鲁法律与政治评论》(*Yale Law & Policy Review*)(2007年)第26卷,第1—74页;杰弗逊·E.霍尔库姆(Holcomba, Jefferson E)、托米斯拉夫·V.科万齐克布(Tomislav V Kovandzic)和马里安·R.威廉姆斯(Marian R Williams),"美国的民事资产追缴、公平分享和营利政策"(Civil Asset Forfeiture, Equitable Sharing, and Policing for Profit in the United States),载《刑事司法杂志》(*Journal of Criminal Justice*)(2011年)第39卷,第273—285页。

[75] 《犯罪收益法》附表1第5段。

[76] 在2007年撤销资产追索局之后实施。根据该计划的最新版本,各机构通过民事追回程序收回了他们所追回资产的50%,由调查、起诉和强制执行机构(目前)分成,比率为18.7%:18.7%:12.5%。参见下议院辩论(c86W),2012年6月11日(詹姆斯·布罗肯希尔)。

[77] 第12条"只是对旧宪法的宣告:因此,我们很早以前就明确认为,所有这些之前的承诺是无效的;因为在这种情况下,许多时候将为了私人利益使用不适当的手段和更粗暴的起诉,而不是安静而公正地进行法律诉讼",参见布莱克斯通,《注释》第4卷第379页。

该规定还时常被诉讼当事人[78]作为主张禁止未经定罪的罚款的依据。事实上，没收本身并非该条款之显弊，定罪之前的让与才是症结，因此《权利法案》并不禁止未经定罪的罚款。

然而，一个遗留的技术问题仍然存在。尽管如果使用适当的措辞，任何成文法都可以修改《权利法案》，[79]但令人不解的是，资产追回激励计划中的没收收益分配制度，[80]因其并非基于成文法基础，而明显运用了"拉姆原则"[81]，那么其是否可以被视为一个有意做出的修正案？这也表明，因为与对"特定人员"的诉讼无关，资产追回激励计划的安排可能并不会陷入麻烦。

剩下的则是原则性问题。国家实行激励性执法制度是一项好政策吗？其在税务案件中如何运作呢？如果没有起诉，税务海关总署征收的款项，无论是通过核定征收还是民事处罚，都将转入统一基金。另一方面，如果起诉并签署没收令，那么在资产追回激励计划

---

[78] 女王（依据赫伦的申请）诉停车裁判员案（*R [on the application of Herron] v The Parking Adjudicator* [2009] EWHC 1702 [Admin]），引自柯林斯法官（Collins J）、女王（依据克里腾登的申请）诉国家停车裁判局案（*R [on the application of Crittenden] v National Parking Adjudication Service* [2006] EWHC 2170 [Admin]）以及上诉法院法官斯科特·贝克（Scott Baker），女王（依据克里腾登的申请）诉国家停车裁判局案（[2006] EWCA 1786 [Civ]）；彭德尔诉税务海关专员案（*Pendle v Revenue and Customs Commissioners* [2015] UKFTT 27 [TC]）。

[79] 索伯恩诉桑德兰市议会案（*Thoburn v Sunderland City Council* [2003] QB 151）。

[80] 根据资产追回激励计划，所有追回资产的一半将返还给参与资产追回过程的执法和起诉机构。内政部每季度计算拟分配的金额。对于现金没收、民事追回和税收，这些机构将收内政部所收缴款项的50%：下议院辩论（c86W），2012年6月11日（詹姆斯·布罗肯希尔）。《权利法案》只适用于追缴。

[81] 马修·J.威特（Weait, Matthew J）和安东尼·莱斯特（Anthony Lester），"在没有议会权力的情况下使用部级权力：拉姆原则"（The Use of Ministerial Powers without Parliamentary Authority: The Ram Doctrine），载《公法》（2003年），第415—428页。

之下,通过没收令得到的任何款项的50%,都将按照规定的比例在皇家检察署和税务海关总署之间分配。一种前所未有的财政激励起诉制度由此产生。由于其他将大额财产作为没收目标的刑事执法部门未能真正实现上述经济效益,因此逃税更受关注,没收令在税务案件中被更多地使用。提高税务案件的起诉率究竟是好是坏可能不得而知,[82]但如果起诉案件的增加是出于获取经济利益,则令人唏嘘。

四、对逃税所得进行洗钱

如果为了解决20世纪80年代中期罪犯从犯罪中获利的问题,建立没收犯罪所得的制度已经足够。然而,由于本书内容以外的原因,[83]立法决定引入洗钱罪并将其定为严重犯罪。洗钱罪的成立需要建立在一类可获利并导致洗钱的犯罪("上游犯罪")之上。

犯罪收益法(Proceeds-of-crime law)的强烈扩张性体现在三个重要方面:地域性、经济领域性、反洗钱法律手段及行政缺陷。[84]全球性反洗钱源于对毒品的关注,[85]然后转入"有组织犯罪",[86]其所涉及的典型犯罪主要还有其他"无受害人犯罪"和诈骗。[87]当恐怖主义

---

82 参见第十章。
83 参见彼得·奥尔德里奇,《反洗钱法出了什么问题?》。
84 彼得·奥尔德里奇,"洗钱和全球化"(Money Laundering and Globalization),载《法律与社会杂志》(Journal of Law and Society)(2008年)第35卷,第437—463页。
85 《1998年联合国禁止非法贩运麻醉药品和精神药物公约》(《维也纳公约》)。
86 参见利兹·坎贝尔(Campbell, Liz),《有组织犯罪及法律》(Organised Crime and the Law)(Oxford: Hart, 2013)。
87 《1999年制止向恐怖主义提供资助公约》;《联合国打击跨国有组织犯罪公约》(《2004年巴勒莫公约》)。

成为一个问题时，[88]反洗钱措施或对或错地随之调整，并形成了与反资助恐怖主义融资（CFT）相同的法律运行结构。[89]目前的反洗钱尤其涉及腐败和逃税。

随着洗钱上游犯罪的范围扩张，上游犯罪的性质变得越来越无关紧要。洗钱犯罪之所以被认为有害，其原因与上游犯罪的性质和犯罪人的精神状态并无关系（在古典自由刑法理论中，这通常是限制责任后果的方面）。犯罪的核心已从上游犯罪转移到了洗钱。原来洗钱是财产犯罪的共犯，正转变为财产犯罪是洗钱的一种共犯。

---

88 伊恩·罗伯格（Roberge, Ian），"反恐战争中的误导政策？将恐怖主义与洗钱区别对待的案例"（Misguided Policies in the War on Terror? The Case for Disentangling Terrorist Financing from Money Laundering），载《政治》（Politics）（2007年）第27卷，第196—203页；科林·金（King, Colin）和克莱夫·沃克（Walker, Clive），"反恐融资：一个多余的碎片？"（Counter Terrorism Financing: A Redundant Fragmentation?），载《欧洲刑法新杂志》（New Journal of European Criminal Law）（2015年）第6卷，第372—395页；萨拉·莱纳德（Léonard, Sarah）和克里斯丁·科内特（Kaunert, Christian），"'岩石和硬地之间？'：欧盟对可疑恐怖分子的多边和人权金融制裁"（"Between a Rock and a Hard Place?": The European Union's Financial Sanctions against Suspected Terrorists, Multilateralism and Human Rights），载《合作与冲突》（Cooperation and Conflict）（2012年）第47卷，第473—494页。

89 当时的金融行动特别工作组关于反恐融资的特别建议由联合国安理会第1617号决议认可。尼克斯·帕萨斯（Nikos Passas），"恐怖主义金融：金融控制与大规模杀伤性武器的反扩散"（Terrorism Finance: Financial Controls and Counterproliferation of Weapons of Mass Destruction），载《凯斯西储国际法杂志》（Case Western Reserve Journal of International Law）（2012年）第44卷，第747—955页。在国民银行诉英国财政部案（Bank Mellat v HM Treasury）、国民银行诉英国财政部案（第2号）（[2013] UKSC 38 & 39）中，英国最高法院裁定，英国财政部根据《2008年反恐怖主义法》附表7制定的执行联合国安全理事会第1737（2006）号和第1747（2007）号决议的指示违反了自然公正规则，和/或《欧洲人权公约》第6条，和/或《第一协定书》第一条中的程序义务。欧盟理事会诉国民银行案（Council of the European Union v Bank Mellat），欧洲法院（第五法庭），2016年2月18日（Case C-176/13 P）。

第九章　税收和刑法的交叉问题

随着首个《欧盟反洗钱指令》[90]的颁布,《1993年反洗钱条例》[91]相继出台,但其中几乎没有对逃税的关注。早前试图在国际层面处理洗钱问题时,税收犯罪被明确排除在上游犯罪的范围之外。[92]国家刑事情报局[93]表示,希望只收到资金来源于严重犯罪的可疑金融交易报告,这些严重犯罪包括贩毒、恐怖活动、重大盗窃和诈骗、抢劫、伪造文件和货币、敲诈勒索。

20世纪90年代中期,国际金融行动特别工作组和其他国际机构开始致力于扩大洗钱罪上游犯罪的类型。避税计划往往依赖于复杂的交易流程,而没有明显的商业动机。在避税计划的资金流动下,其他清洗犯罪利润的资金流动变得不易被察觉。[94]

1999年7月2日,国际金融行动特别工作组以解释性说明的形式,对关于洗钱的《40项建议》的第15项发布了一项指令:

在执行"第15项建议"时,金融机构应报告可疑交易,不论该交易是否也[95]涉及税务事项。各国应考虑到,为了防止金融机构报告

90　欧洲经济共同体第91/308/EEC号指令(《第一反洗钱指令》)。
91　Money Laundering Regulations 1993 SI 1933.
92　《1998年联合国禁止非法贩运麻醉药品和精神药物公约》(《维也纳公约》)第3条第10款;《欧洲委员会文书公约》(Council of Europe Convention on Instrumentalities)第18条。
93　国家刑事情报局(NCIS)是严重有组织犯罪局的前身。
94　杰克·布鲁姆(Blum, Jack)等,《金融港、银行保密和洗钱》(*Financial Havens, Banking Secrecy and Money laundering*),禁毒署技术丛书第8卷(New York: UN, 1998),第51页。
95　注意使用的是"也"(also),而不是"仅"。国际金融行动特别工作组并不要求对逃税是唯一罪行的情形进行报告。

可疑交易，洗钱者可能设法说明其交易与税务事项有关。[96]

1999年末，坦佩雷欧洲理事会[97]将会议议题的重心转至洗钱问题，特别呼吁增强洗钱上游犯罪定义的一致性，同时不顾及银行保密尚存争议，修订了指令，增加了交换各种相关情报的可能性。2000年4月在华盛顿举行的国际货币基金组织会议上，英国财政大臣戈登·布朗对世界经济领袖表示，希望英国带头打击海外避税港、洗钱和金融犯罪。[98]

有说服力的观点认为，把逃税报告引入反洗钱计划，是为了鼓励金融机构披露不涉及潜在犯罪案件的相关税收信息，这些案件利用了合法避税与不诚实逃税之间界限的模糊性。[99]这一发展可追溯到1998年七国集团会议。[100]

大约从2005年开始，到2012年国际金融行动特别工作组出台了修订版的建议，在此期间，要求将逃税行为纳入国际金融行动特别工作组管辖范围的压力日益增大。在2012年之前，国际金融行动特别工作组并未要求各国都将税收欺诈作为洗钱的上游犯罪。从逃税不是洗钱所要求的上游犯罪的立场来看，将税收欺诈作为洗钱的

---

96 《第15项建议解释性注释》（1999年7月）。根据修订的建议书（2012年），现在是《第13项建议解释性注释》第2段，但文本未变。

97 朱利安·舒特（Schutte, Julian），"坦佩雷欧洲理事会主席决定"（Tampere European Council Presidency Decisions），载《刑法国际评论》（*Revue Internationale de Droit Pénal*）（1999年）第70卷，第1023页第1034—1035段。

98 《每日电讯》2000年4月17日。

99 乔纳森·费希尔，"英国的反洗钱披露制度和税收征收"（The Anti-Money Laundering Disclosure Regime and the Collection of Revenue in the United Kingdom），载《英国税务评论》（2010年），第235页。

100 同上文，第246页。

上游犯罪已成为当下一个焦点问题。目前,国际金融行动特别工作组坚持认为,税收犯罪构成了洗钱上游核心犯罪不可或缺的一部分,并且所有遵守义务的国家都必须将这种犯罪行为作为洗钱的上游犯罪。[101] 欧盟《第四反洗钱指令》首次明确将税收犯罪列为强制性上游犯罪。[102]

同样,当世界的目光聚焦于恐怖主义时,我们发现恐怖主义、毒品交易和洗钱之间的联系;当目光触及大公司避税或个人逃税时,这些现象又与洗钱发生了关联。把来路不明的财富藏在一个热带岛屿上曾经被认为是逃税,现在被定性为"逃税和洗钱",似乎又增添了些许新的罪恶。这将产生一系列重要的后果。刑事司法的安全计划所遵循的逻辑是对有些危及安全的严重犯罪,可以采用非常手段予以打击。洗钱是安全计划中的犯罪之一,[103] 因此从单纯地"逃税"到"逃税和洗钱"的转化,意味着这些犯罪的严重程度有所提升,但并非所有税收犯罪都处于最高优先级。当今的反洗钱制度是在更大的调查权、潜在更高的判决需求以及被弱化的法律职业特权下运行的。以上变化并非针对洗钱,而应将其作为逃税政策改革的一部分。[104]

---

101 《第3项建议解释性注释》,2012年;《第四反洗钱指令》(EU) 2015/849。

102 《第四反洗钱指令》第57条。

103 露西娅·泽德纳(Zedner, Lucia),"安全、国家与公民:不断变化的犯罪控制架构"(Security, the State, and the Citizen: The Changing Architecture of Crime Control),载《新刑法评论》(2010年)第13卷,第379—403页;威廉·维尔切克(Vlcek, William),"税收的全球目标:逃税港的改革是否会等同于增加发展中国家的税收?"(The Global Pursuit of Tax Revenue: Would Tax Haven Reform Equal Increased Tax Revenues in Developing States),载《国际社会》(*Global Society*)(2013年)第27卷,第201—216页。

104 参见威廉·维尔切克,"全球金融安全治理与权力"(Power and the Practice of Security to Govern Global Finance),载《国际政治经济学评论》(2012年)第19卷,第639—662页。

洗钱罪的真正意义并不在于其所涉及的行为是一种有别于其他犯罪并具有危险性的罪恶形式，而在于这些犯罪触动了监管制度，包括报告程序。报告程序的设立，部分是因为《犯罪收益法》第330条及以下条款规定的未报告违法行为，另一部分是因为《2007年反洗钱条例》。[105] 在一系列引发对当局报告义务的条件中，首要条件是：

他：
（a）知道或怀疑，或
（b）有知道或怀疑另一人在从事洗钱活动的合理理由。[106]

在国际金融行动特别工作组将税收犯罪列入洗钱上游犯罪之前，税收犯罪与洗钱之间的相互关联被表述为：

资本外逃是有害的，因为它涉及洗钱；而洗钱也是有害的，因为它涉及资本外逃。

以上关系的经验基础是脆弱的，因为其依赖的理论逻辑是一种循环解释，而这一结论又无法得到数据支持。没有多少洗钱属于"跨国"范畴，也没有多少资本外逃是洗钱。虽然现状可能仍然如此，但将逃税列为洗钱的上游犯罪将提高全球洗钱总额的估值、洗钱参与国际资本流动的比例，以及包括国际资本流动的洗钱总额。这又将转而为反洗钱行业增添动力，将出现更多相关报道，有更多人受雇于

105　Money Laundering Regulations 2007 SI 2157.
106　《犯罪收益法》第330条第2款，第331条第2款。对于过失的刑事责任使用疏忽审查是不常见的。即使是过失杀人，也不仅仅是简单的疏忽。

第九章　税收和刑法的交叉问题

这个行业,[107]但也会引发更多质疑等。将逃税行为公认为洗钱上游犯罪的决定,迈出的不是一小步,而是相当大的一步,这应该受到更严格的审查。

(一)税收犯罪及其收益识别

如果一个人因逃税拥有了更多财产,其对额外财产的处置则可能被视为洗钱行为。这样一来,洗钱的范围被大幅拓宽,而随着离岸逃税犯罪的适用,洗钱范围还将进一步扩大。[108]洗钱犯罪案件必须确定犯罪标的的金额,但因涉税洗钱案件签发没收令的金额难以量化。人们欺骗税务机关的方法可能不计其数,目前可将其分为两大类:一类(主张虚假抵免或损失减免)所获得财产可查明,其后果与任何其他通过诈骗获得财产的案件相同;另一类是不申报工资、利润或收益。犯罪所得是典型的后者,通常不会被申报。[109]此种情形下,如果不对这部分收入虚构收入来源,将无法将犯罪与财产数额建立关联。

逃税成为洗钱的上游犯罪对税收正义运动具有重要意义,这在表面上似乎理所应当。如果上游犯罪的类别要广泛扩张,为什么不包括逃税?而另一方面,在税收案件中也有一些不利于刑法适用的因素。这关注的是税收与刑事司法的关系。英国在一些问题上已经表现出显著一体化,与其说受《国际金融行动特别工作组建议》的推

107　安托瓦内特·沃赫基(Verhage, Antoinette),《反洗钱的复杂性与行业合规》(*The Anti Money Laundering Complex and the Compliance Industry*)(Abingdon: Taylor & Francis, 2011),作者是推动反洗钱行业功能主义的评论人之一。
108　参见第八章标题为"离岸逃税所涉之罪"的部分。
109　尽管并非总是如此:来自于以腐败手段获取的合同的收入经常被申报。

动，不如说是被发起修订《建议》的同一原动力所推动的。[110] 因为这一原动力成为要求报告的触发因素，逃税是否能构成洗钱的上游犯罪对洗钱犯罪具有重大的现实意义。国际金融行动特别工作组要求，当被指控的洗钱者知道财产来源于犯罪活动时，就要对洗钱行为承担刑事责任。[111] 英国法律在相关重要领域的洗钱范围则更广，只要怀疑财产来源于犯罪即满足承担刑事责任的要求。[112] 由此扩大了实行犯和报告义务的范围，进而导致了更多报告、更多调查以及反洗钱行业的进一步发展。

（二）洗钱罪的实行犯

英国法的洗钱罪是指对"犯罪财产"实施了"某些行为"。[113] "某些行为"的潜在范围十分宽泛。洗钱罪已采纳了《维也纳公约》[114] 的模式，指隐藏、掩饰、转换或转移犯罪财产，或使其避开司法管辖区。[115] 该犯罪指行为人进入或参与一项明知或怀疑为他人或他人的代理人取得、保存、使用或控制犯罪财产提供便利的计划。[116] 获取、

---

[110] 《打击洗钱和资助恐怖主义及扩散的国际标准》——《国际金融行动特别工作组40项建议》（巴黎：2012年2月）。

[111] 《1998年联合国禁止非法贩运麻醉药品和精神药物公约》（《维也纳公约》）第3条第10款；《联合国打击跨国有组织犯罪公约》（《2004年巴勒莫公约》）第6条。

[112] 《犯罪收益法》第340条第6款。

[113] 《犯罪收益法》第340条："（3）财产构成犯罪财产如果——（a）其构成某人从事犯罪行为（定义见第340条第2款）所得利益或者代表这种利益（全部或部分，直接或间接），以及（b）被指控的罪犯知道或怀疑它构成或代表这种利益。"

[114] 《1998年联合国禁止非法贩运麻醉药品和精神药物公约》（《维也纳公约》）第3条第10款。

[115] 《犯罪收益法》第327条。

[116] 第328条。

使用或持有犯罪财产的行为构成犯罪,[117]与上述任何事项共谋也构成犯罪。[118]

一旦上游犯罪的范围扩大至足以包含逃税,[119]问题就变得悬而未决:什么时候可以对逃税所得进行洗钱?英格兰和威尔士的判例法,一直对犯罪财产的识别和数量问题有所回避。在未申报或少申报的税务欺诈案件中,[120]纳税人的财产将明显因此增加,但因逃税而增加的财产不一定能被识别,也不一定能对其提出洗钱罪的指控。即使这部分财产可以查明,被告也不一定具备定罪所需的心理状态(明知或怀疑有关财产是否"代表或构成"[121]犯罪所得)。[122]

首先要注意的是,《犯罪收益法》第340条第6款属于拟制条款。在税法中拟制条款偶尔能发挥令人满意的作用,而一旦涉及刑法时总会引起问题。第340条第6款拟制被告人有一笔其实际上没有的钱。这是将第76条第5款(涉及没收)的文本转移到第340条第6款(规定洗钱的刑事责任),适用拟制条款的后果似乎还是没有得到妥善解决,因为这笔钱实际上并不存在。因此,人们可能认为,隐藏、掩饰、转换或转移财产[123]是根本不可能的,因为这些财产的存在只是假设性的。隐藏不存在的财产(以及其他财产)和隐藏独角兽一样是不可能的。第329条规定的涉及获取、使用或持有犯罪财产的

---

117 第329条。
118 第340条第11款。
119 奥尔德里奇,同注84。
120 但不能是错误退税或退款。
121 "构成"(constituted)中暗含法律判断,因此在这方面的错误或无知原则上应提供辩护。
122 论点的技术性由奥尔德里奇和芒福德提出,同注28,第353页。
123 第327条。

第三类洗钱罪也同样如此。至于第327条,可以认为因为名义货币实际并不存在,故不能对其获取、使用或持有。

第328条所述规定的犯罪行为是进入或参与一项为获取犯罪财产等提供便利的计划,该行为所需的主观心态是明知或怀疑。[124]根据第328条第1款:

> 任何人进入或参与一项明知或怀疑为他人或他人的代理人取得、保存、使用或控制犯罪财产提供便利的计划,构成犯罪。

这里对犯罪财产的描述欠具体,[125]在"犯罪财产"之前没有使用任何冠词。该条款似乎考虑到,犯罪财产是指在达成计划之后的某一时刻可能存在(或成为犯罪财产)的财产。因此,有人可能会说,在作出计划时无法查明财产,这一事实并不妨碍就报告义务而言存在犯罪财产。相反的论点是,第328条仍然认为,当计划实现时的某个时候,实际存在可查明的财产,并且除非该财产是犯罪财产,否则不构成犯罪。有人认为后者是更好的解释。在女王诉GH案[126]中,最高法院认为,第327、328和329条规定的犯罪的先决条件是,起诉时财产的性质应该是犯罪财产。

专门为他人打理财产是一个受到监管的行业,假设财产打理人被监管部门怀疑没有全部申报他人应纳税款,那么,依照第340条第6款推定逃税者拥有一笔财产,即使这笔特定财产不属于法律认定的

---

124 参见女王诉蒙蒂拉案(*R v Montila* [2004] UKHL 50; [2004] 1 WLR 3141),上议院关于早期立法中不同但相似的措词的决定。

125 第327条犯罪的范围比《1977年刑法》第1条所指的串谋实施犯罪要广。

126 *R v GH*.

范围,对"犯罪财产"(即受指控的犯罪人明知或怀疑其构成或代表这种利益)[127]的主观心态仍然为被控洗钱或未履行报告义务的人提供了抗辩可能。首先,因为财产打理人可能并不知晓第340条第6款,很可能不"明知或怀疑"这笔财产属于犯罪所得的利益。如果是这样的话,根据第340条第6款这就不是犯罪财产。财产打理人可以主张,因为其不了解相关法律,所以不知道或没有怀疑这笔财产代表犯罪所得的利益。主张法律认识错误否定相关犯罪故意,可以作为抗辩事由。[128]其次,报告义务人很可能不知道或没有怀疑此笔财产是犯罪财产,因为即使他知道相关法律,他可能不会将第340条第3款要求的知情或怀疑归咎于打理人。

因此,有观点认为,对《犯罪收益法》的一个完全合理的解释应该是,在未申报或少申报的案件中,不存在附加于逃税的可指控的洗钱罪。尽管在英国法律中该观点具有说服力,但实践中被告人仍会被认定为对逃税所得洗钱。在女王诉威廉案[129]中,上诉法院认为,如果纳税人以虚假申报企业经营额欺骗税务机关而获取经济利益,那么应当认定其获利金额等于未申报经营额的应纳税款额。此外,"犯罪财产"不仅限于应缴税款,而是全部未申报营业额。虽然逃税者没有实际拥有或使用财产,但其符合法律上的虚构,这应当是定罪的基础,但显然这还不充分。如果逃税是洗钱罪的上游犯罪,由于几乎所有非法收入都具有可税性,那么将存在执法机制把罪犯的财产

---

127 《犯罪收益法》第340条第3款。
128 女王诉史密斯案(*R v Smith [DR]* [1974] QB 354; [1974] 1 All ER 632)。
129 女王诉威廉案(*R v William, William & William* [2013] EWCA Crim 1262),在女王诉加百利案(*R v Gabriel* [2006] All ER [D] 26 [Feb])案中得到批准和扩展;女王诉K案(依据《2003年刑事司法》第58条起诉)([2007] All ER [D]138 [Mar]);严重有组织犯罪局诉博斯沃思案(*SOCA v Bosworth* [2010] All ER [D] 273 [Mar])。

视为逃税所得的危险,如毒贩的财产。除非洗钱罪的判决会根据上游犯罪的不同而有所不同,否则控方只需要证明资金是未申报的收入,而没有必要证明存在任何其他更严重的上游犯罪行为。这一趋势在女王诉库奇哈迪亚案[130]中具体体现和展开,该案中,被告的生活方式被作为存在多种可能上游犯罪的证据,逃税是其中之一,也是最容易证明的。

除技术细节之外,目前国际金融行动特别工作组要求将税收犯罪作为洗钱的上游犯罪意味着什么?除了在那些不承认"自洗钱"(self-laundering,清洗自己犯罪所得)应承担责任的司法管辖区(德国是其中之一[131]),[132]很难想象存在任何一起不构成洗钱的逃税案件。以往被指控逃税罪的行为(如果有的话)现在都构成逃税罪和洗钱罪。洗钱和资本流动报告也将发生重大变化。税收犯罪作为洗钱上游犯罪必然提高对洗钱的估值,[133]并提高洗钱占资本外逃的比例和资本外逃占洗钱的比例。经济合作与发展组织将税收犯罪列为洗钱的三大来源之一。[134]即使之前没有显效,也很快就会看到该主张的效果,即逃税将更加稳定地嵌入反洗钱情节。[135]现在看来,洗

---

130 *R v Kuchhadia* [2015] EWCA Crim 1252; [2015] Lloyd's Rep FC 526.
131 《德国刑法典》第261条第9款。
132 在允许对"自洗钱"定罪的地方,"自洗钱"者将占相当大的比例,而惩罚"自洗钱"是以某种方式破坏犯罪体系的论点将被削弱。
133 布里吉特·昂格尔(Unger, Birgitte),"洗钱能减少吗?"(Can Money Laundering Decrease?),载《公共财政评论》(*Public Finance Review*)(2013年)第41卷,第658—676页。
134 经济合作与发展组织,《税务审计和稽查员的洗钱意识手册》(*Money Laundering Awareness Handbook for Tax Examiners and Tax Auditors*)(Paris: OECD, 2009)。
135 RT.内勒(Naylor, RT),《伪造犯罪》(*Counterfeit Crime*)(Montreal: McGill-Queen's University Press, 2015),第110页及以下。

钱犯罪和反洗钱情节已经占据并改变了对逃税的处理方式,而这未必更好。

五、《犯罪收益法》的税收管辖权

《犯罪收益法》第六部分规定了与犯罪所得相关的税收管辖权,将权力赋予资产追索局局长。现在由英国国家犯罪调查局(NCA)实施该管辖权。[136] 内阁办公室在审查前《犯罪收益法》时认为,维持高生活水平但没有明显合法资金来源的人群属于问题人群。资产追索局继承了前身爱尔兰刑事资产局(Irish Criminal Assets Bureau)的许多职能,该局对税收管辖权的利用非常积极。[137]

对政治家而言,基于生活方式评估税收具有提高纳税人纳税道德的潜在吸引力:

> 税收必须得到一致、公平的适用。如果有人没有根据自己的收入纳税,则对正常纳税人不公平,主要是因为这部分未缴纳的税负落到了合法纳税人身上。税务局对获得犯罪所得的人征税,则是释放一个强烈的信号,即英国的税收制度确实公平地适用于整个社会的各个阶层。[138]

---

136 《2013年犯罪与法院法》附表8第2部分第122条第2款。
137 坎贝尔,同注86,第8章,特别是第238页;犯罪资产局,《2014年度报告》(Dublin: Criminal Assets Bureau, 2016)。
138 《犯罪收益法草案》(Cm 5066, 2001年3月),第6.2段。

180　　1954年霍兰德诉美国政府案中，美国联邦最高法院批准了在此基础上的资产评估，此后的文献将其描述为打击逃税的"净值"武器，[139]但杜克指出这种方法在某些方面对程序公平构成威胁。[140]在资产追索局局长有合理理由怀疑任何收入、收益或利润来自犯罪所得时，该局有权依据《犯罪收益法》处置这些利益所有人的税务事务。[141]法案草案相关内容如下：

> 旨在反对个人通过辩称其资产积累来源合法以保护其犯罪资产的行为。此种情形下，大多税务机关并不实际掌握这些收入、收益或利润。因为没有申报，他们不仅将面临征税，还将面临利息和罚款。这意味着，在某些情况下，非法获得的大部分财富，可以通过税收收回。[142]

内阁办公室的审查，[143]被认为有碍于对可疑收入征税，显然其源于早期资产评估分类体系。首先，为了对所得税（而不是资本利得税或公司税）核定，必须有一个可查明的收入来源，且此来源应归于特定类别，例如某一特定行业；其次，收入必须归属于某一特定年份。对于既无确定收入来源又无确定课税年度的资产，可以由英国

139　霍兰德诉美国政府案（*Holland v United States* [1954] 348 US 121）；司布真·阿瓦基安（Avakian, Spurgeon），"净值计算作为逃税证明"，载《税法评论》（1954年）第10卷，第431页。

140　史蒂文·杜克（Duke, Steven），"起诉企图逃避所得税：关于混合程序的分歧"，载《耶鲁法律评论》（1966年）第76卷，第1页。

141　《犯罪收益法》第317条。

142　《犯罪收益法草案》（Cm 5066, 2001年3月），第6.1段。

143　《犯罪收益法草案》，第10.6段及以下。

第九章　税收和刑法的交叉问题

国家犯罪调查局提出纳税核定。对于一个人收到的没有纳税记录的疑似犯罪所得，可以将这笔无法解释的财产归入应税来源不明收入。例如，在这种情况下，有理由怀疑收入来自一个或多个可能的犯罪活动，但确切是哪一个无法确定。这一规则并没有改变实体税法，尤其是应纳税和非应纳税活动之间的界限，但是防止了涉嫌收受犯罪资产的人因拒绝查明其收入来源而逃税，并将提供资产来自非应税来源的证据责任转嫁给纳税人，以此取代纳税核定。

关于税收管辖权在执法中的作用，有两个主要政策性问题。第一个问题是，对犯罪所得征税是否最好由专门独立机构而非兼具其他功能的机构来实施？执法机关的主要业绩指标是根据征收数额确定还是根据针对涉嫌犯罪所得资产采取的一系列法律措施确定更好？这不是一个原则性问题，而是一个选择最优解的问题。《2002年犯罪收益法》引入了资产追索局，尝试采用"专门机构"的路径，这种路径的优点是可以更容易分离涉案费用。尽管普遍认为该机构[144]在曾经发生恐怖主义敲诈勒索的北爱尔兰运行成功，但在英格兰和威尔士被认为明显失败。该机构运行到2007年，被突然撤销。议员格兰特·夏普斯的一份报告证实，该机构成立的头四年，运行处于入不敷出的局面。[145] 该报告发布不久，又一份关键的公共账目委员会报告接踵而至。[146] 该报告第11章是由安东尼·金和艾弗·克

181

144　上议院辩论（Cols 1591-94），2007年3月27日（苏格兰女男爵）。
145　格兰特·夏普斯（Shapps, Grant），《资产追索局运行失利报告》（*Report into the Underperformance of the Assets Recovery Agency*）（London: Shapps, June 2006）。
146　公共账目委员会主席爱德华·利，《资产追索局》，2006—2007届会议第15次报告。

鲁撰写的《我们政府的失误》[147]，专门讨论了资产追索局，似乎认为该局的问题是缺乏明确的工作重点。

随着资产追索局的终结，《2007年严重犯罪法》将资产追索局局长的职责和权力赋予各起诉部门负责人。[148]该局的民事追偿权和征税权被赋予严重有组织犯罪局，后又由英国国家犯罪调查局继受。皇家检察署并不重视使用其民事追偿权，[149]但反重大欺诈办公室有一个专门致力于积极追索犯罪所得的团队，并清楚地将民事追偿作为替代刑事起诉的一个重要方式。

2015年，资产追索局的继任机构英国国家犯罪调查局宣布，其对犯罪所得的民事追偿和征税政策的目标是瓦解犯罪行为而不是增加收入。[150]这一宣告意味着制度性转折，而此时正值下议院内政事务委员会（House of Commons Home Affairs Committee）[151]批评英国国家犯罪调查局的民事追偿业绩。如果资产追索局在2007年受到攻击时也能作出同样的反应，该局可能依然存在。

第二个政策问题是，刑事司法（起诉、定罪和量刑）的运用与对贪利犯罪其他措施之间的关系。在该领域，起诉和定罪的替代措施在多大程度上使用是适当的？正如本书首次介绍替代措施所表述

147　安东尼·金（King, Anthony）和艾弗·克鲁（Ivor Crewe），《我们政府的失误》（*The Blunders of Our Governments*）（London: Oneworld Publications, 2013），第11章。

148　《2007年严重犯罪法》第74条及附表8和9。

149　上议院辩论（Col 1861W），2009年2月10日（薇拉·贝尔德，王室法律顾问、副检察长）。

150　http://www.nationalcrimeagency.gov.uk/news/88-nca-website/about-us/what-we-do/549-nca-approach-to-criminal-assets。

151　内政事务委员会主席基思·瓦兹，《评估警务的新架构：警务学院和英国国家犯罪调查局》（*Evaluating the New Architecture of Policing: The College of Policing and the NCA*），2014—2015届会议第十次报告，第9页第21段。

的，针对犯罪资产的干预措施并非旨在替代对犯罪所得的定罪和之后的签发没收令。在《犯罪收益法》的议会讨论阶段，资产追索局似乎已经考虑到对涉嫌犯罪所得持有人所采取措施的明确顺位。首先倾向于适用刑事起诉，其次是民事追偿，只有在适当的情况下，才适用税收管辖权。[152]

资产追索局被撤销后，执行顺位机制随之失效。《犯罪收益法》规定的税收管辖权如今由英国国家犯罪调查局执掌，行使税收管辖权不需要再以放弃刑事起诉和民事追偿为前提。[153] 如果英国国家犯罪调查局有合理理由[154]怀疑即可行使税收管辖权：

（a）任何人在课税期间所产生的收入或应累算的收益，可征收所得税或属于应课税收益（视属何情况而定），而该收入或收益会因其本人或他人的犯罪行为（不论全部或部分，亦不论直接或间接）增长或累计，或者

（b）公司在课税期间内产生的利润可征收公司税，而该利润是由于该公司或他人的犯罪行为（不论全部或部分，直接或间接）而产生的。[155]

152　彼得·奥尔德里奇，《反洗钱法》（*Money Laundering Law*）（Oxford: Hart, 2003），第246页及以下。
153　《犯罪收益法》第2条第5款和第6款及指南。
154　费内奇诉严重有组织犯罪局案（*Fenech v SOCA* [2013] UKFTT 555）。第317条第1款仅要求英国国家犯罪调查局有合理的理由怀疑犯罪行为，并且犯罪行为产生了收入，无论其是间接的还是微不足道的。严重有组织犯罪局不必证明根据F评估的任何收入都来自犯罪行为，仅需合理地怀疑他在有关年份直接或间接地从犯罪行为中获得了一些收入。
155　第317条第1款。对于本条款下的管辖权提出的质疑，参见卡恩诉资产追索局局长案（*Khan v Director of the Assets Recovery Agency* [2006] STC [SCD] 154; [2006] STI 593）。

一旦英国国家犯罪调查局具有了税收事务管辖权，其将可以行使税务海关总署的全部权力。[156]《犯罪收益法》税收管辖权运作的主要机制是生成一个核定。由此产生的结果是基于盖然性确定纳税人的税负，因此该核定是不准确的。核定一定不能凭空臆造，[157]但如果核定是基于确凿的证据并且能够一以贯之，其结果理应得到支持。[158]使用余额和支出（"净值"）作为量化纳税人收入的方法被认为完全合理。[159]如果收入来源认定错误，那么英国国家犯罪调查局则不能得到第319条第1款规定的利益，[160]这就是为什么即使法规允许，英国国家犯罪调查局也不确定收入来源的原因。税收管辖权并没有被广泛使用。不明来源财产令（UWOs）的引入，会因其对民事追偿率的影响，而使税收管辖权的适用变得更容易还是不那么必要，尚有待观察。

（一）重复计算

在希金斯诉英国国家犯罪调查局案[161]中，希金斯因长期非法处理废物而被成功起诉。根据《犯罪收益法》，刑事法院签发了一张40万英镑的没收令。随后，严重有组织犯罪局核定了希金斯的纳税义

156　费内奇诉严重有组织犯罪局案。
157　福布斯诉资产追索局局长案（Forbes v Director of the Assets Recovery Agency [2007] STC [SCD] 1; [2006] STI 2510）。
158　哈珀诉资产追索局局长案（Harper v Director of the Assets Recovery Agency [2005] STC [SCD] 874; [2005] STI 1906）。
159　林奇诉英国国家犯罪调查局案（Lynch v National Crime Agency [2014] UKFTT 1088 [TC]）(FTT [Tax])。
160　萝丝诉资产追索局局长案（Rose v Director of the Assets Recovery Agency [2006]STC [SCD] 472; [2006] STI 1631）。
161　Higgins v National Crime Agency [2015] UKFTT 46 (TC).

务（所得税和国民保险应缴款），并处应纳税款75%的罚款，后该罚款经审查减至60%，此外还收取了以上款项的利息。希金斯以重复追偿为由提出上诉，主张原没收令已经包含了这些款项。他还称，该处罚违反了《欧洲人权公约》《第一议定书》第一条目的下的比例原则。法庭认为，因其未缴纳应纳税款，英国国家犯罪调查局作出罚款决定是适当的，这是专门为确保他在未来的税收事务中能履行其义务而作出的。该罚款在概念上不同于根据没收令而支付的款项，这部分款项既非不成比例也不构成重复支付。鉴于哈维案，可能需要重新审视这种严苛的决定。[162]

六、没收及其他扣押

（一）没收

《犯罪收益法》第5部分规定了民事追偿管辖权。由于民事追诉是针对物实施的，因此其可能适用于作为逃税结果的现金或其他财产，但就国内逃税而言，更为通常的做法是起诉并要求执行没收令或处以民事处罚。一直以来，当局对走私行使的主要权力之一是没收违禁物品、运输违禁物品的船只和其他工具。海关通常在未定罪[163]并且

---

162 女王诉哈维案；参见本章标题为"没收逃税犯罪收益"的部分。
163 海关专员公署诉纽伯里案（*Customs and Excise Commissioners v Newbury* [2003] EWHC 702 [Admin]; [2003] 1 WLR 2131）；林赛诉海关专员公署案（*Lindsay v Customs and Excise Commissioners* [2002] EWCA Civ 267; [2002] 1 WLR 1766）；达伦·霍普诉边境税务局局长案（*Darren Hope v Director of Border Revenue* [2015] UKFTT 18 [TC]）。

不涉及第6条规定的涉案金额可能非常大的情况下执行没收。[164]欧洲人权法院一直对此拒绝干涉。[165]一旦物品被扣押,所有者可依程序申请返还,获得返还需要证明特殊情况存在。[166]

(二)现金没收

持有现金作为一种持有财产的方式,与无记名票据有所不同。由于存在丢失或失窃的危险,持有大量现金充其量只是一种特殊选择。但比起涉及银行账户的交易,追踪现金的难度要大得多,因此现金一直受到逃税者的青睐。直到1979年,[167]英国取消了根据《1947年外汇管制法》实施的战后外汇管制,在该管制下,未经财政部同意将现金或黄金带出英国是非法的。此类现金可在刑事诉讼后或未经刑事诉讼程序被没收。在日渐增强的资本流动似乎扫除了各司法管辖区的管制之际,现金流动又开始令人担忧。人们不再担心大规模货币国际流动会破坏布雷顿森林结构中英镑的稳定性。[168]从1979年起,人们开始对在各管辖区之间流动的现金感到担忧,这是因为现

---

164 海关专员公署诉加拿大航空案(*Customs and Excise Commissioners v Air Canada* [1989] QB 234; [1989] 2 All ER 22)以一架飞机而闻名;海关专员公署诉加拿大航空案(上诉法院)([1991] 2 QB 446; [1991] 2 WLR 344; [1991] 1 All ER 570)。

165 阿列戈梅因金银公司诉英国政府案(*Allgemeine Gold-und Silberscheideanstalt AG [AGOSI] v United Kingdom* [1987] 9 EHRR 1);加拿大航空诉英国政府案(*Air Canada v United Kingdom* [1995] 20 EHRR 150)。

166 《关税与消费税管理法》附表3,Amps诉边境税务局局长案(*Amps v Director of Border Revenue* [2013] UKFTT 570 [TC])。

167 《1979年外汇管制(一般豁免)令》(Exchange Control [General Exemption] Order 1979 SI 1660)。1947年法被《1987年财政法》第68条第1、2、4款,第72条,附表16第9部分取代。

168 《国际货币基金组织协定条款》(Cmd 6546, 1945年),由《1945年布雷顿森林协定法案》(Bretton Woods Agreements Act 1945)宣布其生效。

金可能是犯罪所得,其流动可能使犯罪利益被享受或者再投资到其他领域。

从1990年起,假如发现一个人携带一只装满现金的手提箱出境,如果有合理理由怀疑,可以将其扣押,而且如果国家机关能够证明该现金具有毒资的高度盖然性,则可以将其没收。[169] 自2002年以来,该项权力已从港口的海关官员扩展至任何地方的所有警察,而且也不再限于毒品,可以涉及任何犯罪。[170] 在获得治安官(仅限于治安官不可行)或高级警官事先批准的情况下,有权搜查此类现金[171],并且出台了一套管理此类搜查和扣押的业务守则。[172] 如果海关官员或警察有合理理由怀疑现金是可追回或任何人意欲将其用于非法行为的财产,依据《犯罪收益法》的授权,海关官员或警察具有没收最低金额及其以上现金[173]的权力。[174] 之后,治安法院可下令没收现金,没收的现金必须"满足"法定的来源条件,但均依据民事证明程序和证据标准。[175]

---

169 《1990年刑事司法(国际合作)法》第25条;《1994年贩毒法》第42条。

170 《犯罪收益法》第298条。参见弗莱彻诉莱斯特郡警察局长案(*Fletcher v Chief Constable of Leicestershire* [2013] EWHC 3357 [Admin]; [2014] Lloyd's Rep FC 60)。

171 《犯罪收益法》第289条。现金的定义广泛(第289条第6款和第7款),包括任何货币的纸币和硬币、邮政汇票、支票、银行汇票和不记名债券。

172 《2016年〈2002年犯罪收益法〉(现金搜查:行为守则)令》,取代了《2008年〈2002年犯罪收益法〉(现金搜查:行为守则)令》,以符合《犯罪收益法》第292条的要求。没有该守则,行政人员行使这种权力将不符合《公约》,参见卡麦津德诉瑞士政府案(*Camezind v Switzerland* [1999] 28 EHRR 458)。

173 最低金额将根据内政大臣的命令随时确定,《犯罪收益法》第303条。在撰写本文时(2016年7月),金额为1000英镑,见《2006年〈2002年犯罪收益法〉(简易程序中的现金追回:最低金额)令》。

174 《犯罪收益法》第294条。

175 请注意,使用关于现金的追缴规定,在识别事物的危害方面偏离了追缴的历史本意。

因此，《犯罪收益法》规定的现金没收有两种，一种是针对"可追回财产"，另一种是针对任何人意欲用于非法行为的财产。[176]由此现金没收成为一种混合体，就可追回财产而言，是一种民事追偿程序；就拟用于犯罪的财产而言，是一种没收程序。[177]其作为民事追偿程序，理由明确，且不需再作进一步考量。对来源于犯罪财产的处置，应当遵循禁止从犯罪中获益原则。对现金使用民事追回是合理的。[178]依据税收要素的要求，仅警官指出其来源于某种不确定的犯罪是不充分的。[179]假设在被告人的住所内发现大量现金，[180]那么为了没收这些现金，当局通常必须说明这些现金来源被怀疑的具体犯罪类型。与贩卖毒品、贩运人口或任何其他更具体的犯罪相比，逃税所得更容易在此被用。

"预期用途"的证明难度更大。假设财产可能被用于犯罪，那么就可以对其进行合法没收，这种假设是有问题的。此外，在没有得到解释的情况下，将持有大量现金作为现金来源非法的充分证据，无论如何不比将其作为现金用于非法用途的证据更令人信服，除非这种

176　《犯罪收益法》第304条中的定义适用。

177　因此，在艾哈迈德诉英国税务海关专员案（*Ahmed v Revenue and Customs Commissioners* [2013] EWHC 2241 [Admin]）中，对涉案的现金适用没收犯罪财产程序而非民事追回程序，这种做法可能缺乏合理性。

178　在扣押现金的情况下，仅仅持有大量现金就可以被视为通过犯罪获得现金的证据。女王（依据资产追索局局长的申请）诉格林案（*R [on the application of the Director of the Assets Recovery Agency] v Green* [2005] EWHC 3168），第32—33段（沙利文法官）。

179　安格斯诉英国边境局案（*Angus v United Kingdom Border Agency* [2011] EWHC 461 [Admin]; [2011] Lloyd's Rep FC 329）；内政部国务卿诉塔索尔案（*Secretary of State for the Home Department v Tuncel* [2012] EWHC 402; [2012] Lloyd's Rep FC 475）；威斯诉英国边境局案（*Wiese v UK Border Agency* [2012] EWHC 2549）。

180　金额有时十分巨大，参见："有组织犯罪网络有史以来最大的3000万英镑的扣押"，BBC新闻，2016年4月21日。

用途是为了逃税。因为现金是不特定物,所以财产是现金这一事实使得主张没收更为有力。[181]

没收现金作为国家从犯罪嫌疑人处获得现金的一种手段,具有相对有效性。因为现金经常在寻找其他物品(通常是毒品)的过程中出现,而且没收程序通常无争议。《2009年警务与犯罪法》取代了之前繁复不必要的法律,规定对于无争议的案件,可以在没有法院令的情况下执行没收。[182] 截至2011年,没收现金案件占所有没收犯罪所得案件的32%。[183] 该统计数字没有区分没收可追回财产和没收意欲非法使用的财产,但可以合理地得出结论,前者的影响更大且更容易证明。

以人权理由挑战没收现金并不成功。在巴特诉英国海关案[184]中,法院认为,在之前立法下进行的诉讼没有违反《欧洲人权公约》第6条第2款和第6条第3款。哈利特(Hallett)法官(当时的她)驳斥了以下论点:

> 在我看来,如果法院发现根据(《1994年毒品交易犯罪法》,前立法)第43条实施没收的案件都涉及犯罪活动,将因此适用刑事证据标准,这将与议会的明确表述和立法意图相抵触。[185]

---

181 在边境地区缴获的现金约占缴获现金的2/3,但该比例正在下降。英国皇家警务督察署,《犯罪收益:对税务海关总署在处理税收、逃税、利益欺诈中追缴犯罪收益情况的检查》第5.49段及以下。

182 加入新的《犯罪收益法》第297A条。

183 www.justice.gov.uk/downloads/statistics/mojstats/cjs-stats/cjs-stats-bulletin-sept2010.pdf。

184 *Butt v HM Customs and Excise* [2001] EWHC Admin 1066.

185 第25段。

恕直言，这很难令人信服。总是抵触议会的明确表述和立法意图，使得《欧洲人权公约》第6条在人们看来不得其所。尽管如此，这是行使该法各种授权所面临挑战下典型的司法反应。

那么，这与税收有何关系？当大量现金引起对其出处的怀疑时，至少有充分理由要求现金持有人做出解释。假如一个人对将其现金作为可追回财产予以没收的措施，不能甚至不愿意做出辩解，那么让其损失这些现金并无不妥。假如当局没有足够的证据证明现金来源于犯罪，他们将不太可能证明这些现金是用于犯罪目的（以便适当地没收所谓的现金）。但是，如果他们可以证明，那么，直到被告不再意图将钱用于犯罪，国家冻结这些钱则是合法的。总而言之，允许国家如此占有已经走得太远。

（三）不明来源财产令

公民向国家解释个人财富的依据面临着越来越大的改革压力。作为英国政府修订反洗钱和打击资助恐怖主义计划的一部分，[186]不明来源财产令机制正在酝酿中。[187]其理念是，当个人拥有似乎无明显来源的财富时，将发出该命令，要求个人申报其财富来源。如果不明来源财产令要求的主体未回应或回应不令人满意，则该事实将成为支持民事追回令的证据。不明来源财产令允许没收司法管辖范围之外银行账户下的财产。这些账户的所有人在面对这些程序时将遇到一个问题，即证明不明来源财产令所涉财产的取得与逃税行为无关。

186　内政部和英国财政部，《反洗钱和反恐怖金融行动计划》（*Action Plan for Anti-Money Laundering and Counter-terrorist Finance*）（2016年4月）。

187　参见上议院辩论（Col GC2），2015年6月18日（鲁克勋爵），《2017年刑事金融法》（Criminal Finances Act 2017）。

因此，随着不明来源财产令的提出，对纳税人保密的态度已经发生了预料之中的转变。国家和财产所有人之间的关系也随之变化。我们的立场，已经从国家需要制定限制措施以保护个人金融隐私，转变为希望了解每一个人的所有金融事务，并将这些信息与其他国家交换。从没收贩毒所得到没收逃税所得，犯罪所得涉及的行业正在扩张。当前，在没有明确界定的情况下，公民可能会被要求解释其是如何持有财产的，假如没有做出解释或者没有充分解释，那么其财产可能会被没收。这种彻底的改变是渐进式的，且从未经过充分的讨论。

七、结论

在没有没收、没有民事追偿和鲜有起诉的时代，税法和犯罪所得法之间的联系是有限的。如今，二者已经发生了实质性关联，并且"跟着钱走"成为控制犯罪的准则。随着将反洗钱作为其他领域创造收入的重要手段以失败告终，洗钱罪的上游犯罪转向逃税，由此引发了未来刑事司法和税法将产生极为重要的联系。这也许不是件坏事，但不该是在本章所描述的下意识和渐进主义中实现。

第十章 是否应该起诉更多涉嫌逃税者？

众所周知，税收制度的目的是为了筹集管理资金，诸如支付教育、医疗、社会服务、国防等费用。而税收起诉的目的却不甚清晰。其可能仅仅是征收制度的附属品或是金融犯罪法的核心部分，而起诉比例将取决于执法水平。

作为2010年开支审查的一部分，税务海关总署获得了额外的起诉经费，并通过这些资金提升起诉案件量。2013年，王室法律顾问和皇家检察署署长基尔·斯塔莫宣布，将更多地起诉逃税者和增加打击目标。[1]但他演讲中给出的理由却无法使人信服，令人失望。斯塔莫的演讲以逃税是一种无受害人犯罪开头，该观点成为众矢之的，并被批驳。他声称，作为一个周期性主题，逃税在经济衰退时期更猖獗。[2]而后列举了一些成功起诉且被告被判有罪的案例，并对此赞赏有加。[3]他重申了税务海关总署的主张："2011年……刑事案件起诉挽回了大约10亿英镑的收入损失。"也就是说，斯塔莫并未从起诉可能产生的威慑作用的角度来说明追加起诉的理由，而是

---

1 "起诉逃税罪"（Prosecuting Tax Evasion），王室法律顾问、皇家检察署署长基尔·斯塔莫（Keir Starmer）的演讲，2013年1月23日，http://www.cps.gov.uk/news/articles/prosecuting_tax_evasion。

2 同样的索赔通常在战时提出。

3 尤其是上诉法院法官拉弗蒂在"互惠操作"案中的言论，女王诉佩林＆费希尼案；参见第四章标题为"量刑"的部分。

第十章 是否应该起诉更多涉嫌逃税者？

站在道义的立场上，也许是利用公众的愤怒情绪。2014—2015年度的起诉目标上升到1165个。截至2015年，共有1258人被判犯有逃税或欺诈罪，高于一年前的795人。[4] 税务海关总署又招募了200名刑事调查人员，由此，因逃税而被起诉的人数从2010—2011年度的165人增加到2012—2013年度的565人，再增至2014—2015年度的1165人。[5]

这可能会对税收遵从产生任何影响吗？遵从的社会心理模棱两可。早期的一项试验[6]发现，唤起纳税人良知的呼吁和对纳税人制裁风险提示，都能提高税收遵从度，而且前者的效果优于后者。但是后来的一项现场试验的结论似乎相反，[7] 并且其他人也发现呼吁人们道德的方法几乎没有或根本没有任何效果。[8] 利维[9]研究文献的结论

---

4 "税务海关总署在定罪率上升58%后加大对逃税打击力度"，载《金融时报》2015年12月14日。

5 https://www.govuk/government/policies/reducing-tax-evasion-and-avoidance。

6 理查德·D.施瓦茨（Schwartz, Richard D）和索尼娅·奥尔良（Sonya Orleans），"论法律制裁"（On Legal Sanctions），载《芝加哥大学法律评论》（*University of Chicago Law Review*）（1967年）第34卷，第274页。

7 迈克尔·霍尔斯沃斯（Hallsworth, Michael），约翰·A.李斯特（John A List），罗伯特·梅特卡夫（Robert Metcalfe）和伊沃·弗拉耶夫（Ivo Vlaev）（2014），《行为主义税务官员：利用自然实地试验提高税收遵从性》（*The Behavioralist Tax Collector: Using Natural Field Experiments to Enhance Tax Compliance*），http://www.nber.org/papers/w20007。

8 玛莎·布卢门瑟（Blumenthal, Marsha），查尔斯·克里斯蒂安（Charles Christian），乔尔·斯拉姆罗德（Joel Slemrod）和马修·史密斯（Matthew Smith），"规范性申诉是否影响税收遵从？明尼苏达州一项控制试验的证据"（'Do Normative Appeals Affect Tax Compliance? Evidence from a Controlled Experiment in Minnesota），载《国家税务杂志》（*National Tax Journal*）（2001年）第54卷，第125页。

9 迈克尔·利维，"严重税务欺诈与违规：刑事诉讼与非刑事诉讼差异影响证据述评"（Serious Tax Fraud and Noncompliance: A Review of Evidence on the Differential Impact of Criminal and Noncriminal Proceedings），载《犯罪学与公共政策》（*Criminology and Public Policy*）（2010年）第9卷，第493—514页。

是，几乎没有明确的证据表明起诉的多少会对税收遵从度产生很大的影响，但出于道德报应和社会公平的考量，增加起诉可能是正当的。利维[10]主张加大对（严重）税务欺诈的刑事打击力度。[11]总体而言，对逃税特别是海外逃税的总体起诉率可能对税收遵从度影响不大。关注逃税引起的最糟的结果可能是，起诉税收抵免欺诈和小规模逃税增多，但对使用"离岸"大规模逃税的起诉比率没有影响。

刑事实体法或程序法是否应当针对逃税进一步扩张？就纳税人自身的刑事责任而言，法律不需要更广泛。逃税的刑事责任应限于纳税人为了减轻其税负向税务海关总署撒谎的情况。目前，逃税罪的附随犯罪的范围可能呈现出不必要的扩张。新的离岸犯罪涉及离岸逃税，并以纳税人的过失为基础，该罪的引入扩大了刑法教义学的版图。专业人士的责任已在刑法中充分体现，而《金融犯罪法案》中的"授权"罪似乎并没有使任何以前不构成犯罪的行为犯罪化。然而，对专业人士采取更积极的执法措施还有很多值得探讨之处。尽管从理论上还难以证明，但对那些使他人能够离岸逃税或税收不遵从的专业人士处以民事处罚的新条款[12]，将为税务海关总署提供另一个有用的工具，而且对专业人士面临的民事或刑事诉讼风险进行宣传将是有价值的。

对实行犯的管理可能得益于其法律体系的合理化，但不能因为合理化就将其视为起诉的优先事项。在法律不健全的领域，可

---

10 迈克尔·利维，"严重税务欺诈与违规：刑事诉讼与非刑事诉讼差异影响证据述评"，载《犯罪学与公共政策》（2010年）第9卷，第493—514页。

11 瓦莱丽·布雷思韦特，"响应性监管实践中的刑事起诉"（Criminal Prosecution within Responsive Regulatory Practice），载《犯罪学与公共政策》（2010年）第9卷，第515—523页。

12 《2016年财政法》第162条附表20。

能因为检控人员指控罪名错误,或引用法律依据错误,导致起诉失败。[13]对检察官而言,逃税案件中,无计划、无组织的犯罪似乎并不是什么太大的问题。

采取没收而不是征税作为追缴犯罪利润的手段,或将指控逃税所得的洗钱而不是任何上游实质性犯罪所得,作为惩罚参与贪利犯罪行为人的手段,二者都是激进的做法,这危及传统公认的税收制度和刑事司法之间的界限。同样地,利用税务机关的调查权力获取犯罪证据,并利用其权力对被告人进行评估,都是不可轻易而为的,这是因为强化国家权力会产生歧视的危险。安全议程重点关注恐怖主义、"有组织犯罪"和"安全"。正如该议程所述,逃税越来越多地出现在最严重犯罪的清单上。

2015年2月,当汇丰银行在瑞士参与为客户资金提供庇护的规模日渐清晰时,在声讨和众怒之下,[14]主管部门部长大卫·高格(David Gauke)发表了一份声明,其中用一种"存在已久的方法"表示民事处罚,将其作为税务海关总署的首选方案。[15]在汇丰-瑞士事件中,众多证据表明存在避税和一些逃税行为,但高格强调启动信息披露机制,以鼓励逃税者自我清理,并对他们的违法行为处以民事罚款,高格还补充说,当这些案件被提交给皇家检察署后,他认为仅仅依据流出的资料,如果没有确凿的或补充的证据,是不可能成功起诉的。[16]

---

13 女王诉钠吉案(*R v Natji* [2002] EWCA Crim 271; [2002] 1 WLR 2337)。
14 下议院辩论(Col 851),2015年2月11日。
15 下议院辩论(Col 566 et seq),2015年2月9日。
16 下议院辩论(Col 561),2015年2月9日(大卫·高格)。这无疑是正确的,但并不复杂:在许多情况下,汇丰瑞士银行档案证据的存在可能导致其他证据的出现。

他说，所有政党达成共识并一以贯之的是，[17]加大对税务海关总署执法能力的投入以强化其权力，这包括将在避税港隐匿财产行为的最高罚款额提高到逃税金额的200%。[18]在过去5年中，仅有一项针对瑞士汇丰银行的起诉，[19]仅有11项针对离岸逃税的处罚。[20]在汇丰日内瓦分行的13万名潜在逃税客户名单中，税务海关总署查明了3600名潜在税收不遵从的英国纳税人，并从中追回1.35亿英镑。[21]巴拿马文件首先引出了起诉难的问题。[22]高格先生的声明可能体现了预期管理和在政府内部争取更多资金谈判的内容。随后确实又有一部分资金到位。[23]在2015年预算中，约6000万英镑被指定用于严重和复杂的税收犯罪调查，[24]但起诉永远不能成为打击海外逃税的主要武器，必须主要通过情景犯罪预防来实现。

17　下议院辩论（Col 561），2015年2月9日。税务海关总署发布了进一步的声明：https:// www.gov.uk/government/news/statement-by-hmrc-on-tax-evasion-and-the-hsbc-suisse-data-leak。在另一场辩论中，乔治·奥斯本提到了他前任戈登·布朗的声明（2002年11月7日第704卷），下议院辩论（Col 23），2015年2月23日。

18　参见第八章。

19　迈克尔·尚利，参见第四章标题为"量刑"的部分。

20　公共账目委员会主席梅格·希利尔，《2014—2015年税务海关总署绩效》，2015—2016届会议第六次报告，结论9。

21　这大约是一年内从所有没收令中收集到的金额。

22　"巴拿马文件：被紧缩政策'饿死'的税务海关总署即使愿意也无法追捕逃税者"（Panama Papers: HMRC "Starved" by Austerity Could Not Pursue Tax Evaders Even If It Wanted To），《独立报》（The Independent）2016年4月6日；"金融监督机构称巴拿马文件收费'将很困难'"（Financial Watchdog Says Panama Papers Charges "Will Be Difficult"），载《金融时报》2016年4月6日。

23　这种资助反重大欺诈办公室的方式（"轰动一时的资助"）受到了批评，参见：皇家检察署监察局，《反重大欺诈办公室安排审查》（Inspection of the Serious Fraud Office Governance Arrangements）（London: May 2016），第4.35段及以下。

24　《英国税务海关总署在新一轮反逃税行动中的预算增长》（Budget Boost for HMRC in New Push on Tax Evasion），载《卫报》2015年7月8日。

法规表

（页码为原书页码，即本书边码）

《1979年酒类征税法》 Alcoholic Liquor Duties Act 1979　　166

《1689年权利法案》 Bill of Rights 1689 (1 W & M c 2)　　2, 9, 56, 169

《1953年出生与死亡登记法》 Births and Deaths Registration Act 1953　　95

《2009年边界、公民和移民法》 Borders, Citizenship and Immigration Act 2009　　80

《1945年布雷顿森林协定法》 Bretton Woods Agreements Act 1945　　184

《2010年反贿赂法》 Bribery Act 2010　　65, 154

《2005年英国海关专员法》 Commissioners for Revenue and Customs Act 2005　　8, 78, 113, 115, 126

《2006年公司法》 Companies Act 2006　　144

《1986年公司董事资格取消法》 Company Directors Disqualification Act 1986　　68

《1381年宪章确认书；黄金、白银等出口、离境法》 Confirmation of Liberties; Charters and Statutes, Exportation of Gold, Silver, Leaving the Realm, &c Act, 1381 (5 R 2 c 3)　　7

《2009年公司税法》 Corporation Tax Act 2009　　16

267

《2010年公司税法》 Corporation Tax Act 2010　　　　　16, 64
《2008年反恐怖主义法》 Counter-Terrorism Act 2008　　　　171
《2013年犯罪与法院法》 Crime and Courts Act 2013　　115, 134, 179
《1981年犯罪未遂法》 Criminal Attempts Act 1981　　　　　　61
《1965年刑事证据法》 Criminal Evidence Act 1965　　　　　　81
《1990年刑事司法（国际合作）法》 Criminal Justice (International Co-operation) Act 1990　　　　　　　　　　　　　　　　　　185
《1988年刑事司法法》 Criminal Justice Act 1988　　　　　　　53
《1993年刑事司法法》 Criminal Justice Act 1993　　　　　54, 151
《2003年刑事司法法》 Criminal Justice Act 2003　　　　53, 74, 152
《2001年刑事司法与警察法》 Criminal Justice and Police Act 2001
　　　　　　　　　　　　　　　　　　　　　　　　89, 111, 112
《1994年刑事司法与公共秩序法》 Criminal Justice and Public Order Act 1994　　　　　　　　　　　　　　　　　　　　　　　　86
《1977年刑法》 Criminal Law Act 1977　　　　　　　　54, 55, 177
《1787年海关法》 Customs and Excise Act 1787 (27 Geo3 c 13)　10
《1952年海关法》 Customs and Excise Act 1952　　　　　　67, 126
《1979年海关法》 Customs and Excise Act 1979　　　　　　　　48
《1979年关税与消费税管理法》 Customs and Excise Management Act 1979 (CEMA)　　　10, 19, 47, 48, 49, 61, 62, 67, 88, 113, 127, 164, 184
《1833年关税消费税法》 Customs, & Act 1833 (3 & 4 W 4 c 52)　11
《1994年毒品交易犯罪法》 Drug Trafficking Act 1994　　　　　185
《1799年所得税法》 Duties on Income Act 1799 (39 Geo 3 c 13)　16
《2002年企业法》 Enterprise Act 2002　　　　　　　　　　　161
《1990年环境保护法》 Environmental Protection Act 1990　　　93

法规表

《1947年外汇管制法》	the Exchange Control Act 1947	184
《1660年消费税法》	Excise Act 1660 (12 Ch 2 c 23)	10
《1723年消费税法》	Excise Act 1723 (10 Geo 1 c 10)	10
《1643年消费税条例》	Excise Ordinance 1643	10
《1697年出口法》	Exportation Act 1697	11
《1802年出口法》	Exportations, etc Act 1802 (43 Geo 3 c 12)	16
《2003年引渡法案》	Extradition Act 2003	155
《1992年财政法（No 2）》	F (No 2) A 1992	27
《1997年财政法（No 2）》	F (No 2) A 1997	27
《2015年财政法（No 2）》	F (No 2) A 2015	150
《1894年财政法》	FA 1894	59
《1908年财政法》	FA 1908	10
《1910年财政法》	FA 1910	57
《1942年财政法》	FA 1942	127
《1960年财政法》	FA 1960	27, 52, 136
《1965年财政法》	FA 1965	27, 59
《1978年财政法》	FA 1978	84
《1986年财政法》	FA 1986	59
《1988年财政法》	FA 1988	67
《1989年财政法》	FA 1989	116
《1992年财政法》	FA 1992	159
《1993年财政法》	FA 1993	159
《1994年财政法》	FA 1994	46
《1996年财政法》	FA 1996	46
《1997年财政法》	FA 1997	46

269

《2000年财政法》 FA 2000 46, 57
《2001年财政法》 FA 2001 46
《2002年财政法》 FA 2001 160
《2003年财政法》 FA 2003 46, 60
《2009年财政法》 FA 2009 5, 22, 122, 137
《2012年财政法》 FA 2012 46
《2013年财政法》 FA 2013 33, 36
《2014年财政法》 FA 2014 22, 27
《2015年财政法》 FA 2015 138, 150
《2016年财政法》 FA 2016 30, 35, 36, 151, 153, 154, 191
《2013年金融服务（银行业改革）法》 Financial Services (Banking Reform) Act 2013 51
《1913年伪造法》 Forgery Act 1913 111
《1981年伪造和仿冒法》 Forgery and Counterfeiting Act 1981 44, 48
《2006年欺诈罪法》 Fraud Act 2006 19, 42, 43, 44, 61, 62, 64, 66, 67, 86, 163
《1688年壁炉税法》 Hearth Money Act 1688 (3 J 2 c 10) 15
《1998年人权法案》 Human Rights Act 1998 126, 128
《1970年所得税与公司税法》 Income and Corporation Taxes Act 1970 16
《1988年所得税与公司税法》 Income and Corporation Taxes Act 1988 16, 159, 160
《2003年所得税（收入和退休金）法》 Income Tax (Earnings and Pensions) Act 2003 16
《1943年所得税（雇用）法》 Income Tax (Employments) Act 1943 16
《2005年所得税（交易及其他收入）法》 Income Tax (Trading and Other

法规名称	英文名称	页码
	Income) Act 2005	16, 159, 160
《1803年所得税法》	Income Tax Act 1803 (43 Geo 3 c 122)	16
《1806年所得税法》	Income Tax Act 1806 (46 Geo 3 c 65)	16
《1842年所得税法》	Income Tax Act 1842	16, 159, 160
《1952年所得税法》	Income Tax Act 1952	16, 43, 52, 57, 135
《2007年所得税法》	Income Tax Act 2007	16
《1890年国内税收管理法》	Inland Revenue Regulation Act 1890	113
《1986年破产法》	Insolvency Act 1986	108
《2016年调查权力法》	Investigatory Powers Act 2016	95, 114
《2007年法律服务法》	Legal Services Act 2007	99
《1973年婚姻诉讼法》	The Matrimonial Causes Act 1973	92
《1794年商船法》	Merchant Shipping Act (34 Geo 3 c 68)	11
《1660年航海法》	Navigation Act 1660 (12 Ch 2 c 18)	11
《1849年航海法》	Navigation Act 1849 (12 & 13 Vict c 29)	13
《1651年航海条例》	Navigation Ordinance 1651	11
《1745年关税与消费税犯罪法》	Offences against Customs or Excise Act 1745 (19 Geo 2 c 34)	12
《1911年伪证法》	Perjury Act 1911	53
《1984年警察与刑事证据法》	Police and Criminal Evidence Act 1984 (PACE)	72, 84, 85, 87, 88, 89, 90, 93, 99, 108, 111, 112, 114, 126, 127, 129, 130, 131
《2002年犯罪收益法》	Proceeds of Crime Act 2002 (POCA)	16, 65, 86, 89, 109, 110, 114, 132, 138, 142, 159, 165, 166, 167, 169, 174, 175, 176, 177, 178, 179, 180, 182, 183, 185, 187
《1973年刑事法院权限法》	Powers of Criminal Courts Act 1973	168

《2009年警务与犯罪法》 The Policing and Crime Act 2009　　　186
《1985年犯罪起诉法》 Prosecution of Offences Act 1985　　44, 73, 74, 75
《1998年公共利益披露法》 Public Interest Disclosure Act 1998　　114
《1778年招募法》 Recruiting Act 1778 (18 Geo 3 c 53)　　13
《2000年调查权监管法》 Regulation of Investigatory Powers Act 2000　　77, 95, 114
《1988年道路交通法》 Road Traffic Act 1988　　93
《2007年严重犯罪法》 Serious Crime Act 2007　　54, 181
《2005年严重有组织犯罪与警察法》 Serious Organised Crime and Police Act 2005　　67, 89, 90, 91, 99, 125
《造舰费法》 Ship Money Act 1640 (16 Ch 1 c 14)　　9
《1786年航运法》 Shipping Act (26 Geo 3 c 60)　　11
《2015年小企业、企业和就业法》 Small Business, Enterprise and Employment Act 2015　　114
《1779年反走私法》 Smuggling, etc Act 1779 (19 Geo 3 c 69)　　13
《1992年社会保障管理法》 Social Security Administration Act 1992　　50, 63
《1828年纸牌和骰子印花税法》 Stamp Duties on Cards and Dice Act 1828 (9 Geo 4 c 18)　　60
《1891年印花税管理法》 Stamp Duty Administration Act 1891　　60
《1867年成文法修订法》 Statute Law Revision Act 1867　　13
《2002年税收抵免法》 Tax Credits Act 2002　　63
《2010年税收（国际和其他规定）法》 Taxation (International and Other Provisions) Act 2010　　16, 57, 144
《1662年税收法》 Taxation Act 1662 (13 & 14 Ch 2 c 10)　　15
《1695年税收法》 Taxation Act 1695 (7 & 8 W 3 c 18)　　15

《1756年税收法》 Taxation Act 1756 (29 Geo 2 c 13) 60

《1798年税收法》 Taxation Act 1798 (38 Geo 3 c 16) 16

《1992年资本收益税法》 Taxation of Capital Gains Act 1992 64

《1970年税收管理法》 Taxes Management Act 1970 (TMA) 52, 55, 57, 58, 60, 61, 65, 66, 67, 83, 86, 88, 89, 95, 99, 102, 111, 112, 127, 128, 135, 136, 140, 151, 152, 153, 161

《1660年权属废除法案》 Tenures Abolition Act (12 Ch 2 c 23) 10

《2000年反恐怖主义法》 Terrorism Act 2000 86, 131

《2006年反恐怖主义法》 Terrorism Act 2006 61

《1978年盗窃法》 Theft Act 1978 163

《1983年增值税法》 Value Added Tax Act 1983 58

《1994年增值税法》 Value Added Tax Act 1994 (VATA) 58, 59, 61, 62, 66, 67, 137, 142

《1994年车辆消费和登记法》 Vehicle Excise and Registration Act 1994 62

《1971年车辆(消费税)法》 Vehicles (Excise) Act 1971 62

《2012年福利改革法》 Welfare Reform Act 2012 64

《1203—1204年温彻斯特法令》 Winchester Assize of 1203-4 9

《1999年未成年人刑事审判与证据法》 Youth Justice and Criminal Evidence Act 1999 93

法律文书表

（页码为原书页码，即本书边码）

《2015年刑事诉讼程序规则》 Criminal Procedure Rules 2015 SI 1490　　45

《1993年欧洲引渡公约（税收犯罪）令》 European Convention on Extradition (Fiscal Offences) Order 1993 SI 2663　　155

《2001年欧洲引渡公约（税收犯罪）令》 European Convention on Extradition (Fiscal Offences) Order 2001 SI 1453　　155

《1979年外汇管制（一般豁免）令》 Exchange Control (General Exemption) Order 1979 SI 1660　　184

《1991年家事诉讼规则》 Family Proceedings Rules 1991 SI 1247　　92

《2009年信息公告：特许通信争议解决条例》 Information Notice: Resolution of Disputes as to Privileged Communications Regulations 2009 SI 1916　　110

《2007年反洗钱条例》 Money Laundering Regulations 2007 SI 2157　　174

《2013年刑罚、离岸收入等（领域指定）（修正）令》 Penalties, Offshore Income etc. (Designation of Territories) (Amendment) Order 2013 SI 1618　　138

《2011年刑罚、离岸收入等（领域指定）令》 Penalties, Offshore Income etc. (Designation of Territories) Order 2011 SI 976　　138

《2010年〈1984年警察与刑事证据法〉（适用于税务海关）（2007年修正）令》 Police and Criminal Evidence Act 1984 (Application to Revenue and Customs) Order 2007 (Amendment) Order 2010 SI 360　　89

《2014年〈1984年警察与刑事证据法〉（适用于税务海关）（2007年修正）令》 Police and Criminal Evidence Act 1984 (Application to Revenue and Customs) Order 2007 (Amendment) Order 2014 SI 788　　89

《2007年〈1984年警察与刑事证据法〉（适用于税务海关）令》 Police and Criminal Evidence Act 1984 (Application to Revenue and Customs) Order 2007 SI 3175　　89

《2015年〈1984年警察与刑事证据法〉（适用于税务海关）令》 Police and Criminal Evidence Act 1984 (Application to Revenue and Customs) Order 2015 SI 1783　　89

《2008年〈2002年犯罪收益法〉（现金搜查：行为守则）令》 Proceeds of Crime Act 2002 (Cash Searches: Code of Practice) Order 2008 SI 947　　185

《2006年〈2002年犯罪收益法〉（简易程序中的现金追回：最低金额）令》 Proceeds of Crime Act 2002 (Recovery of Cash in Summary Proceedings: Minimum Amount) Order 2006 SI 1699　　185

《2006年〈2002年犯罪收益法〉和〈反洗钱条例（2003年修正）〉令》 Proceeds of Crime Act 2002 and Money Laundering Regulations 2003 (Amendment) Order 2006 SI 308　　109

《2014年公共机构（英国皇家检察署署长与税务海关起诉办公室主任合并）令》 Public Bodies (Merger of the Director of Public Prosecutions and the Director of Revenue and Customs Prosecutions) Order 2014 SI 834　　81

《2016年〈2002年犯罪收益法〉（现金搜查：行为守则）令》 Proceeds of Crime Act 2002 (Cash Searches: Code of Practice) Order 2016 SI 208　　185

欧盟指令表

（页码为原书页码，即本书边码）

欧盟第2014/107/EU号指令　Directive 2014/107/ EU　　　　　　　150

欧盟第2015/849/EU号指令（《第四反洗钱指令》）　Directive 2015/849/EU (Fourth Money Laundering Directive)　　　　　　　103

欧洲经济共同体第91/308/EEC号指令（《第一反洗钱指令》）　Directive 91/308/EEC (First Money Laundering Directive)　　　　　　　171

国际公约表

（页码为原书页码，即本书边码）

《1999年制止向恐怖主义提供资助公约》 Convention for the Suppression of the Financing of Terrorism (1999)　　　171

《濒危野生动植物种国际贸易公约》 Convention on International Trade in Endangered Species of Wild Fauna and Flora　　　80

《1957年欧洲引渡公约》 European Convention on Extradition ETS 24 1957　　　155

《国际货币基金组织协定条款》 Articles of Agreement of the International Monetary Fund　　　184

《经济合作与发展组织打击国际商业交易中贿赂外国公职人员公约》 OECD Convention on Combating Bribery of Foreign Public Officials in International Business Transactions, Paris, 17 December 1997 (Cm 3994)　　　159

《经济合作与发展组织关于税收事务行政互助公约》 OECD Convention on Mutual Administrative Assistance in Tax Matters　　　149

经济合作与发展组织，《关于进一步打击在国际商业交易中贿赂外国公职人员的税收措施理事会的建议》 OECD, Recommendation of the Council on Tax Measures for Further Combating Bribery of Foreign Public

Officials in International Business Transactions, Adopted on 25 May 2009　　160

经济合作与发展组织,《关于反对外国公职人员贿赂款税前扣除的建议》 Recommendation on the Tax Deductibility of Bribes of Foreign Public Officials, adopted on 11 April 1996, C (96) 27/FINAL　　160

《1998年联合国禁止非法贩运麻醉药品和精神药物公约》(《维也纳公约》) UN Convention Against Illicit Traffic in Narcotic Drugs and Psychotropic Substances (Vienna Convention) 1998　　170, 171, 175, 176

《2005年联合国反腐败公约》 United Nations Convention against Corruption (UNCAC) (2005)　　160

《联合国打击跨国有组织犯罪公约》(《2004年巴勒莫公约》) United Nations Convention against Transnational Organized Crime (Palermo Convention 2004)　　171, 175

《联合国安全理事会第1737(2006)号和第1747(2007)号决议》 United Nations Security Council Resolutions 1737 (2006) and 1747 (2007)　　171

案例表
（页码为原书页码，即本书边码）

A (Children) (Conjoined Twins: Medical Treatment) (No 1), Re [2001] Fam 147　　65

Ahmed v Revenue and Customs Commissioners [2013] EWHC 2241 (Admin)　　186

Air Canada v United Kingdom (1995) 20 EHRR 150　　184

Airedale NHS Trust v Bland [1993] AC 789; [1993] 1 All ER 821　　65

Akzo Nobel Chemicals Ltd v European Commission (C–550/07 P) [2011] 2 AC 338; [2011] All ER (EC) 1107　　105

Al Fayed v Advocate General for Scotland [2004] STC 1703　　64

Alfred Crompton Amusement Machines Ltd v Customs and Excise Commissioners (No 2) [1972] 2 QB 102; [1972] 2 All ER 353　　105

Allen v United Kingdom (Admissibility) (76574/01) 74 TC 263; (2002) 35 EHRR CD289　　96

Allgemeine Gold- und Silberscheideanstalt AG (AGOSI) v United Kingdom (1987) 9 EHRR 1　　184

Amps v Director of Border Revenue [2013] UKFTT 570 (TC)　　184

Angus v United Kingdom Border Agency [2011] EWHC 461 (Admin); [2011] Lloyd's Rep FC 329　　186

279

AP v Switzerland (1998) 26 EHRR 541   140

Astall and another v Revenue and Customs Commissioners [2009] EWCA Civ 1010; [2010] STC 137   32

Atherton, Re [1912] 2 KB 251   91

Attorney General v Observer Ltd [1990] 1 AC 109   107

Attorney General's Reference (No 1 of 1975) [1975] QB 773; [1975] 2 All ER 684   21

Attorney General's Reference (No 1 of 1981) [1982] QB 848; (1982) 75 Cr App R 45   49, 50

Attorney General's Reference (No 1 of 1998) (1999) 163 JP 390, *The Times*, October 2, 1998   49

Attorney General's Reference (No 3 of 1999) [2001] 2 AC 91; [2001] 1 Cr App R 34   113

Attorney General's References (Nos 86 and 87 of 1999) [2001] 1 Cr App R (S) 141   66

Attorney-General v Casey [1930] IR 163   135

Attorney-General v Johnstone (1926) 136 LT 31   136

Attorney-General v Till [1909] 1 KB 694   136

Attorney-General v Till [1910] AC 50   136

Ayrshire Pullman Motor Services v Inland Revenue (1929) 14 TC 754   29

B v Auckland District Law Society [2003] UKPC 38; [2003] 2 AC 736   101

Balabel v Air India [1988] Ch 317   104

Barclays Mercantile Business Finance Ltd v Mawson [2004] UKHL 51;

[2005] 1 AC 684 32
Beghal v Director of Public Prosecutions [2015] UKSC 49; [2016] AC 88 91, 92, 132
Bendenoun v France (1994) 18 EHRR 54 139, 141
Berd v Lovelace (1577) Cary 62; 21 ER 33 98
Bishopsgate Investment Management Ltd v Maxwell [1993] Ch 1 91
Black Nominees v Nicol [1975] STC 372; 50 TC 229 27
Blank v Canada (Minister for Justice) [2006] SCC 39 101
Bolkiah v KPMG (A Firm) [1999] 2 AC 222 113
Bowman v Fels [2005] EWCA Civ 226; [2005] 2 Cr App R 19 99, 110, 114
Brown v Stott [2003] 1 AC 681; [2001] 2 All ER 97 93, 94
Butt v HM Customs and Excise [2001] EWHC Admin 1066 187

C v C [2008] 1 FLR 115 109
C&E Comrs v City of London Magistrates [2000] 1 WLR 2020; [2000] 4 All ER 763 141
C's Application for Judicial Review, Re [2009] UKHL 15; [2009] 1 AC 908 114
Camezind v Switzerland (1999) 28 EHRR 458 185
Capone v United States, 56 F 2d 927 (1931), cert denied, 286 US 553 (1932) 158
Channa v Revenue and Customs Commissioners [2013] UKFTT 499 137
Chic Fashions (West Wales) Ltd v Jones [1968] 2 QB 299; [1968] 1 All ER 229 84

281

Chicago Holdings Ltd v Cooper [2005] EWHC 3466　　　　107
Commissioner v Wilcox 327 US 404 (1946)　　　　159
Cooper v Slade (1858) 6 HL Cas 746　　　　53
Council of the European Union v Bank Mellat ECJ (Fifth Chamber), 18 February 2016, Case C–176/13 P　　　　171
Crown of Leon (Owners) v Lords Commissioners of the Admiralty [1921] 1 KB 595　　　　9
Customs and Excise Commissioners v Air Canada [1989] QB 234; [1989] 2 All ER 22　　　　184
Customs and Excise Commissioners v Air Canada (CA) [1991] 2 QB 446; [1991] 2 WLR 344; [1991] 1 All ER 570　　　　184
Customs and Excise Commissioners v Everwine Ltd [2003] EWCA Civ 953　　　　48
Customs and Excise Commissioners v Ghiselli Unreported 1999 WL 33101332　　　　48
Customs and Excise Commissioners v Total Network SL [2008] UKHL 19; [2008] 1 AC 1174　　　　2, 142

Davis v Germany [2013] EWHC 710　　　　155
Dennis v Codrington (1579) Cary 100; 21 ER 53　　　　98
Department for Work and Pensions v Richards [2005] EWCA Crim 491　　　　165
DPP v Kilbourne [1973] AC 729; [1973] 1 All ER 440　　　　53
DPP v Ray [1974] AC 370; [1973] 3 All ER 131　　　　163
DPP v Turner [1974] AC 357; [1973] 3 All ER 124　　　　50, 163

282

Duncan, decd, In re [1968] P 306   106

Einberger v Hauptzollamt Freiburg [1984] ECR 1177   159
EL v Switzerland (1997) 3 BHRC 348; [2000] WTLR 873   140
Engel v Netherlands (No 1) (1976) 1 EHRR 647   139
Eustice v Barclays Bank [1995] 1 WLR 1156 (CA)   108

Fenech v SOCA [2013] UKFTT 555   182, 183
Film Partners No 35 LLP v Revenue and Customs Commissioners [2015]
    EWCA Civ 95   31, 32
Fitzwilliam v IRC [1993] 1 WLR 1189; [1993] 3 All ER 184   35
Flanagan, Moyles and Stennett v Commissioners for HMRC [2014]
    UKFTT 175   36
Fletcher v Chief Constable of Leicestershire [2013] EWHC 3357 (Admin);
    [2014] Lloyd's Rep FC 60   185
Forbes v Director of the Assets Recovery Agency [2007] STC (SCD) 1;
    [2006] STI 2510   183
Funke v France (1993) 16 EHRR 297   92

Gammon v Roach [1983] RPC 1   109
Garner v US 424 US 648 (1976)   158
Georgiou (t/a Mario's Chippery) v United Kingdom (40042/98) [2001]
    STC 80   140
Ghani v Jones [1970] 1 QB 693; [1969] 3 All ER 1700   84
Glantz v Finland [2014] STC 2263   140

Gold Nuts Ltd and Others v Commissioners for Her Majesty's Revenue & Customs [2016] UKFTT 82 (TC); [2016] Lloyd's Rep FC Plus 24   88, 131
Goodie v Ontario (Ministry of Correctional Services) [2006] 2 SCR 32   101
Government of India v Taylor [1955] AC 491   52, 143
Great Atlantic Insurance Co v Home Insurance Co [1981] 1 WLR 529   106
Greenough v Gaskell (1833) 1 My & K 98; 39 ER 618   98
Gregory v Helvering 239 US 465 (1935)   31
Griffiths v JP Harrison (Watford) Ltd [1963] AC 1   27

Han & Yau v HMRC [2001] EWCA Civ 1048; [2001] 1 WLR 2253   128, 141
Hanson v Revenue and Customs Commissioners [2012] UKFTT 314 (TC); [2012] WTLR 1769 (FTT (Tax))   137
Harding v Revenue and Customs Commissioners [2013] UKUT 575 (TCC); [2014] STC 891   137
Harper v Director of the Assets Recovery Agency [2005] STC (SCD) 874; [2005] STI 1906   183
Hayes v Duggan [1929] 1 IR 406   159
Hertel v Canada [2010] EWHC 2305 (Admin)   155
Higgins v National Crime Agency [2015] UKFTT 46 (TC)   183
HM v Germany (Admissibility) (62512/00) 8 ITL Rep. 206; (2005) 41 EHRR SE15   140
HMRC v UBS [2016] UKSC 13   114
Holland v United States (1954) 348 US 121   180
Horncastle v United Kingdom (2015) 60 EHRR 31   95
Houston v MacDonald 1989 SLT 276; 1988 SCCR 611   57

Ibrahim v R [1914] UKPC 1; [1914] AC 599   127

Impositions del Roy (1606) 12 Co Rep 64; [1607] EWHC KB J23; 77 ER 1342   9

Ingenious Games LLP, Inside Track Productions LLP, Ingenious Film Partners 2 LLP v Commissioners for Her Majesty's Revenue and Customs [2015] UKUT 105   31

IRC v Aken [1990] 1 WLR 1374; [1990] STC 497   159

IRC v Duke of Westminster [1936] AC 1   28

IRC v Hinchy [1959] 2 QB 357; [1959] 2 All ER 512   136

IRC v Hinchy [1960] AC 748; [1960] 1 All ER 505   136

IRC v McGuckian [1997] 1 WLR 991   27

IRC v Paget [1938] 2 KB 25; 21 TC 677   27

IRC v Scottish Provident Institution [2004] UKHL 52; [2004] 1 WLR 3172   32

IRC v Willoughby [1997] AC 1071   27

Ireland v European Commission (2016) ECLI: EU: T: 2016: 227   150

Jalloh v Germany (2007) 44 EHRR 32; 20 BHRC 575   94

James v United States 366 US 213 (1961)   159

JB v Switzerland 3 ITL Rep 663; [2001] *Crim LR* 748   96

JSC BTA Bank v Ablyazov [2014] EWHC 2788 (Comm)   109

Jussila v Finland [2006] A/73053/01; [2009] STC 29   140

Khan (t/a Greyhound Dry Cleaners) v Customs and Excise Commissioners [2005] EWHC 653 (Ch); [2005] STC 1271   130

Khan v Director of the Assets Recovery Agency [2006] STC (SCD) 154; [2006] STI 593 · · · · · · 182

Khawaja v Revenue and Customs Commissioners [2013] UKUT 353 (TCC); [2014] STC 150 · · · · · · 138

Khodorkovskiy v Russia (2014) 59 EHRR 7 · · · · · · 45, 99

King of the Hellenes v Brostrom (1923) 16 Ll L Rep 167 · · · · · · 5, 52

King v United Kingdom (13881/02) [2005] STC 438; (2005) 41 EHRR 29 · · · · · · 96

King v United Kingdom (Admissibility) (No.1) (13881/02) 5 ITL Rep 963; (2003) 37 EHRR CD1 · · · · · · 96

King v Walden (Inspector of Taxes) [2001] STC 822; [2001] BPIR 1012 · · · · · · 141

Kittel v Belgium (C-439/04) [2008] STC 1537; [2006] ECR I-6161 · · · 137

Kuwait Airways Corp v Iraqi Airways Co (No 6) [2005] EWCA Civ 286; [2005] 1 WLR 2734 · · · · · · 107

Lawrence v Campbell (1859) 4 Drew 485; 62 ER 186 · · · · · · 106

Lindsay v Customs and Excise Commissioners [2002] EWCA Civ 267 · · · 13, 184

London Borough of Brent v Estate of Kane [2014] EWHC 4564 (Ch) · · · 109

Lord Advocate v McLaren (1905) 7 F 984; 5 TC 110 · · · · · · 136

Lynch v National Crime Agency [2014] UKFTT 1088 (TC) (FTT (Tax)) · · · 183

Macfarlan v Rolt (1872) LR 14 Eq 580 · · · · · · 106

Mann v Nash [1932] 1 KB 752 · · · · · · 159

Mansworth v Jelley [2002] EWCA Civ 1829; [2003] STC 53 · · · · · · 64

Martin v Commissioners for HMRC [2015] UKUT 0161 (TCC)   167

Matrix Securities Ltd v Theodore Goddard [1998] STC 1; [1997] BTC 578   64

Mauro v Government of the United States of America [2009] EWHC 150 (Admin)   57, 155

McE, Re [2009] UKHL 15; [2009] 1 AC 908   109

McKnight (Inspector of Taxes) v Sheppard [1999] 1 WLR 1333; 71 TC 419   161

McLaren Racing Ltd v Revenue and Customs Commissioners [2014] UKUT 269 (TCC); [2014] STC 2417   161

Mobilx Ltd (In Administration) v Revenue and Customs Commissioners [2010] EWCA Civ 517; [2010] STC 1436   58

MPC v Charles [1977] AC 177; [1976] 3 All ER 112   163

N J Cowan v Revenue & Customs [2013] UKFTT 604 (TC)   86

N v S and the National Crime Agency [2015] EWHC 3248   65

National Coal Board v Gamble (1958) 42 Cr App R 240   21

Nationwide Building Society v Various Solicitors (No 1) [1999] PNLR 52 at 72   109

Newstead v Frost [1980] 1 WLR 135; 53 TC 525   27

Niemietz v Germany (1992) 16 EHRR 97   112

Norris v Government of the United States of America and others [2007] EWHC 71 (Admin); [2007] 2 All ER 29   43

O'Halloran v United Kingdom, Francis v United Kingdom (2008) 46

EHRR 21; 24 BHRC 380 94, 95
O'Rourke v Derbyshire [1920] AC 581 107
Öztürk v Germany [1984] ECHR 8544/79 139

P v P (Ancillary Relief: Proceeds of Crime) [2003] EWHC Fam 2260; [2004] Fam 1 110
PA Holdings Ltd v Revenue and Customs Commissioners [2011] EWCA Civ 1414; [2012] STC 582 32
Paget; ex p Official Receiver, Re [1927] 2 Ch 85 91
Parissis and Others v Revenue & Customs [2011] UKFTT 218 (TC) 87
Pendle v HMRC [2015] UKFTT 27 (TC). 141
Pendragon plc and others v Commissioners for HMRC [2015] UKSC 37 31
Polok v Customs and Excise Commissioners [2002] EWHC 156; [2002] STC 361 159
Practice Note (Judges' Rules) [1964] 1 WLR 152 71
Preston v IRC [1985] AC 835; [1985] STC 282 124

R (AM) v Director of Public Prosecutions [2012] EWHC 470 (Admin) 65
R (Churchouse) v IRC [2003] EWHC 681 Admin; [2003] STC 629 113
R (Faisaltex Ltd) v Preston Crown Court [2008] EWHC 2832 (Admin); [2009] 1 Cr App R 37 112
R (on the application of Anand) v Revenue and Customs Commissioners [2012] EWHC 2989 (Admin); [2013] CP Rep 2 90
R (on the application of Bermingham) v Director of the SFO [2006]

EWHC 200 (Admin); [2007] QB 727   124

R (on the application of Boughton) v HM Treasury [2005] EWHC 1914 (Admin); [2006] EWCA Civ 504; [2006] BTC 460   20

R (on the application of Colin McKenzie) v Director of the Serious Fraud Office [2016] EWHC 102 (Admin)   113

R (on the application of Commissioners of HMRC) v Crown Court at Kingston [2001] EWHC Admin 581   37, 155

R (on the application of Corner House Research) v Director of the Serious Fraud Office [2008] UKHL 60; [2009] 1 AC 756   124

R (on the application of Crittenden) v National Parking Adjudication Service [2006] EWCA 1786 (Civ)

R (on the application of Crittenden) v National Parking Adjudication Service [2006] EWHC 2170 (Admin)   169

R (on the application of Derrin Brother Properties Ltd) v Revenue and Customs Commissioners [2014] EWHC 1152 (Admin) [2014] STC 2238   87

R (on the application of Faisal Kaiyam) v Secretary of State for Justice [2014] UKSC 66; [2015] 2 WLR 76   95

R (on the application of Ford) v Financial Services Authority (Johnson and Owen, Interested Parties) [2011] EWHC 2583 (Admin)   105

R (on the application of H) v IRC [2002] EWHC 2164 (Admin); [2002] STC 1354   111

R (on the application of Hallinan Blackburn–Gittings & Nott (A Firm)) v Middlesex Guildhall Crown Court [2004] EWHC 2726 (Admin); [2005] 1 WLR 766   107

R (*on the application of Hely-Hutchinson v HMRC* [2015] EWHC 3261 (Admin)   64

R (*on the application of Herron*) *v The Parking Adjudicator* [2009] EWHC 1702 (Admin)   169

R (*on the application of Hunt*) *v Criminal Cases Review Commission* (*IRC, interested party*) [2001] QB 1108; [2000] STC 1110   45

R (*on the application of Ingenious Media Holdings Plc & Anr*) *v HMRC* [2013] EWHC 3258 (Admin); [2014] STC 673   116

R (*on the application of Ingenious Media Holdings Plc & Anr*) *v HMRC* [2015] EWCA Civ 173   27, 116

R (*on the application of McCann*) *v Kensington & Chelsea LBC* [2002] UKHL 39; [2003] 1 AC 787   141

R (*on the application of Prudential plc*) *v Special Commissioner of Income Tax* [2013] UKSC 1; [2013] 2 AC 185   98, 102

R (*on the application of Redknapp*) *v Commissioner of the City of London Police* [2008] EWHC 1177 (Admin); [2009] 1 WLR 2091   35, 51, 90, 121

R (*on the application of the Director of the Assets Recovery Agency*) *v Green* [2005] EWHC 3168   186

R (*on the application of Wilkinson*) *v Director of Public Prosecutions* [2006] EWHC 3012 (Admin)   62

R (*Rawlinson & Hunter Trustees*) *v Central Criminal Court; R* (*Tchenguiz*) *v Director of the Serious Fraud Office* [2012] EWHC 2254 (Admin); [2013] 1 WLR 1634; [2013] Lloyd's Rep FC 132   112

R v Absolam (1989) 88 Cr App R 332   129

R v Ahmad (CA) [2012] EWCA Crim 391; [2012] 1 WLR 2335   162

R v Ahmad, R v Fields [2014] UKSC 36; [2015] AC 29	166
R v Allen [2001] UKHL 45; [2002] 1 AC 509	95, 123, 127
R v Asif [1985] Crim LR 679	59
R v Asutaits, Daily Telegraph, 10 July 2012	159
R v Ayres [1984] AC 447	73
R v Bajwa [2011] EWCA Crim 1093; [2012] 1 WLR 601	163
R v Barker [1941] 2 KB 381; [1941] 3 All ER 33	127
R v Beardall & Lord [2006] EWCA Crim 577	77
R v Bell [2011] EWCA Crim 6	49
R v Bembridge (1783) 3 Doug KB 327; 22 State Tr 1	54
R v Bradbury, R v Edlin (1920) [1956] 2 QB 262n	54
R v Bradbury, R v Edlin [1921] 1 KB 562; (1921) 15 Cr App R 76	54, 57
R v Caippara (1988) 87 Cr App R 316	49
R v Central Criminal Court, ex p Francis & Francis (A Firm) [1989] AC 346; (1989) 88 Cr App R 213	108
R v Charlton [1996] STC 1418	35
R v Chesterfield Justices ex p Bramley [2000] QB 576	111
R v Chief Constable of Lancashire ex p Parker [1993] QB 577	90
R v Choudhury (Khaled) [1996] STC 1163; [1996] 2 Cr App R 484	59
R v Citrone and another [1998] STC 29; [1999] *Crim LR* 327	159
R v Coulson 2000 WL 989462	56
R v Cowley–Hurlock [2014] EWCA Crim 170	53
R v Cox & Railton (1884) 14 QBD 153	107, 108
R v Da Silva [2006] EWCA Crim 1654; [2007] 1 WLR 303	114
R v Derby Magistrates' Court, ex p B [1996] AC 487	98, 101

R v Dimsey; R v Allen (CA) [1999] STC 846　　　　　　　　　55

R v Dimsey; R v Allen [2000] 1 Cr App R (S) 497　　　　　168

R v Dimsey; R v Allen [2001] UKHL 46; [2002] 1 AC 509　　　35

R v Director of the Serious Fraud Office, ex p Smith [1993] AC 1; [1992] 3 All ER 456　　　　　　　　　　　　　　　　　　　　　　92

R v Doncaster [2008] EWCA Crim 5　　　　　　　　　　130

R v Doran and others, 8 June 2000　　　　　　　　　　　75

R v Dosanjh [1998] 3 All ER 618; [1999] 1 Cr App R 371　　67

R v Dosanjh [2014] 1 WLR 1780　　　　　　　　　　　　43

R v DPP, ex p Chaudhary [1995] 1 Cr App R 136　　　　　123

R v DPP, ex p Manning [2001] QB 330　　　　　　　　　123

R v Eddishaw [2014] EWCA Crim 2783; [2015] Lloyd's Rep FC 212　　　　　　　　　　　　　　　　　　　　　　　49, 166

R v Edwards [2004] EWCA 2923; [2005] 2 Cr App R (S) 160　　167

R v Ellames [1974] 1 WLR 1391; 60 Cr App R 7 (CA)　　　　61

R v Ellis (1987) 84 Cr App R 235; [1987] Crim LR 44　　　　49

R v Feely [1973] QB 530　　　　　　　　　　　　　　　56

R v Fields, R v Ahmad [2014] UKSC 36; [2015] AC 299　　164, 165

R v Forbes [2001] UKHL 40; [2002] 2 AC 512　　　　　　　49

R v Gabriel [2006] All ER (D) 26　　　　　　　　　　　178

R v Gell & Others [2003] EWCA Crim 123　　　　　　　　77

R v GH [2015] UKSC 24; [2015] 2 Cr App R 12　　　　　62, 177

R v Ghosh [1982] QB 1053; 75 Cr App R 154　　　　　　35, 56

R v Gill (Sewa Singh) [2003] EWCA Crim 2256; [2004] 1 WLR 469　129

R v Goodwin (John Charles) (C-3/97) European Court of Justice (First

Chamber) [1998] QB 883; [1998] STC 699　　　　　　　　　59

R v Goodwin (*John Charles*) [1997] STC 22; [1997] BTC 5226　　62, 159

R v Governor of Pentonville Prison, ex p Osman (1990) 90 Cr App R 281, DC　　　　　　　　　　　　　　　　　　　　　　　　　99

R v Hancock (1995) 16 Cr App R (S) 187　　　　　　　　　66

R v Harvey [2013] EWCA Crim 1104　　　　　　　　　　165

R v Harvey [2015] UKSC 73; [2016] 1 Cr App R (S) 60　　164, 165, 183

R v Hayes [2015] EWCA Crim 1944　　　　　　　　　　51, 126

R v Hayley Bevan Savill and Leighton, Birmingham Crown Court, June 24, 2016　　　　　　　　　　　　　　　　　　　　　　36

R v Heneghan [2003] EWCA Crim 397　　　　　　　　　67

R v Hertfordshire CC, ex p Green Environmental Industries Ltd [2000] 2 AC 412; [2000] 1 All ER 773　　　　　　　　　　　93, 131

R v Hirani [2008] EWCA Crim 1463　　　　　　　　　　64

R v Hood Barrs [1943] 1 KB 455; [1943] 1 All ER 665　　　　52

R v Horncastle [2009] UKSC 14; [2010] 2 AC 373　　　　　95

R v Horseferry Road Magistrates' Court, ex p Bennett [1994] 1 AC 42
　　　　　　　　　　　　　　　　　　　　　　　　44, 65

R v Hudson [1956] 2 QB 252; 40 Cr App Rep 55　　　　　54, 55

R v Hunt [1994] *Crim LR* 747　　　　　　　　　　　　　42

R v Hunt [1995] STC 819; (1995) 16 Cr App R (S) 87　　　42, 55

R v Innospec plc [2010] EW Misc 7 (EWCC)　　　　　　　124

R v IRC, ex p Allen [1997] STC 1141　　　　　　　　　　122

R v IRC, ex p Matrix Securities Ltd [1994] 1 WLR 334; [1994] 1 All ER 769　　　　　　　　　　　　　　　　　　　　　　　　64

R v IRC, ex p Mead and another [1993] 1 All ER 772; [1992] STC 482   120, 122

R v IRC, ex p MFK Underwriting Agents Ltd [1990] 1 WLR 1545 at 1569; [1990] 1 All ER 91   100

R v IRC, ex p National Federation of Self Employed and Small Businesses Ltd [1982] AC 617   124

R v IRC, ex p Rossminster Ltd [1979] 3 All ER 385; [1979] STC 688   84

R v IRC, ex p Rossminster Ltd [1980] AC 952; (1980) 70 Cr App R 157   35, 83, 87

R v J [2004] UKHL 42; [2005] 1 AC 562   44

R v Jakeman (1983) 76 Cr App R 223; [1983] Crim LR 104   50

R v Jones (1703) 2 Raym 1013; 92 ER 174   19

R v K [2009] EWCA Crim 1640; [2010] QB 343   92, 96

R v Kakkad (Freshkumar) [2015] EWCA Crim 385; [2015] 1 WLR 4162   164

R v Keenan [1990] 2 QB 54; (1990) 90 Cr App R 1   129

R v Kuchhadia [2015] EWCA Crim 1252; [2015] Lloyd's Rep FC 526   178

R v Leaf (Ian) (Unreported, December 1, 2005) (Crown Ct)   155

R v Less, The Times, 30 March 1993; 1993 WL 965668   55

R v Lewis (Somerset Assizes, 1922)   163

R v Loosely [2001] UKHL 53; [2001] 1 WLR 2060   93, 114

R v Louca [2013] EWCA Crim 2090; [2014] 2 Cr App R(S) 9   165

R v Mavji [1987] 1 WLR 1388; 84 Cr App R 34   55

R v Maxwell [2010] UKSC 48; [2011] 1 WLR 1837   44

R v Middlesex Guildhall Crown Court ex p Tamosius & Partners [2000] 1 WLR 453; [1999] STC 1077   84

R v Mitchell [1994] Crim LR 66	59
R v Montila [2004] UKHL 50; [2004] 1 WLR 3141	177
R v Mulligan [1990] STC 220	54, 55
R v Natji [2002] EWCA Crim 271; [2002] 1 WLR 2337	191
R v Neal (John Frederick) [1984] 3 All ER 156; (1983) 77 Cr App R 283	48
R v Nolan (Tracey) [2012] EWCA Crim 671; [2012] Lloyd's Rep FC 498	63
R v O'Connor [1980] *Crim LR* 43	53
R v Perrin & Faichney [2012] EWCA Crim 1729; [2012] EWCA Crim 1730	21, 67, 189
R v Phillips [2007] EWCA Crim 485	44
R v Price (1990) 90 Cr App R 409	56
R v Quillan [2015] EWCA Crim 538; [2015] Lloyd's Rep FC Plus 20.	30, 35
R v Redford (1988) 89 Cr App Rep 1	54, 55
R v Rollins [2010] UKSC 39; [2010] 1 WLR 1922	44, 73, 81, 123
R v Royle [1971] 1 WLR 1764	163
R v Russell [2014] EWCA Crim 1747	54, 64
R v Seymour [1983] 2 AC 493	46
R v Shahid [2009] EWCA Crim 831; [2009] 2 Cr App R (S) 105	54
R v Smith (DR) [1974] QB 354; [1974] 1 All ER 632	178
R v Sood [1998] 2 Cr App R 355; (1999) 47 BMLR 166	53
R v Special Commissioner and another, ex p Morgan Grenfell & Co Ltd [2002] UKHL 21; [2003] 1 AC 563	98, 99
R v Stannard [2002] EWCA Crim 458	31
R v Sturgess [2009] EWCA Crim 169	54

R v Taaffe [1984] AC 539; [1984] 1 All ER 747　　　　　　　　50
R v Takkar [2011] All ER (D) 217　　　　　　　　　　　　　58
R v Tatham [2014] EWCA Crim 226; [2014] Lloyd's Rep FC 354　　49, 164
R v Terry [1984] AC 374　　　　　　　　　　　　　　　　62
R v Thornhill [1980] 2 Cr App R (S) 320　　　　　　　　　　66
R v Timmins [2005] EWCA Crim 2909; [2006] 1 Cr App R 18　　44
R v Tompkins (1978) 67 Cr App R 181　　　　　　　　　　113
R v Vreones [1891] 1 QB 360　　　　　　　　　　　　　　54
R v Walsh (1990) 91 Cr App R 161　　　　　　　　　　　　129
R v Waya [2012] UKSC 51; [2013] 1 AC 294　　　　　　　166, 167
R v Werner [1998] STC 550　　　　　　　　　　　　　122, 123
R v William, William & William [2013] EWCA Crim 1262　　　178
Ramsay (CA) – WT Ramsay Ltd v IRC [1979] 3 All ER 213; [1979] STC 582　　　　　　　　　　　　　　　　　　　　　　　29, 35
Ramsay (WT) Ltd v IRC, Eilbeck (Inspector of Taxes) v Rawling [1982] AC 300　　　　　　　　　　　　　　　　　　　　　　27, 31
Revenue and Customs Commissioners v Crossman [2007] EWHC 1585 (Ch); [2008] 1 All ER 483　　　　　　　　　　　　　　168
Revenue and Customs Commissioners' Application (Approval to Serve 308 Notices on Financial Institiutions), Re (TC 174) [2009] UKFTT 224 (TC); [2009] SFTD 780　　　　　　　　　　　　　　87
Revenue and Customs Commissioners' Application (Section 20(3) Notice: Plc), Re (SpC 647) [2008] STC (SCD) 358; [2007] STI 2851 s　　102
Revenue and Customs Prosecution Office v Duffy [2008] EWHC 848 (Admin); [2008] 2 Cr App R (S) 103; [2008] *Criminal Law Review* 734　　168

Reynolds v MPC [1985] 1 QB 881 — 111

Rose v Director of the Assets Recovery Agency [2006] STC (SCD) 472; [2006] STI 1631 — 183

Saunders v United Kingdom (1996) 23 EHRR 313 — 92

SC BTA Bank v Ablyazov [2014] EWHC 2788; [2014] Lloyd's Rep FC Plus 56 — 107

Secretary of State for the Home Department v Tuncel [2012] EWHC 402; [2012] Lloyd's Rep FC 475 — 186

Serious Fraud Office v Standard Bank [2016] 1 Lloyd's Law Reports: Financial Crime Plus 121 — 134

Shannon v United Kingdom (2006) 42 EHRR 31 — 96

Sharkey v Revenue and Customs [2005] STC (SCD) 336; [2005] STI 223 — 141

Sharkey v Revenue and Customs [2006] EWHC 300 (Ch); [2006] STC 2026 — 141

Smiths Potato Estates v Bolland [1948] AC 508; 30 TC 267 — 161

SOCA v Bosworth [2010] All ER (D) 273 — 178

Southern (Inspector of Taxes) v AB [1933] 1 KB 713 — 159

State of Norway's Application, Re [1990] 1 AC 723 — 155

SW (and CR) v United Kingdom (A/355–B) [1996] 1 FLR 434; (1996) 21 EHRR 363 — 45, 55

Sweeney v Westminster Magistrates' Court [2014] EWHC 2068 (Admin) — 90

Tamosius v United Kingdom (Admissibility) [2002] STC 1307; [2003] BTC 169   112

Tchenguiz and others v Director of the Serious Fraud Office [2013] EWHC 2297   100

Tesco Supermarkets Ltd v Nattrass [1971] UKHL 1; [1972] AC 153   37, 207

Testa v Revenue and Customs Commissioners [2013] UKFTT 151 (TC); [2013] SFTD 723   137

Thoburn v Sunderland City Council [2003] QB 151   169

Three Rivers District Council and Others v Governor and Company of the Bank of England (No 5) [2003] EWCA Civ 474; [2003] QB 1556   106

Three Rivers District Council and Others v Governor and Company of the Bank of England (No 6) [2004] UKHL 48; [2005] 1 AC 610   98, 104

Tinsley v Milligan [1994] 1 AC 340   60

United States v Capone 93 F2d 840 (1937), cert. denied, 303 US 651; 82 LEd 1112; 58 SCt 750 (1938)   158

Upjohn Co v United States (1981) 449 US 383   98

US v Daugerdas 757 F Supp 2d 364 (SDNY 2012)   22

US v Stein 435 F Supp 2d 330 (SDNY 2006)   22

US v Sullivan 274 US 259 (1927)   158

Walsh Automation (Europe) Ltd v Bridgeman [2002] EWHC 1344 (QB)   109

Webster v Crown Prosecution Service [2014] EWHC 2516 (Admin)   123

Westmoreland Investments Ltd v MacNiven (HMIT) [2001] UKHL 6; [2003] 1 AC 311   27

Wiese v UK Border Agency [2012] EWHC 2549	186
Woodward and Hiscox v IRC (1932) 18 TC 43	159
Woolwich Equitable Building Society Respondents v IRC [1993] AC 70	2 |//

Yukos Universal Ltd (Isle of Man) v The Russian Federation Permanent Court of Arbitration Case No AA 227 (2014) — 37
Yukos v Russia [2011] STC 1988; (2012) 54 EHRR 19 — 35, 37

参考文献

一、文件和报告

Auld LJ, *A Review of the Criminal Courts of England and Wales* (Lord Chancellor's Department, September 2001)

Beith, Sir Alan (Chair), Justice Committee, *The Crown Prosecution Service: Gatekeeper of the Criminal Justice System*, Ninth Report of Session 2008–09, Ev 61

Bingham, T (Chair), *Inquiry into the Collapse of BCCI* (HC 198, 1992)

Board of Inland Revenue, *The Inland Revenue and the Taxpayer: Proposals in Response to the Recommendations of the Keith Committee on Income Tax, Capital Gains Tax and Corporation Tax* (London: HMSO, 1986)

Butterfield, Hon Mr Justice, *Review of Criminal Investigations and Prosecutions Conducted by HM Customs and Excise by the Hon Mr Justice Butterfield* (HM Treasury, 2003)

Comptroller and Auditor General, *HM Revenue & Customs: Managing Civil Tax Investigations* (HC 677, 2010–11)

Consultation Paper CP6/2012, *Public Bodies Act 2011: Consultation on* an Order to Give Legal Effect to the Administrative Merger of the Crown Prosecution Service and Revenue and Customs Prosecutions Office (Cm 8250, 2012)

Criminal Law Revision Committee, Eighth Report, *Theft and Related Offences* (Cmnd 2977, 1966)

Criminal Law Revision Committee, Thirteenth Report, *Section 16 of the Theft Act 1968* (Cmnd 6733, 1977)

Draft Proceeds of Crime Bill (Cm 5066, March 2001)

Fisher, Sir Henry (Chair), *Report of an Inquiry into the Circumstances Leading to the Trial of Three Persons on Charges Arising out of the Death of Maxwell Confait and the Fire at 27 Doggett Road, London SE6* (London: HMSO, 1977)

Glidewell, Sir Iain (Chair), *The Review of the Crown Prosecution Service: A Report* (London: HMSO, 1998) Cm 3960

Gower, J, and A, Hammond, *Review of Prosecutions Conducted by the Solicitor's Office of HM Customs and Excise* (2000)

Hillyer, Meg (Chair), Public Accounts Committee, *HM Revenue & Customs Performance in 2014–15*, Sixth Report of Session 2015–16, HC 393

HMIC, *Proceeds of Crime: An Inspection of HMRC's Performance in Addressing the Recovery of the Proceeds of Crime from Tax and Duty Evasion and Benefit Fraud* (London: TSO, 2011)

HM Treasury, *The Informal Economy: The Grabiner Report* (2000)

HM Treasury, *Reform of the Taxation of Non-domiciled Individuals: A Consultation* (HM Treasury, 2011)

HM Treasury, *Reform of the Taxation of Non-domiciled Individuals:*

Responses to Consultation (HM Treasury, 2011)

HM Treasury, *Tackling Tax Evasion and Avoidance* (Cm 9047, 2015)

HMRC, *A General Anti-Abuse Rule* (GAAR) consultation document, June 2012 HMRC, *Strengthening the Code of Practice on Taxation for Banks* (HMRC, May 2013) HMRC, *Report on Our Powers of Entry* (London: HMRC, 2014)

HMRC, *Tackling Offshore Tax Evasion: A New Criminal Offence* (London: HMRC, 2014) HMRC, *Measuring Tax Gaps* (London: HMRC, 2015)

HMRC, *Strengthening Sanctions for Tax Avoidance—A Consultation on Detailed Proposals* (London: HMRC, 2015)

HMRC, *Tackling Offshore Tax Evasion: A New Corporate Criminal Offence of Failure to Prevent the Facilitation of Evasion* (London: HMRC, 2015)

HMRC, *Tackling Offshore Tax Evasion: Civil Sanctions for Enablers of Offshore Evasion* (London: HMRC, 2015)

HMRC, *Tackling Offshore Tax Evasion: Strengthening Civil Deterrents for Offshore Evaders* (London: HMRC, 2015)

Hodge, Margaret (Chair), Public Accounts Committee, *HM Revenue & Customs: Managing Civil Tax Investigations*, Twenty-seventh Report of Session 2010-11

Hodge, Margaret (Chair), Public Accounts Committee, *Tax Avoidance: The Role of Large Accountancy Firms*, Forty-fourth Report of Session 2012-13, HC 870 (2013)

Hodge, Margaret (Chair), Public Accounts Committee, *Charity Commission: The Cup Trust and Tax Avoidance*, Seventh Report of Session 2013-14

Hodge, Margaret (Chair), Public Accounts Committee, *Tax Avoidance—*

Google, Ninth Report of Session 2013–14

Hodge, Margaret (Chair), Public Accounts Committee, *Tax Avoidance: The Role of Large Accountancy Firms (Follow-up)*, Thirty-eighth Report of 2014–15

Hodge, Margaret (Chair), Public Accounts Committee, *Improving Tax Collection*, Fiftieth Report of Session 2014–15

Home Office, *An Independent Prosecution Service for England and Wales* (Cmnd 9074, 1983)

Home Office Consultation Paper CP6/2012, *Public Bodies Act 2011: Consultation on an Order to Give Legal Effect to the Administrative Merger of the Crown Prosecution Service and Revenue and Customs Prosecutions Office* (Cm 8250, 2012)

Home Office and HM Treasury, *Action Plan for Anti-Money Laundering and Counter- Terrorist Finance* (April 2016)

Inland Revenue Statement of Practice, *Civil Tax Penalties and Criminal Prosecution Cases* SP 2/88 (10 May 1988)

Joint Committee on Human Rights (Ninth Report), *Counter-terrorism Policy and Human Rights* (2008)

Joint Committee on Human Rights, *(Eighth Report): Counter-Terrorism Bill* (2008)

Keith of Kinkel, Lord (Chair), *The Enforcement Powers of the Revenue Departments*. Vols 1 and 2 (Cmnd 8822, March 1983)

Keith of Kinkel, Lord (Chair), *The Enforcement Powers of the Revenue Departments*. Vol 3 (Cmnd 9120, Jan 1984)

Keith of Kinkel, Lord (Chair), *The Enforcement Powers of the Revenue*

Departments. Vol 4 (Cmnd 9440, Feb 1985)

Law Commission Working Paper No 56, *Conspiracy to Defraud* (1974)

Law Commission Report No 177, *A Criminal Code for England and Wales* (1989) Law Commission Report No 228, *Conspiracy to Defraud* (1994)

Law Commission Consultation Paper No 145, *Legislating the Criminal Code: Corruption* (1997)

Law Commission Consultation Paper No 155, *Legislating the Criminal Code: Fraud and Deception* (1999)

Law Commission Report No 276, *Fraud* (Cm 5560, 2002)

Law Commission Consultation Paper No 183, *Conspiracy and Attempts* (HMSO, 2007)

Law Commission Report No 311, *Tenth Programme of Law Reform* (2008)

Law Commission, *Misconduct in Public Office Issues Paper 1: The Current Law* (2016) Leigh, Edward (Chair), Public Accounts Committee, *Tackling VAT Fraud*, Thirty-sixth Report (HC 512, 2004)

Leigh, Edward (Chair), Public Accounts Committee, *The Assets Recovery Agency*, Fiftieth Report of Session 2006–07

McFall, John (Chair), Treasury Committee, *The Merger of Customs & Excise and the Inland Revenue*, Ninth Report of Session 2003–04, HC 556

Ministry of Justice, *Guidance about Procedures which Relevant Commercial Organisations Can Put into Place to Prevent Persons Associated With Them from Bribing (section 9 of the Bribery Act 2010)* (London: Ministry of Justice, 2011)

National Audit Office, *Confiscation Orders* (HC 738, 2013–14)

National Audit Office, *Tackling Tax Fraud: How HMRC Responds to Tax*

Evasion, the Hidden Economy and Criminal Attacks (HC 610, 2015-16)

O'Donnell, Gus, *Financing Britain's Future: A Review of the Revenue Departments* (HM Treasury, March 2004, Cm 6163)

Philips, Sir Cyril (Chair), *Royal Commission on Criminal Procedure* (Cmnd 8092, 1981)

Post-Legislative Assessment of the Fraud Act 2006 carried out by the Ministry of Justice, Memorandum to the Justice Select Committee (Cm 8372, 2012)

Radcliffe, Lord (Chair), *Royal Commission on the Taxation of Profits and Income*, Final Report (London: Cmd 9474, 1956)

RCPO, *Annual Report* 2008-09 (London: Stationery Office, HC 658) Roskill, Lord (Chair), *Fraud Trials Committee Report* (1986)

Seely, Antony, *Tax Avoidance: A General Anti-abuse Rule* (HC Library Standard Note: SN6265 2015)

Sentencing Council, *Fraud, Bribery and Money Laundering Offences: Definitive Guidelines* (2014)

Taylor, Martin, *Report on Tobacco Smuggling* (1999), 〈https://www.gov.uk/govern- ment/uploads/system/uploads/attachment_data/file/220997/foi_240712.pdf〉

Vaz, Keith (Chair), Home Affairs Committee, *Evaluating the New Architecture of Policing: The College of Policing and the NCA*, Tenth Report of 2014-15

Vaz, Keith (Chair), Home Affairs Committee, *The Work of the UK Border Agency*, Fourteenth Report of 2012-13

Vaz, Keith (Chair), Home Affairs Committee, *Tobacco Smuggling*, First Report of Session 2014-15

二、论文与著作

Albrecht, AR, 'The Enforcement of Taxation under International Law' (1953) 30 *British Yearbook of International Law* 454

Alldridge, Peter, 'Are Tax Evasion Offences Predicate Offences for Money laundering Offences?' (2001) 4 *Journal of Money Laundering Control* 350-9

Alldridge, Peter, 'Smuggling, Confiscation and Forfeiture' (2002) 65 *Modern Law Review* 781-91

Alldridge, Peter, *Money Laundering Law* (Oxford: Hart, 2003)

Alldridge, Peter, 'Money Laundering and Globalization' (2008) 35 *Journal of Law and Society* 437-63

Alldridge, Peter, and Ann Mumford, 'Tax Evasion and the Proceeds of Crime Act 2002' (2005) 25 *Legal Studies* 353-73

Alldridge, Peter, 'The Limits of Confiscation' [2011] *Criminal Law Review* 827-43 Alldridge, Peter, 'The Bribery Act 2010—Guidance to Corporations' (2012) 6 *Law and Financial Markets Review* 140-4

Alldridge, Peter, 'Two Key Areas in Proceeds of Crime Law' [2014] *Criminal Law Review* 170-88

Alldridge, Peter, 'Some Uses of Legal Fictions in Criminal Law' in Twining, William, and Maksymilian Del Mar (eds), *Legal Fictions in Theory and Practice* (Springer, 2015) 367-84

Alldridge, Peter, *What Went Wrong with Money Laundering Law?* (London:

Palgrave, 2016)

Alschuler, AW, 'Plea Bargaining and Its History' (1979) 79 *Columbia Law Review* 1-43 Alschuler, AW, 'Mediation with a Mugger: The Shortage of Adjudicative Services and the Need for a Two-tier System in Civil Cases' (1986) 99 *Harvard Law Review* 1808-59

Anderson, Gary M, William F Shughart, and Robert D Tollison, 'Adam Smith in the Customhouse' (1985) 93 *Journal of Political Economy* 740-59

Andreas, Peter, 'Smuggling Wars: Law Enforcement and Law Evasion in a Changing World' (1998) 4 *Transnational Organized Crime* 75-90

Ashworth, Andrew, 'Developments in the Public Prosecutor's Office in England and Wales' (2000) 8 *European Journal of Crime, Criminal Law and Criminal Justice* 257

Ashworth, Andrew, 'Testing Fidelity to Legal Values: Official Involvement and Criminal Justice' (2000) 63 *Modern Law Review* 633

Ashworth, Andrew, 'Self-incrimination in European Human Rights Law—A Pregnant Pragmatism' (2008) 30 *Cardozo Law Review* 751

Ashworth, William J, *Customs and Excise Trade, Production, and Consumption in England 1640-1845* (Oxford: Oxford Univeristy Press, 2003)

Atton, H, and H Holland, *The King's Customs* (London: Frank Cass & Co Ltd, 1967)

Avakian, Spurgeon, 'Net Worth Computations as Proof of Tax Evasion' (1954) 10 *Tax Law Review* 431

Avery Jones, John, 'The Sources of Addington's Income Tax' in Tiley, John (ed), *Studies in the History of Tax Law* Vol 1 (Oxford: Hart, 2004) 1

Baker, Philip, 'Finance Act Notes: Section 218 and Schedule 36: The UK-

Switzerland Rubik Agreement' [2012] *British Tax Review* 489

Baker, Philip, 'The BEPS Project: Disclosure of Aggressive Tax Planning Schemes' (2015) 43 *Intertax* 85-90

Baker, Philip, 'The Diverted Profits Tax—A Partial Response' [2015] *British Tax Review* 167-71

Baker, Russell, 'Taxation: Potential Destroyer of Crime' (1951) 29 *Chicago-Kent Law Review* 197

Baldwin, John, and Michael McConville, *Negotiated Justice: Pressures on Defendants to Plead Guilty* (London: Martin Robertson, 1977)

Barron, Ann, and Colin Scott, 'The Citizens Charter Programme' (1992) 55 *Modern Law Review* 526

Bastin, Lucas, 'Should "Independence" of In-house Counsel Be a Condition Precedent to a Claim of Legal Professional Privilege in Respect of Communications between Them and Their Employer Clients?' [2011] *Civil Justice Quarterly* 33

Behrens, Frederic, 'Using a Sledgehammer to Crack a Nut: Why FATCA Will Not Stand' (2013) *Wisconsin Law Review* 205-36

Berger, Mark, 'Self-incrimination and the European Court of Human Rights: Procedural Issues in the Enforcement of the Right to Silence' (2007) 5 *European Human Rights Law Review* 514-33

Blank, Joshua, 'In Defense of Individual Tax Privacy' (2011) 61 *Emory Law Journal* 265

Blum, Jack et al, *Financial Havens, Banking Secrecy and Money laundering*, UNDCP Technical Series Issue 8 (New York City: UN, 1998)

Blumenthal, Marsha, Charles Christian, Joel Slemrod, and Matthew G

Smith, 'Do Normative Appeals Affect Tax Compliance? Evidence from a Controlled Experiment in Minnesota' (2001) 54 *National Tax Journal* 125

Boll, M, *Plea Bargaining and Agreement in the Criminal Process* (Hamburg: Diplomica Verlag, 2009)

Boon, Andrew, *The Ethics and Conduct of Lawyers in England and Wales* (Oxford: Bloomsbury Publishing, 3rd edn, 2014)

Braithwaite, John, *Markets in Vice, Markets in Virtue* (Oxford: Oxford University Press, 2005)

Braithwaite, John, and Peter Drahos, 'Zero Tolerance, Naming and Shaming: Is There a Case for It with Crimes of the Powerful?' (2002) 35 *Australian & New Zealand Journal of Criminology* 269–88

Braithwaite, Valerie, 'Criminal Prosecution within Responsive Regulatory Practice' (2010) 9 *Criminology & Public Policy* 515–23

Braithwaite, Valerie, 'Resistant and Dismissive Defiance towards Tax Authorities' in Crawford, Adam, and Anthea Hucklesby (eds), *Legitimacy and Compliance in Criminal Justice* (London: Routledge, 2012) 91

Braithwaite, Valerie A, *Defiance in Taxation and Governance: Resisting and Dismissing Authority in a Democracy* (Cheltenham: Edward Elgar Publishing, 2009)

Brants, Chrisje, 'Consensual Criminal Procedures: Plea and Confession Bargaining and Abbreviated Procedures to Simplify Criminal Procedure' (2007) 11 *Electronic Journal of Comparative Law*, ⟨www.ejcl.org/111/article111-6.pdf⟩

Brants, Chrisje, and Allard Ringnalda, *Issues of Convergence: Inquisitorial Prosecution in England and Wales?* (Nijmegen: Wolf Legal Publishers,

2011)

Bridges, Martyn, Paul Atkinson, Robert Rhodes, and Rowan Bosworth-Davies, 'Regina v Charlton, Cunningham, Kitchen and Wheeler [1995]' (1999) 2 *Journal of Money Laundering Control* 197-208

Brown, B, 'Inland Revenue Powers of Search' [1999] *British Tax Review* 16

Brown, Logan, and Aurash Jamali, 'Tax Violations' (2014) 51 *American Criminal Law Review* 1751

Brownlee, Ian, 'The Statutory Charging Scheme in England and Wales: Towards a Unified Prosecution System?' [2004] *Criminal Law Review* 896

Bucci, Amy, 'Taxation of Illegal Narcotics: A Violation of the Fifth Amendment Rights or an Innovative Tool in the War Against Drugs?' (2012) 11 *Journal of Civil Rights and Economic Development* 22

Bucy, Pamela H, 'Criminal Tax Fraud: The Downfall of Murderers, Madams and Thieves' (1997) 29 *Arizona State Law Journal* 639

Burton, Mandy, 'Reviewing Crown Prosecution Service Decisions Not to Prosecute' [2001] *Criminal Law Review* 374

Button, Mark, 'Fraud Investigation and the "Flawed Architecture" of Counter Fraud Entities in the United Kingdom' (2011) 39 *International Journal of Law, Crime and Justice* 249-65

Cabinet Office, *Security in a Global Hub—Establishing the UK's New Border Arrangements* (London: Cabinet Office, 2009)

Calderón Carrero, José Manuel, and Alberto Quintas Seara, 'The Concept of "Aggressive Tax Planning" Launched by the OECD and the EU Commission in the BEPS Era: Redefining the Border between Legitimate and Illegitimate Tax Planning' (2016) 44 *Intertax* 206-26

Campbell, Liz, *Organised Crime and the Law* (Oxford: Hart, 2013)

Campbell, RH, AS Skinner, and WB Todd (eds), *Adam Smith, The Wealth of Nations* (Oxford: Oxford University Press, 3rd edn, 1976)

Carson, Edward, *The Ancient and Rightful Customs: A History of the English Customs Service* (London: Faber and Faber, 1972)

Cebula, Richard J, and Edgar L Feige, 'America's Unreported Economy: Measuring the Size, Growth and Determinants of Income Tax Evasion in the US' (2012) 57 *Crime, Law and Social Change* 265–85

Chitty, Joseph, *Wyndham Beawes's Lex Mercatoria* (London: Rivington, 6th edn, 1813)

Choo, Andrew L-T, *Abuse of Process and Judicial Stays of Criminal Proceedings* (Oxford: Oxford University Press, 2008)

Choo, Andrew L-T, *The Privilege against Self-incrimination and Criminal Justice* (Oxford: Hart Publishing, 2013)

Christensen, John, 'The Hidden Trillions: Secrecy, Corruption, and the Offshore Interface' (2012) 57 *Crime, Law and Social Change* 325–43

Clarkson, Christopher, 'Attempt: The Conduct Requirement' (2009) 29 *Oxford Journal of Legal Studies* 25–41

Clarkson, Christopher MV, and Sally Cunningham (eds), *Criminal Liability for Non- aggressive Death* (Farnham: Ashgate, 2013)

Cockfield, Roger, and Mary Mulholland, 'The Implications of Illegal Trading' [1995] *British Tax Review* 572

Colley, Robert, 'Mid Victorian Employees and the Taxman: A Study in Information Gathering by the State in 1860' (2001) 21 *Oxford Journal of Legal Studies* 593–608

Colley, Robert, 'The Arabian Bird: A Study of Income Tax Evasion in Mid-Victorian Britain' [2001] *British Tax Review* 207-21

Colley, Robert, 'Railways and the Mid-Victorian Income Tax' (2003) 24 *Journal of Transport History* 78-102

Colley, Robert, 'The Shoreditch Tax Frauds: A Study of the Relationship between the State and Civil Society in 1860' (2005) 78 *Historical Research* 540-62

Collier, Richard, 'Intentions, Banks, Politics and the Law: The UK Code of Practice on Taxation for Banks' [2014] *British Tax Review* 478

Corker, David, Gemma Tombs, and Tamara Chisholm, 'Sections 71 and 72 of Serious Organised Crime and Police Act 2005: Whither the Common Law?' [2009] *Criminal Law Review* 261

Cory, Richard, 'Taxing the Proceeds of Crime' [2007] *British Tax Review* 356

Cramton, Roger C, 'The Lawyer as Whistleblower: Confidentiality and the Government Lawyer' (1991) 5 *Georgetown Journal of Legal Ethics* 291-315

Criminal Assets Bureau, *Annual Report 2014* (Dublin: Criminal Assets Bureau, 2016)

Cross, Rupert, and Colin Tapper, *Cross and Tapper on Evidence* (London: Butterworths, 8th edn, 1995)

Crown Prosecution Service Inspectorate, *Inspection of the Serious Fraud Office Governance Arrangements* (London: HM Crown Prosecution Service Inspectorate, May 2016)

Daly, Stephen, 'Recent Developments in Tax Law: *Vires* Revisited' (2016) 2 *Public Law* 190-8

Damaska, Mirjan, *The Faces of Justice and State Authority* (New Haven, CT: Yale University Press, 1986)

Daunton, Martin, *Just Taxes* (Cambridge: Cambridge University Press, 2002)

Davis, Ralph, 'The Rise of Protection in England, 1689–1786' (1966) 19 *Economic History Review* 306–17

de la Feria, Rita, and Stefan Vogenauer (Eds), *Prohibition of Abuse of Law: A New General Principle of EU Law?* (Oxford: Hart, 2011)

Delalande, Nicolas, and Romain Huret, 'Tax Resistance: A Global History?' (2013) 25 *Journal of Policy History* 301–7

Denealt, Sean, 'Foreign Account Tax Compliance Act: A Step in the Wrong Direction' (2014) 24 *Indiana International & Comparative Law Review* 729

Devereux, Michael, Judith Freedman, and John Vella, *Review of DOTAS and the Tax Avoidance Landscape* (Oxford: Oxford University Press, 2012)

Dillon, Patrick, *The Much-lamented Death of Madam Geneva: The Eighteenth-century Gin Craze* (London: Review, 2002)

Dixon, Dennis, 'Legal Professional Privilege and Advice from Non-lawyers' [2010] *British Tax Review* 83–101

Duff, RA, Lindsay Farmer, SE Marshall, Massimo Renzo, and Victor Tadros, 'Introduction' in Duff et al (eds), *Criminalization: The Political Morality of the Criminal Law* (Oxford: Oxford University Press, 2014) 1–53

Duke, Steven, 'Prosecutions for Attempts to Evade Income Tax: A Discordant View of a Procedural Hybrid' (1966) 76 *Yale Law Journal* 1

Elliffe, Craig, 'The Thickness of a Prison Wall—When Does Tax Avoidance Become a Criminal Offence?' (2011) 17 *New Zealand Business Law Quarterly* 441–66

Emmenegger, Patrick, 'Swiss Banking Secrecy and the Problem of International Cooperation in Tax Matters: A Nut too Hard to Crack?' (2015) *Regulation & Governance*, published online before print

Emsley, Clive, *Crime and Society in England, 1750-1900* (London: Routledge, 3rd edn, 2010)

Fan, Mary D, 'Disciplining Criminal Justice: The Peril amid the Promise of Numbers' (2007) 26 *Yale Law & Policy Review* 1-74

Farmer, Lindsay, 'Reconstructing the English Codification Debate: The Criminal Law Commissioners, 1833-45' (2000) 18 *Law and History Review* 397-426

Farnsworth, A, 'The Income Tax Act, 1842—A Century of Judicial Interpretation' (1942) 58 *Law Quarterly Review* 314-33

Farnsworth, A, 'Addington, Author of the Modern Income Tax' (1950) 66 *Law Quarterly Review* 358

Fisher, Jonathan, 'The Anti-Money Laundering Disclosure Regime and the Collection of Revenue in the United Kingdom' [2010] *British Tax Review* 235

Fisher, Jonathan, 'Unwarranted Conduct' (2012) 8 *Tax Journal* 1145

Fisher, Jonathan, 'HSBC, Tax Evasion and Criminal Prosecution' (March 2015) *Tax Journal* 2

Freedman, Judith, 'Interpreting Tax Statutes: Tax Avoidance and the Intention of Parliament' (2007) 123 *Law Quarterly Review* 53

Freedman, Judith, 'Improving (Not Perfecting) Tax Legislation: Rules and Principles Revisited' [2010] *British Tax Review* 717

Freedman, Judith, 'Lord Hoffmann, Tax Law and Principles', in Davies, Paul, and Justine Pila (eds), *The Jurisprudence of Lord Hoffmann* (Oxford:

Hart, 2015) 269

Gallant, Michelle, 'Tax and the Proceeds of Crime: A New Approach to Tainted Finance?' (2013) 16 *Journal of Money Laundering Control* 119-25

Gammie, Malcolm, 'Moral Taxation, Immoral Avoidance—What Role for the Law?' [2013] *British Tax Review* 577

Gammie, Malcolm, and John Kay, 'Taxation, Authority and Discretion' (1983) 4 *Fiscal Studies* 46-61

Gardner, John, 'Wrongs and Faults', in AP Simester (ed), *Appraising Strict Liability* (Oxford: Oxford University Press, 2005) 51-80

Garoupa, Nuno, Anthony Ogus, and Andrew Sanders, 'The Investigation and Prosecution of Regulatory Offences: Is There an Economic Case for Integration?' (2011) 70 *Cambridge Law Journal* 229-59

Genschel, Philipp, and Peter Schwarz, 'Tax Competition: A Literature Review' (2011) 9 *Socio-economic Review* 339-70

Gillard, Michael, *In The Name of Charity: The Rossminster Affair* (London: Chatto & Windus, 1987)

Glantz, Andrew E, 'A Tax on Light and Air: Impact of the Window Duty on Tax Administration and Architecture, 1696-1851' (2008) 15 *Penn History Review* 1-23

Glazebrook, Peter, 'Revising the Theft Acts' (1993) 52 *Cambridge Law Journal* 191 Gololobov, Dmitry, 'The Yukos Tax Case or Ramsay [']s] Adventures in Russia' (2008) 7 *Business Law Review* 165

Gordon, Richard, and Andrew P Morriss, 'Moving Money: International Financial Flows, Taxes, and Money Laundering' (2014) 37 *Hastings International and Comparative Law Review* 1-120

Graetz, Michael, and Michael O'Hear, 'The "Original Intent" of US International Taxation' (1997) 51 *Duke Law Journal* 1021

Gras, NSB, 'The Tudor "Books of Rates": A Chapter in the History of the English Customs' (1912) 26 *Quarterly Journal of Economics* 766–75

Gravelle, Jane G, *Tax Havens: International Tax Avoidance and Evasion* (Philadelphia, PA: Diane Publishing, 2013)

Gravelle, Jane G, *Tax Havens: International Tax Avoidance and Evasion*, Congressional Research Service 7–5700 (Washington, DC: Congressional Research Service, 2014)

Gray, Charles M, RH Helmholz, John H Langbein, and Eben Moglen, *The Privilege against Self-incrimination: Its Origins and Development* (Chicago, IL: University of Chicgo Press, 1997)

Green, Stuart, 'Moral Ambiguity in White Collar Criminal Law' (2004) 18 *Notre Dame Journal of Law, Ethics and Public Policy* 501

Green, Stuart, *Lying, Cheating and Stealing* (Oxford: Oxford University Press, 2005)

Green, Stuart P, 'Thieving and Receiving: Overcriminalizing the Possession of Stolen Property' (2011) 14 *New Criminal Law Review* 35–54

Griew, Edward, 'Dishonesty: The Objections to Feely and Ghosh' [1985] *Criminal Law Review* 341

Griffiths, Hugh, 'Smoking Guns: European Cigarette Smuggling in the 1990s' (2004) 6 *Global Crime* 185–200

Grinberg, Itai, 'The Battle Over Taxing Offshore Accounts' (2012) 60 *UCLA Law Review* 304–506

GSAW [heatcroft], 'The Hinchy Case' (1960) 23 *Modern Law Review* 425–8

Guex, Sébastien, 'The Origins of the Swiss Banking Secrecy Law and Its Repercussions for Swiss Federal Policy' (2000) 74 *Business History Review* 237-66

Hall, Jerome, 'Nulla Poena Sine Lege' (1937) 47 *Yale Law Journal* 165

Hall, Jerome, *Theft, Law and Society* (Bloomington, IN: Bobbs Merrill, 2nd edn, 1952)

Hallsworth, Michael, John A List, Robert Metcalfe, and Ivo Vlaev (2014), 'The Behavioralist Tax Collector: Using Natural Field Experiments to Enhance Tax Compliance', ⟨www.nber.org/papers/w20007⟩

Halpin, Andrew, 'The Test for Dishonesty' [1996] *Criminal Law Review* 283

Harris, Peter, and David Oliver, *International Commercial Tax* (Cambridge: Cambridge University Press, 2010)

Hatfield, Michael, 'Tax Lawyers, Tax Defiance, and the Ethics of Casual Conversation' (2011) 10 *Florida Tax Review* 2010-26

Hazard, GC, 'An Historical Perspective on the Attorney-Client Privilege' (1978) 66 *California Law Review* 1061

Heggstad, Kari, and Odd-Helge Fjeldstad, 'How Banks Assist Capital Flight from Africa: A Literature Review' *CMI Report* 2010, no. 6

Henry, James, *The Price of Offshore Revisited* (Tax Justice Network, 2012), ⟨http://www.taxjustice.net/cms/upload/pdf/Price_of_Offshore_Revisited_120722.pdf⟩

Higgins, Andrew, 'Corporate Abuse of Legal Professional Privilege' (2008) 27 *Civil Justice Quarterly* 377-406

Higgins, Andrew, 'Legal Advice Privilege and its Relevance to Corporations' (2010) 73 *Modern Law Review* 371-98

Higgins, Andrew, *Legal Professional Privilege for Corporations: A Guide to Four Major Common Law Jurisdictions* (Oxford: Oxford University Press, 2014)

Higgins, Andrew, and Adrian Zuckerman, 'Re *Prudential plc* [2013] UKSC 1: The Supreme Court Leaves to Parliament the Issue of Privilege for Tax Advice by Accountants, What Parliament Should Do Is Restrict Privilege for Tax Advice Given by Lawyers' (2013) 32 *Civil Justice Quarterly* 313

Hill, Christopher, *Reformation to Industrial Revolution* (Harmondsworth: Penguin Books, 1969)

HMRC Criminal Investigation Policy, 2015, ⟨www.hmrc.gov.uk/prosecutions/crim-inv-policy.htm⟩

Hodgson, Jacqueline, and Victor Tadros, 'How to Make a Terrorist Out of Nothing' (2009) 72 *Modern Law Review* 984–98

Hoffmann, Lord, 'Tax Avoidance' [2005] *British Tax Review* 197

Holcomb, Jefferson E, Tomislav V Kovandzic, and Marian R Williams, 'Civil Asset Forfeiture, Equitable Sharing, and Policing for Profit in the United States' (2011) 39 *Journal of Criminal Justice* 273–85

Holdsworth, Sir William, *History of English Law* (London: Methuen, 2nd edn, 1937)

Hope-Jones, Arthur, *Income Tax in the Napoleonic Wars* (Cambridge: Cambridge University Press, 1939)

Horder, Jeremy, '*Rex v Bembridge* (1783)' in Mares, Henry, Phil Handler, and Ian Williams (eds), *Landmark Cases in Criminal Law* (Oxford: Bloomsbury, 2017) 81–101

Hornsby, Rob, and Dick Hobbs, 'A Zone of Ambiguity: The Political

Economy of Cigarette Bootlegging' (2007) 47 *British Journal of Criminology* 551-71

Humphry, William Woolrych, *The History and Results of the Present Capital Punishments in England* (London: Saunders and Benning, 1832)

Huret, Romain D, *American Tax Resisters* (Cambridge, MA: Harvard University Press, 2014)

Husak, Douglas, 'The De Minimis "Defence" to Criminal Liability' in Duff, RA, and Stuart Green (eds), *Philosophical Foundations of Criminal Law* (Oxford: Oxford University Press, 2011) 328-51

International Monetary Fund, *Anti-Money Laundering and Combating the Financing of Terrorism (AML/CFT)—Report on the Review of the Effectiveness of the Program Prepared by the Legal Department* (Washington, DC: International Monetary Fund, 2011)

Ives, Dale E, and Stephen GA Pitel, 'Filling In the Blanks for Litigation Privilege: *Blank v Canada (Minister for Justice)*' (2007) *International Journal of Evidence and Proof* 49 Jenkins, Rhys, and Peter Newell, 'CSR, Tax and Development' (2013) 34 *Third World Quarterly* 378

Kadish, Sanford H, 'Codifiers of the Criminal Law: Wechsler's Predecessors' (1978) 78 *Columbia Law Review* 1098-144

Karlinsky, Stewart, Hughlene Burton, and Cindy Blanthorne, 'Perceptions of Tax Evasion as a Crime' (2004) 2 *E-Journal of Tax Research* 226-40

Karzon, Allaire Urban, 'International Tax Evasion: Spawned in the United States and Nurtured by Secrecy Havens' (1983) 16 *Vanderbilt Journal of Transnational Law* 757-832

Katz, Leo, 'In Defense of Tax Shelters' (2007) 26 *Virginia Tax Review* 799

King, Anthony, and Ivor Crewe, *The Blunders of Our Governments* (London: Oneworld Publications, 2013)

King, Colin, and Clive Walker, 'Counter Terrorism Financing: A Redundant Fragmentation?' (2015) 6 *New Journal of European Criminal Law* 372–95

Kobler, John, *Capone: The Life and World of Al Capone* (Boston, MA: Da Capo Press, reprint edn, 1992)

Kornhauser, Marjorie E, 'For God and Country: Taxing Conscience' [1999] *Wisconsin Law Review* 939–1016

Kwon, Michelle M, 'The Criminality of Tax Planning' (2015) 18 *Florida Tax Review* 153

Lazar, Leonard, 'Finance Act 1965: The Capital Gains Tax' (1966) 29 *Modern Law Review* 181

Lee, Natalie, *Revenue Law: Principles and Practice* (Haywards Heath: Bloomsbury, 2015) Leftwich, BR, 'The Later History and Administration of the Customs Revenue in England (1671–1814)' (1930) 13 *Transactions of the Royal Historical Society (Fourth Series)* 187–203

Léonard, Sarah, and Christian Kaunert, ' "Between a Rock and a Hard Place?" The European Union's Financial Sanctions against Suspected Terrorists, Multilateralism and Human Rights' (2012) 47 *Cooperation and Conflict* 473–94

Lethaby, H, 'Reflections on Tax and the City' (2014) 1220 *Tax Journal* 10

Levi, Michael, 'Serious Tax Fraud and Noncompliance: A Review of Evidence on the Differential Impact of Criminal and Noncriminal Proceedings' (2010) 9 *Criminology and Public Policy* 493–514

Levi, Michael, *Regulating Fraud* (London: Routledge Revivals, 2014)

Levi, Michael, *The Investigation, Prosecution, and Trial of Serious Fraud* (Royal Commission on Criminal Justice Research Study No 14, 1993)

Likhovski, Assaf, 'Tax Law and Public Opinion: Explaining IRC v Duke of Westminster' in Tiley, John (ed), *Studies in the History of Tax Law* Vol 2 (Oxford: Hart, 2007) 183

Litman, Harry, 'Pretextual Prosecution' (2003) 92 *Georgia Law Journal* 1137 Loughrey, Joan, 'Legal Advice Privilege and the Corporate Client' (2005) 9 *International Journal of Evidence and Proof* 183–203

Loughrey, Joan, *Corporate Lawyers and Corporate Governance* (Cambridge: Cambridge University Press, 2011)

Loughrey, JM, 'An Unsatisfactory Stalemate: *R (on the application of Prudential plc) v Special Commissioner of Income Tax*' (2014) 18 *International Journal of Evidence and Proof* 65–77

Marriott, Lisa, 'Justice and the Justice System: A Comparison of Tax Evasion and Welfare Fraud in Australia and New Zealand' (2013) 22 *Griffith Law Review* 403 Marriott, Lisa, 'An Investigation of Attitudes towards Tax Evasion and Welfare Fraud in New Zealand' (2015) *Australian & New Zealand Journal of Criminology*, published online before print

Mba, Osita, 'Transparency and Accountability of Tax Administration in the UK: The Nature and Scope of Taxpayer Confidentiality' [2012] *British Tax Review* 187–225 McBarnet, Doreen, 'The Royal Commission and the Judges' Rules' (1981) 8 *British Journal of Law and Society* 109–17

McBarnet, Doreen, 'Law, Policy, and Legal Avoidance: Can Law Effectively Implement Egalitarian Policies' (1988) 15 *Journal of Law and Society* 113

McBarnet, Doreen, 'It's Not What You Do But the Way That You Do It: Tax

Evasion, Tax Avoidance and the Boundaries of Deviance', in Downes, D (ed), *Unravelling Criminal Justice* (London: Macmillan, 1992) 247-68

McBarnet, Doreen, 'Legitimate Rackets: Tax Evasion, Tax Avoidance, and the Boundaries of Legality' (1992) 3 *Journal of Human Justice* 56-74

McKeever, Grainne, 'Social Citizenship and Social Security Fraud in the UK and Australia, (2012) 46 *Social Policy & Administration* 465-82

McLaughlin, Mark (ed), *HMRC Investigations Handbook 2015-16* (London: Bloomsbury, 2015)

McLynn, Frank, *Crime and Punishment in Eighteenth Century England* (London: Routledge, 3rd edn, 2013)

Middleton, David, and Michael Levi, 'Let Sleeping Lawyers Lie: Organized Crime, Lawyers and the Regulation of Legal Services' (2015) 55 *British Journal of Criminology* 647-68

Mill, John Stuart, Principles of Political Economy (1848) 〈http://eet.pixel-online.org/files/etranslation/original/Mill,%20Principles%20of%20Political%20Economy.pdf〉

Miller, Angharad, and Lynne Oats, *Principles of International Taxation* (London: Bloomsbury, 5th edn, 2016)

Mirfield, Peter, 'A Challenge to the Declaratory Theory of Law' (2008) 124 *Law Quarterly Review* 190-95

Monod, Paul, 'Dangerous Merchandise: Smuggling, Jacobitism, and Commercial Culture in Southeast England, 1690-1760' (1991) 30 *Journal of British Studies* 150-82

Monroe, HH, *Intolerable Inquisition? Reflections on the Law of Tax* (London: Stevens, 1981)

Moohr, Geraldine Szott, 'Prosecutorial Power in an Adversarial System: Lessons from Current White Collar Cases and the Inquisitorial Model' (2004) 8 *Buffalo Criminal Law Review* 165–220

Moohr, Geraldine Szott, 'Tax Evasion as White Collar Fraud' (2009) 9 *Houston Business and Tax Law Journal* 207–445

Morris, Donald, *Tax Cheating: Illegal—But Is It Immoral?* (Albany, NY: SUNY Press, 2012)

Morriss, Andrew P, and Lotta Moberg, 'Cartelizing Taxes: Understanding the OECD's Campaign Against "Harmful Tax Competition"' (2012) 4 *Columbia Journal of Tax Law* 1

Morse, Susan, 'Ask for Help, Uncle Sam: The Future of Global Tax Reporting' (2012) 57 *Villanova Law Review* 529–50

Mowbray, Alastair, 'The Compounding of Proceedings by the Custom and Excise: Calculating the Legal Implications' [1988] *British Tax Review* 290

Mumford, Ann, 'VAT, Taxation and Prostitution: Feminist Perspectives on Polok' (2005) 13 *Feminist Legal Studies* 163

Murphy, Richard, *The Joy of Tax* (London: Bantam, 2015) 7

Naylor, RT, *Counterfeit Crime* (Montreal: McGill–Queen's University Press, 2015)

Neidle, Dan, 'The Diverted Profits Tax—Flawed by Design' [2015] *British Tax Review* 147–66

O'Brien, Patrick K, and Philip Hunt, 'The Emergence and Consolidation of Excises in the English Fiscal System before the Glorious Revolution' [1997] *British Tax Review* 35–58

Oates, Chris, and Ed Dwan, 'Hansard R.I.P' *Taxation* (22 September 2005) 686

Oats, Lynne, and Pauline Sadler, ' "This Great Crisis in the Republick of Letters" —The Introduction in 1712 of Stamp Duties on Newspapers and Pamphlets' [2002] *British Tax Review* 353

OECD, *Taxation and the Abuse of Bank Secrecy* (Paris: OECD, 1985)

OECD, *Harmful Tax Competition: An Emerging Global Issue* (Paris: OECD, 1998)

OECD, *Money Laundering Awareness Handbook for Tax Examiners and Tax Auditors* (Paris: OECD, 2009)

OECD, *The Era of Bank Secrecy Is Over* (Paris: OECD, 2011)

OECD, *Action Plan on Base Erosion and Profit Shifting* (Paris: OECD, 2013)

Office of Fair Trading, *Competition in Professions: A Report by the Director General of Fair Trading* (London: The Stationery Office, 2001)

Ordower, Henry, 'Utopian Visions toward a Grand Unified Global Income Tax' (2013) 14 *Florida Tax Review* 361

Ormerod, David, 'Cheating the Public Revenue' [1998] *Criminal Law Review* 627-45 Ormerod, David, 'Hansard Invitations and Confessions in the Criminal Trial' (2000) 4 *International Journal of Evidence and Proof* 147

Ormerod, David, 'Summary Evasion of Income Tax' [2002] *Criminal Law Review* 3-24

Ormerod, David, 'The Fraud Act 2006—Criminalizing Lying?' [2007] *Criminal Law Review* 193

Ormerod, David, and David Williams, *Smith's Law of Theft* (Oxford: Oxford University Press, 9th edn, 2007)

Ormerod, David, and Karl Laird, *Smith & Hogan's Criminal Law* (Oxford:

Oxford University Press, 14th edn, 2015)

Palan, Ronen, 'Financial Centers: The British Empire, City-States and Commercially- Oriented Politics' (2010) 11 *Theoretical Inquiries in Law* 142-67

Palan, Ronen, Richard Murphy, and Christian Chavagneux, *Tax Havens: How Globalization Really Works* (Ithaca, NY: Cornell University Press, 2013)

Parker, Leanna T, 'Southampton's Sixteenth-century Illicit Trade: An Examination of the 1565 Port Survey' (2015) 27 *International Journal of Maritime History* 268-84 Parrot, David, and John F Avery Jones, 'Seven Appeals and an Acquittal: The Singer Family and their Tax Cases' [2008] *British Tax Review* 56

Passas, Nikos, 'Terrorism Finance: Financial Controls and Counter-proliferation of Weapons of Mass Destruction' (2012) 44 *Case Western Reserve Journal of International Law* 747-955

Passmore, C, 'The Future of Legal Professional Privilege' (1993) 3 *International Journal of Evidence and Proof* 71-86

Pattenden, Rosemary, 'Legal Professional Privilege' (2011) *International Journal of Evidence and Proof* 79

Perkins, Rachelle Holmes, 'The Tax Lawyer as Gatekeeper' (2010) 49 *University of Louisville Law Review* 185-230

Picciotto, Sol, 'Offshore: The State as Legal Fiction' in Hampton, Mark P, and Jason P Abbott (eds), *Offshore Finance Centres and Tax Havens: The Rise of Global Capital* (London: Palgrave, 1999) 43

Picciotto, Sol, *Is the International Tax System Fit for Purpose, Especially for Developing Countries?* ICTD Working Paper 13 (Brighton: Institute of

Development Studies, 2013)

Preuss, Lawrence, 'Punishment by Analogy in National Socialist Penal Law' (1936) 26 *Journal of Criminal Law and Criminology* 847

Redmayne, Mike, 'Rethinking the Privilege against Self-incrimination' (2007) 27 *Oxford Journal of Legal Studies* 209-32

Reeves, John, *A History of the Law of Shipping and Navigation* (London: Brooke, 1792)

Reuter, Peter (ed), *Draining Development? Controlling Flows of Illicit Funds from Developing Countries* (Washington, DC: World Bank, 2012)

Rice, Ralph S, 'Judicial Techniques in Combating Tax Avoidance' (1953) 51 *Michigan Law Review* 1021-52

Richman, Daniel C, and William J Stuntz, 'Al Capone's Revenge: An Essay on the Political Economy of Pretextual Prosecution' (2005) 105 *Columbia Law Review* 583-640

Roberge, Ian, 'Misguided Policies in the War on Terror? The Case for Disentangling Terrorist Financing from Money Laundering' (2007) 27 *Politics* 196-203

Robinson, Paul, 'Criminal Law Defenses: A Systematic Analysis' (1982) 82 *Columbia Law Review* 199-291

Sabine, Basil, 'Life and Taxes 1932-1992. Part 3: 1965-1992: Reform, Rossminster and Reductions' [1993] *British Tax Review* 504

Sabine, BEV, *History of Income Tax* (London: George Allen & Unwin, 1966)

Salter, David, 'Some Thoughts on Fraudulent Evasion of Income Tax' [2002] *British Tax Review* 489

Sanders, Andrew, 'An Independent Crown Prosecution Service?' [1986]

Criminal Law Review 16

Schoueri, Eduardo Luís, and Mateus Calicchio Barbosa, 'Transparency: From Tax Secrecy to the Simplicity and Reliability of the Tax System' [2013] *British Tax Review* 666–81

Schumacher, Scott A, 'Magnifying Deterrence by Prosecuting Professionals' (2014) 89 *Indiana Law Journal* 511

Schutte, Julian, 'Tampere European Council Presidency Decisions' (1999) 70 *Revue Internationale de Droit Pénal* 1023

Schwartz, Richard D, and Sonya Orleans, 'On Legal Sanctions' (1967) 34 *University of Chicago Law Review* 274

Seligman, ERA, *The Income Tax: A Study of the History, Theory, and Practice of Income Taxation at Home and Abroad* (New York: Macmillan, 1911)

Shapps, Grant, *Report into the Underperformance of the Assets Recovery Agency* (London: Shapps, June 2006)

Sharman, Jason, 'Privacy as Roguery: Personal Financial Information in an Age of Transparency' (2009) 87 *Public Administration* 717–31

Sharman, JC, 'Offshore and the New international Political Economy' (2010) 17 *Review of International Political Economy* 1–19

Shaxson, Nicholas, *Treasure Islands* (London: Vintage Books, 2012)

Shimick, Scott, 'Heisenberg's Uncertainty: An Analysis of Criminal Tax Pretextual Prosecutions in the Context of *Breaking Bad*'s Notorious Anti-hero' (2014) 50 *Tulsa Law Review* 43

Sigala, Maria, *Social Norms, Occupational Groups and Income Tax Evasion: A Survey in the UK Construction Industry* (Maidenhead: Open University, 2000)

Sikka, Prem, 'No Accounting for Tax Avoidance' (2015) 86 *Political Quarterly* 427–33

Sikka, Prem, and Hugh Willmott, 'The Dark Side of Transfer Pricing: Its Role in Tax Avoidance and Wealth Retentiveness' (2010) 21 *Critical Perspectives on Accounting* 342–56

Simester, AP, 'The Mental Element in Complicity' (2006) 122 *Law Quarterly Review* 578

Smith, Graham, *Something to Declare: 1000 Years of Customs and Excise* (London: Chambers Harrap, 1980)

Smith, KJM, *Lawyers, Legislators, and Theorists: Developments in English Criminal Jurisprudence 1800–1957* (Oxford: Oxford University Press, 1998)

Stebbings, Chantal, 'Public Health Imperatives and Taxation Policy: The Window Tax as an Early Paradigm in English Law', in Tiley, John (ed), *Studies in the History of Tax Law* Vol 5 (Oxford: Hart Publishing, 2011)

Stefanelli, Justine N, 'Expanding Azko Nobel' (2013) 62 *International & Comparative Law Quarterly* 485

Stockdale, Michael, and Rebecca Mitchell, 'Who Is the Client? An Exploration of Legal Professional Privilege in the Corporate Context' (2006) 27 *Company Lawyer* 110–18

Stopforth, David, 'Settlements and the Avoidance of Tax on Income—The Period to 1920' [1990] *British Tax Review* 225

Stopforth, David, '1922–36: Halcyon Days for the Tax Avoider' [1992] *British Tax Review* 88–105

Sunstein, Cass R, 'Nudges, Agency, and Abstraction: A Reply to

Critics' (2015) 6 *Review of Philosophy and Psychology* 511-29

Sutherland, Edwin, *White Collar Crime* (New York: Dryden Press, 1949)

Sutherland, EH, 'White-collar Criminality' (1940) 5 *American Sociological Review* 1-12

Sutherland, EH, *White Collar Crime: The Uncut Version* (New Haven: Yale University Press, 1983)

Tanzi, Vito, *Money Laundering and the International Financial System*, IMF Working Paper 96/55 (Washington, DC: International Monetary Fund, 1996)

Tarvin, Tim, 'The Privilege Against Self-incrimination in Bankruptcy and the Plight of the Debtor' (2014) 44 *Seton Hall Law Review* 47

Templeman, Lord, 'Tax and the Taxpayer' (2001) 117 *Law Quarterly Review* 575

Thaler, Richard H, and Cass R Sunstein, *Nudge: Improving Decisions about Health, Wealth, and Happiness* (New Haven, CT: Yale University Press, 2008)

Troup, Edward, 'Unacceptable Discretion: Countering Tax Avoidance and Preserving the Rights of the Individual' (1992) 13 *Fiscal Studies* 128-38

Tutt, Nigel, *The Tax Raiders: The Rossminster Affair* (London: Financial Training, 1985)

Unger, Birgitte, 'Can Money Laundering Decrease?' (2013) 41 *Public Finance Review* 658-76

van Duyne, Petrus, 'Organizing Cigarette Smuggling and Policy Making, Ending Up in Smoke' (2003) 39 *Crime, Law and Social Change* 285-317

Verhage, Antoinette, *The Anti Money Laundering Complex and the Compliance*

Industry (Abingdon: Taylor & Francis, 2011)

Virgo, Graham, 'Cheating the Public Revenue: Fictions and Human Rights' (2002) 61 *Cambridge Law Journal* 47

Vlcek, William, *Offshore Finance and Small States: Sovereignty, Size and Money* (London: Palgrave Macmillan International Political Economy, 2008)

Vlcek, William, 'Power and the Practice of Security to Govern Global Finance' (2012) 19 *Review of International Political Economy* 639–62

Vlcek, William, 'The Global Pursuit of Tax Revenue: Would Tax Haven Reform Equal Increased Tax Revenues in Developing States?' (2013) 27 *Global Society* 201–16

Walker, Clive, 'Post-charge Questioning of Suspects' [2008] *Criminal Law Review* 509–24

Walters, John, 'Revenue Raids' [1998] *British Tax Review* 213

Ward, WR, 'The Administration of the Window and Assessed Taxes, 1696–1798' (1952) 67 *English Historical Review* 522–42

'Watchful', 'Common Law Revenue Offences' [1956] *British Tax Review* 119

Weait, Matthew J, and Anthony Lester, 'The Use of Ministerial Powers without Parliamentary Authority: The Ram Doctrine' [2003] *Public Law* 415–28

Webb, Simon, *Execution: A History of Capital Punishment in Britain* (Stroud: The History Press, 2011)

Wheatcroft, GSA, 'The Attitude of the Legislature and the Courts to Tax Avoidance' (1955) 18 *Modern Law Review* 20

Whiting, RC, 'Ideology and Reform in Labour's Tax Strategy, 1964–1970' (1998) 41 *Historical Journal* 1121–40

Wiesbach, David A, 'Ten Truths about Tax Shelters' (2002) 52 *Tax Law Review* 215 Wilkie, J Scott, and Peter W Hogg, 'Tax Law within the Larger Legal System' (2015) 52 *Osgoode Hall Law Journal* 460–90

Williams, David, 'Surveying Taxes, 1900–14' [2005] *British Tax Review* 222

Winslow, Cal, 'Sussex Smugglers' in Hay, Douglas et al (eds), *Albion's Fatal Tree* (London: Penguin, 1975) 119–66

Woolrych, Humphry William, *The History and Results of the Present Capital Punishments in England* (London: Saunders and Benning, 1832)

Workman, Douglas J, 'The Use of Offshore Tax Havens for the Purpose of Criminally Evading Income Taxes' (1973) 73 *Journal of Criminal Law and Criminology* 675–706

Young, Mary Alice, *Banking Secrecy and Offshore Financial Centres: Money Laundering and Offshore Banking* (London: Routledge, 2012)

Young, Mary Alice, 'The Exploitation of Global Offshore Financial Centres: Banking Confidentiality and Money Laundering' (2013) 16 *Journal of Money Laundering Control* 198–208

Zagaris, Bruce, 'US Efforts to Extradite Persons for Tax Offenses' (2002) 25 *Loyola of Los Angeles International & Comparative Law Review* 653

Zagaris, Bruce, 'Swiss Highest Court Affirms Extradition to Germany for Tax Evasion International Enforcement' *Law Reporter* (July 2010)

Zedner, Lucia, 'Security, the State, and the Citizen: The Changing Architecture of Crime Control' (2010) *13 New Crim Law Review* 379–403

Zuckerman, Adrian, 'A Colossal Wreck—The BCCI-Three Rivers Litigation' (2006) 25 *Civil Justice Quarterly* 287–311

索　引

（页码为原书页码，即本书边码）

A1P1 (ECHR First Protocol, Article 1) 《第一议定书》第一条　46, 162, 166, 171
alcohol　酒精　13, 166
Alexander, Danny　丹尼·亚历山大　30
American Revolution　美国革命　13
Anti-Money Laundering (AML)　反洗钱　114, 149, 162, 170–4, 188
Asset Recovery Incentivization Scheme (ARIS)　资产追回激励计划　4, 169–70
Assets Recovery Agency (ARA)　资产追索局　169, 181, 182, 183
Attorney-General　总检察长　75, 76

Baird, Vera　薇拉·贝尔德　42, 79, 181
Base Erosion and Profit Shifting (BEPS)　税基侵蚀和利润转移　149
Beccaria, Cesare　贝卡利亚　12
Bloody Code　血腥法案　12
Board of Customs and Excise　海关委员会　11, 76
Board of Inland Revenue　国内税务委员会　10, 127
Book of Rates　税率簿　9
Brougham, Lord　布鲁厄姆勋爵　98
Brown, Gordon　英国财政大臣戈登·布朗　78, 129, 172, 192

Cabinet Office　内阁办公室　80, 179
Camden, Lord　卡姆登勋爵　84
Cameron, David　戴维·卡梅伦　30, 35, 39
capital flight　资本外逃　145, 174, 179
Capital Gains Tax (CGT)　资本利得税　27, 61, 147, 152
cash　现金　183, 184
caveat emptor　购者自慎　19
Central Fraud Group (CFG)　中央反欺诈犯罪组　81
Charles II, King　国王查理二世　10
cheat　欺骗、欺诈、作弊、骗取、行骗　18, 22, 34, 35, 42, 43, 45, 46, 47, 53, 54, 55, 56, 60, 61, 64, 67, 69, 96, 97, 128, 129, 151, 155, 178
Citizens' Charter　公民宪章　123
Civil War　国内战争　10
Code for Crown Prosecutors　《皇家检察官守则》　76
Code of Practice　《执业守则》　9, 130, 131
codification　编纂　41

332

commercial sex worker 性服务工作者 97
compounding 合并 77, 126
Consolidated Fund 统一基金 10, 169
conspiracy to defraud 共谋诈骗 42, 43, 44, 45, 48, 52, 54, 64, 66, 73, 134
constructive compliance 重构税收遵从 25
Contractual Disclosure Facility (CDF) 协议披露机制 131, 132
corporation tax 公司所得税 27, 147, 150
council tax benefit fraud 理事会税收福利欺诈 64
council tax fraud 理事会税收欺诈 64
Criminal Law Revision Committee 刑法修订委员会 42
Crown Dependencies Disclosure Facilities (CDDF) 英国属地披露机制 132, 133
Crown Prosecution Service (CPS) 英国皇家检察署 45, 47, 64, 73, 74, 75, 78, 79, 80, 81, 170
Customs and Excise Prosecutions Group 海关检控组 76
Customs and Excise Prosecutions Office (CEPO) 海关起诉办公室 76, 79
Customs and Excise, Board of 海关委员会 11, 76
Customs, Board of 关税委员会 10

Deferred Prosecution Agreements (DPAs) 暂缓起诉协议 134
Department of Work and Pensions (DWP) 英国就业及养老金事务部 64, 81
Director of Border Revenue 边境税务局局长 90

Director of Public Prosecutions (DPP) 皇家检察署署长 80, 90, 190
Dodd, Ken 肯·多德 51, 119, 121
Double Taxation 双重征税 38, 141, 144

European Arrest Warrant (EAW) 《欧盟逮捕令》 155
Excise, Board of 消费税委员会 10
export licences 出口许可证 14

Falciani, Hervé 埃尔韦·法尔恰尼 37
Faulks, Lord 福克斯勋爵 79, 80
FIFA 国际足球联合会 158
Financial Action Task Force (FATF) 国际金融行动特别工作组 115, 149, 172, 173, 174, 175
Financial Conduct Authority (FCA) 金融行为监管局 4, 81
Fink, Lord 芬克勋爵 30
Foreign Account Tax Compliance Act 2010 (FATCA) 美国政府的《外国账户税收遵从法案》 132, 149
freetrader 走私者 12

Gauke, David 大卫·高格 133, 191, 192
General Anti Abuse Rule (GAAR) 一般反滥用规则 33, 36
Gerald Butler, Judge 杰拉尔德·巴特法官 75
gin craze 杜松子酒热潮 26
Glorious Revolution 光荣革命 15
go equipped to cheat 符合欺诈罪的犯罪构成 61
Gower-Hammond Report 高尔-哈蒙德报告 75

Grabiner, Tony 格拉比纳 57

Hansard Procedure 《汉萨德英国议会议事录》程序 51, 121, 123, 126, 127, 128, 129
Hartnett, Dave 戴夫·哈特尼特 38
Healey, Denis 丹尼斯·希利 37
Healey, John 约翰·希利 78
hearth tax 壁炉税 15
HM Customs and Excise (HMC&E) 英国皇家海关总署 4, 58, 74, 76, 78, 86, 88, 115, 119, 126
Hoffmann, Lord 霍夫曼勋爵 32, 93
Howe, Sir Geoffrey 杰弗里豪爵士 85
HSBC Suisse 瑞士汇丰银行 19, 22, 30, 37, 38, 58, 191

in-house lawyers 内部律师 103, 105
Inland Revenue 英国税务局 7, 51, 74
Inland Revenue, Board of 国内税务委员会 10, 127
Inland Revenue Service (IRS) 美国联邦税务局 133, 158
International Consortium of Investigative Journalists 国际调查记者协会 38, 39
International Monetary Fund (IMF) 国际货币基金组织 145, 172

John, King 约翰国王 9
Johnson, Samuel 塞缪尔·约翰逊 9
Joynson-Hicks, Sir William 威廉乔森－希克斯爵士 127

Keith Committee 基斯委员会 69, 85, 102, 105

Law Commission 法律委员会 42, 43, 54
Legal advice privilege (LAP) 法律意见特权 98, 102
Lehmann Brothers 雷曼兄弟 34
Liechtenstein Disclosure Facility (LDF) 列支敦士登披露机制 132
Lilley, Peter 彼得·利利 126
Lloyd of Berwick, Lord 贝里克的劳埃德勋爵 42
London Gazette 《伦敦宪报》 13
Long Parliament 长期议会 9

Major, John 约翰·梅杰 123, 128
Mandaric, Peter 彼得·曼达里奇 121
McKenzie of Luton, Lord 卢顿的麦肯齐勋爵 29
merger of Customs and Excise and Inland Revenue 英国海关与英国税务局的合并 4, 8.78, 79, 81
Mossack Fonseca 莫萨克·冯塞卡 39
MTIC (missing trader intra-community) fraud 卖家消失欺诈 58
Murphy, Thomas ('Slab') 托马斯·墨菲 158

National Audit Office 国家审计署 130
National Crime Agency (NCA) 英国国家犯罪调查局 5, 80, 114, 115, 179, 180, 181, 182
National Criminal Intelligence Service (NCIS) 国家刑事情报局 5, 171
No Safe Havens 无避税港 151
nudges 助推 26

O'Donnell, Gus 格斯·奥唐纳 78
OECD 经济合作与发展组织 39, 133, 144, 149, 150, 179
Osborne, George 乔治·奥斯本 30, 192
outlawry 逐出法外 13

Panama Papers 巴拿马文件 37, 115, 192
Philips Principle 菲利普原则 72
Piggott, Lester 莱斯特·皮戈特 51, 119, 121
Plummer, Ron 罗纳德·普卢默 83
poll tax 人头税 14
pornography 色情文学 14, 49
Prerogative, Royal 特权, 皇家、王室 2, 9, 10
profit shifting 利润转移 28, 29, 144
prostitution 卖淫 159
Protectionism 保护主义 11, 14
Public Accounts Committee 公共账目委员会 142, 181

Ramsay principle 拉姆塞原则 32, 33
Redknapp, Harry 哈里·雷德克纳普 31, 55, 90
regulation 限制 44
Rehnquist, Justice (William) 法官威廉姆·伦奎斯特 98
Restoration 复辟时代 9, 10, 11
Revenue and Customs Division (RCD) 税务海关司 81
Revenue and Customs Prosecution Office (RCPO) 税务海关起诉办公室 4, 78
Revenue Rule 税务规则 5, 52, 143, 154, 155
revenue rulings 税收处罚规则 64

Ricci, Arlette 阿莱特·利兹 19
Richard II, King 国王理查二世 7, 14
Rule of Law, the 法律规则 31, 33, 124
Rump Parliament 残阙议会 11

Scotland, (Patricia) Baroness 帕特里夏·苏格兰女男爵 79, 181
Sentencing Council for England and Wales 英格兰和威尔士量刑委员会 66
Serious Fraud Office (SFO) 反重大欺诈办公室 6, 74, 76, 81, 89, 90, 112, 113, 125, 181
Serious Organised Crime Agency (SOCA) 严重有组织犯罪局 5, 78, 80, 181
Shanly, Michael 迈克尔·尚利 38, 68, 192
Shapps, Grant 格兰特·沙普斯 181
Smith, Adam 亚当·斯密 12
Smith, Sir John 约翰·史密斯爵士 42
Spanish Inquisition 西班牙异端裁判所 84
Stamp duty 印花税 60
Stamp Duty Land Tax 土地印花税 60
Stamps and Taxes, Board of 印花税委员会 10
Starmer, Keir 基尔·斯塔莫 18, 189, 190
Switzerland 瑞士 133, 155, 191

Tax Credit Fraud 税收抵免欺诈 63, 64
tax justice movement 税收正义运动 5, 29, 144, 146, 175
Taylor of Gosforth, Lord (CJ) 首席法官泰勒勋爵 98
Templeman, Lord 法官坦普尔曼 29,

35, 72
tobacco 烟草 13, 26, 49
tradespeople 商人 155
transfer pricing 转让定价 144
Treasury, HM 英国财政部 13, 78, 133
Tucker, Roy 罗伊·塔克 83

UK Border Agency (UKBA) 英国边境局 80
unexplained wealth order (UWO) 不明来源财产令 187, 188
Utilitarians 功利主义者 42

victimless crime 无受害人犯罪 17, 18, 170, 189

Williams of Mostyn, Lord 莫斯廷的威廉姆斯勋爵 75
window tax 窗户税 15

图书在版编目(CIP)数据

刑事正义与税收 /(英)彼得·奥尔德里奇著；刘荣译. —北京：商务印书馆，2023
（财税法译丛）
ISBN 978-7-100-21962-4

Ⅰ.①刑… Ⅱ.①彼… ②刘… Ⅲ.①逃税漏税—刑事诉讼—研究—英国 Ⅳ.① D956.152

中国国家版本馆 CIP 数据核字（2023）第 025864 号

权利保留，侵权必究。

财税法译丛
刑事正义与税收
〔英〕彼得·奥尔德里奇 著
刘 荣 译

商 务 印 书 馆 出 版
（北京王府井大街36号 邮政编码100710）
商 务 印 书 馆 发 行
北京艺辉伊航图文有限公司印刷
ISBN 978-7-100-21962-4

2023年4月第1版　　 开本 880×1230　　 1/32
2023年4月北京第1次印刷　印张 11¼

定价：86.00 元